经济管理国家级实验教学示范中心（嘉兴学院）
经管类专业系列实验教学指导书

国际经济与贸易专业综合实训

跨境电商平台实操

◎ 李萍 邹益民 王焕祥 主编

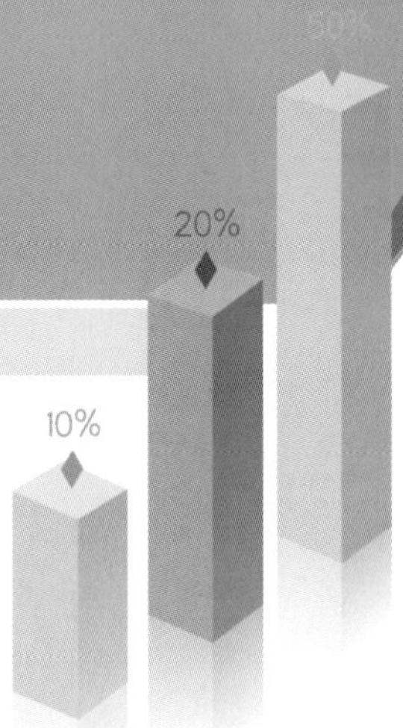

东北财经大学出版社 大连
Dongbei University of Finance & Economics Press

图书在版编目（CIP）数据

国际经济与贸易专业综合实训：跨境电商平台实操 / 李萍，邹益民，王焕祥主编．—大连：东北财经大学出版社，2021.3
（经管类专业系列实验教学指导书）
ISBN 978-7-5654-4055-7

Ⅰ．国… Ⅱ．①李… ②邹… ③王… Ⅲ．电子商务-高等学校-教学参考资料 Ⅳ．F713.36

中国版本图书馆CIP数据核字（2020）第245954号

东北财经大学出版社出版
（大连市黑石礁尖山街217号　邮政编码　116025）
网　　址：http：//www.dufep.cn
读者信箱：dufep@dufe.edu.cn

大连日升彩色印刷有限公司印刷　　东北财经大学出版社发行

幅面尺寸：185mm×260mm　字数：306千字　印张：13.25　插页：1
2021年3月第1版　　2021年3月第1次印刷

责任编辑：王　莹　刘晓彤　韩敌非　　责任校对：齐　力
封面设计：原　皓　　版式设计：原　皓

定价：42.00元

教学支持　售后服务　联系电话：（0411）84710309

如有印装质量问题，请联系营销部：（0411）84710711

前言

目前主流的跨境电商平台有亚马逊、eBay、速卖通、Wish以及敦煌等。跨境电商是一个新业态，相关的权威课程体系、理论和实践教学师资、教材和实践平台等方面的建设还无法满足跨境电商人才培养的需要。跨境电商实训教学面临诸多困难。

本教材分为两个模块：实训模块一是关于主要跨境电商平台的基本操作与设计，包括平台绑定和注册开店等；实训模块二是依据跨境电商的业务流程介绍跨境电商的具体业务操作。

本教材的编写基于“跨境电商综合实训平台”（http：//www.srzx100.com），坚持“虚实结合、能实不虚、虚为实用”的原则，将“沙盒”（Sandbox）引入跨境电商的教学实训中。沙盒环境是真实环境的镜像，基于全沙盒环境的跨境电商综合实训平台能够完整地再现跨境电商交易的全流程，其信息流和相应的功能可以与真实环境保持同步，让学生在无风险的环境中学习跨境电商运营、营销、支付、物流、监管等知识，并提升对跨境电商平台、ERP沙盒和物流系统的熟练程度，增强其自身在跨境电商方面就业和创业的综合竞争力。

由于沙盒无法形成对亚马逊的镜像，而亚马逊又是全球最大的跨境电商平台，因此，为了让学生对跨境电商有更加全面的认识，本教材在编写过程中除了注重沙盒操作之外，还加入了亚马逊的仿真模拟。以“实训模块二　跨境电商业务操作”为例，除实训十三外，每一个实训的子业务都包括两类：（1）子任务一是关于跨境电商ERP沙盒操作（主要介绍Wish、eBay、敦煌网的操作）；（2）子任务二是关于亚马逊的操作和仿真模拟练习。ERP沙盒操作部分不配练习，亚马逊操作部分配有业务实操练习。亚马逊业务部分引入高仿真全程模拟亚马逊跨境电商平台业务的实训，学生通过完成环环相扣的工作任务，学习亚马逊跨境电商平台的实操业务，积累从事跨境电商业务的知识和技能，形成独立从事亚马逊跨境电商平台业务操作的能力和素养。本教材既有操作介绍，也有操作练习，这样可以做到“虚实结合”，帮助学生实现对多平台的学习与实操，更好地完成“实训指导”。

本教材为跨校合作成果，由李萍、邹益民、王焕祥主编。关于“跨境电商综合实训平台”的内容主要由浙江师范大学邹益民负责整体构思及章节设计，并沿用邹益民、黄海滨、高丁莉编写的《跨境电商综合实训平台实训教程》结构体系，在此基础上进行拓展，其中黄海滨负责编写实训一至实训三的相关内容，高丁莉负责编写实训四至实训十二的相关内容；关于亚马逊的内容主要由嘉兴学院李萍完成。最后感谢嘉兴职业技术学院刘永泉对本教材的编写所做的贡献。

由于经验和水平有限，书中难免存在疏漏和不足之处，恳请业内外专家和读者批评指正。

编 者

2020年12月

目录

导论

跨境电商实训教学概述

一、跨境电商实训教学的意义

跨境电商人才的培养涉及国际贸易、电子商务、商务外语、信息管理、国际商务、市场营销等专业知识，企业对跨境电商人才的需求非常务实。因此，开展跨境电商实训教学，不断提高学生的实践能力、创新能力，培养“亲产业型”的跨境电商人才，对缓解目前跨境电商人才短缺状况，助推跨境电商行业发展具有非常重要的意义。

本教材旨在让学生了解实训平台，为后续的实训操作打下坚实基础。本教材所用软件为“跨境电商综合实训平台”，该软件由跨境电商ERP沙盒、第三方跨境电商平台沙盒、跨境电商物流系统沙盒、教学管理系统、在线帮助系统五个软件平台和跨境电商师资库组成。学生端主要涉及跨境电商ERP沙盒、第三方跨境电商平台沙盒、跨境电商物流系统沙盒三个沙盒。本教材以跨境电商实训软件应用为核心，根据跨境电商业务流程开展全流程模拟和实战，学生通过沙盒对接跨境电商店铺并完成跨境电商全流程业务，达到熟练完成跨境电商业务的实训目标。

此外，由于沙盒无法形成对亚马逊的镜像，而亚马逊又是全球最大的跨境电商平台。因此，为了让学生对跨境电商有更加全面的认识，本教材将“实训模块二 跨境电商业务操作”的每一个实训的最后一个子业务设置为亚马逊的仿真模拟和操作练习，旨在锻炼学生的实操能力。

二、跨境电商实训教学的目标

1.培养学生掌握跨境电商理论知识

跨境电商专业教学内容涵盖了国际贸易和电子商务基础知识，涉及的专业技能包括电子商务模式、技术、物流、支付、营销、数据分析、安全和法律法规等方面。通过实训教学可以让学生从工作实践角度加深对理论知识的理解。

2.培养学生掌握跨境电商操作技能

电子商务人才培养重在应用和实践能力的提高。这要求学生熟悉跨境电商专业技能和商务环境，熟悉运用跨境电商工具，掌握主要跨境电商平台、跨境电商ERP和跨境电商物流等软件平台的操作技能，在实践应用中不断提高创新能力。

3.培养学生的创新能力和创业意识

跨境电商实训教学可通过开设网络店铺、商品刊登、网络营销、订单处理、客户服务、数据分析等实践环节培养学生创新创业能力。同时还要培养学生树立创业信心和意识，加强学生创业方面的实践训练。通过完成系统化的跨境电商综合实训，学生后续可在真实跨境电商平台上进行创业实践，增加学生的创业经验，调动学生主动学习的积极性，激发学生的创业潜能。

4.培养学生的创业能力

跨境电商实训教学关于亚马逊平台的模拟操作和练习，完整模拟了从开店、跨境电商业务准备、选品、Listing/商品发布、物流、库存、跨境网络营销与推广、数据分析、后台操作的整个流程，帮助学生进入企业后迅速上手。

三、跨境电商人才的专业知识要求

跨境电商需要复合型的人才，要求其具备国际贸易、电子商务、国际金融、商务英语、国际商务等知识。学生必须掌握国际贸易、电子商务、计算机操作、市场营销等基本知识和技能，并具有跨境电子商务的职业通用能力、专业能力和职业综合能力。职业通用能力指熟练使用英语进行沟通、掌握国际贸易知识和流程、具有跨文化交际能力、熟练基本办公软件；专业能力包括熟悉各种电子商务平台和经营模式，具有网店选品、定价能力、图片处理、国际知识产权、商标、专利等方面的知识和处理能力；职业综合能力指可以利用各种工具和平台开发、维护和管理客户，具有网络营销和推广能力。

四、跨境电商的实训项目

根据跨境电商业务的实际需求，本教材设计了表1中的应用性实训项目：

表1　**应用性实训项目**

序号	实训课程模块	实训项目名称	实训课时数
1	实训模块一：跨境电商综合实训平台基本操作	实训一：认识跨境电商实训软件	3
2		实训二：跨境电商平台绑定和注册开店	3
3		实训三：跨境电商ERP沙盒设置实训	3
4	实训模块二：跨境电商业务操作	实训四：刊登管理	3
5		实训五：产品管理	3
6		实训六：采购管理	3
7		实训七：仓库管理	3
8		实训八：物流渠道管理	3
9		实训九：客服管理	3
10		实训十：订单管理	3
11		实训十一：财务与报表	4
12		实训十二：数据分析	4
13		实训十三：亚马逊网络营销与推广	2
合计			40

实训模块一

跨境电商综合实训平台基本操作

实训一
认识跨境电商实训软件

一、实训目的

1.熟悉跨境电商ERP沙盒软件界面、模块功能。

2.掌握软件基本操作。

二、实训要求

1.通过软件操作，熟练掌握软件的各模块功能和基本操作。

2.根据实训情况撰写实训报告，内容包括实训的操作过程、结果和实训体会。

3.要求实训报告能记录实训的主要操作过程和实训结果，并能通过实训谈谈自己的收获、体会或建议等。

子任务一　ERP沙盒

业务1　跨境电商ERP沙盒

跨境电商ERP沙盒能够对接Wish沙盒、eBay沙盒以及亚马逊、速卖通、eBay、Wish等跨境电商真实平台，还能够对接除跨境电商物流沙盒外的160种真实物流系统，其主要功能包括产品管理、订单管理、采购管理、仓库管理、物流管理、数据统计分析、客服管理、商品刊登等，具体如下：

1.多店铺统一管理

跨境电商ERP沙盒能够对接Wish沙盒和eBay沙盒实训平台，以及Wish、eBay、速卖通、亚马逊、敦煌、阿里巴巴国际站、Lazada等15种主流跨境电商实战平台，达到实训和实战的统一。

2.商品一键刊登

跨境电商ERP沙盒可将商品一键刊登到Wish沙盒、eBay沙盒、速卖通、Amazon、Wish、eBay等跨境电商平台当中，做到多个销售平台共享产品资料单，并提供高效的日常在线刊登维护功能。

3.自动化订单处理

跨境电商ERP沙盒可实现高效自动化订单同步、自动处理订单、智选物流、同步库存数据。

4.多库存统一管理

跨境电商ERP沙盒可实现多平台、多店铺库存统一管理，多平台库存自动同步，线上线下库存同步，库存数据自动更新等功能。

5.多物流渠道全面覆盖

跨境电商ERP沙盒除能够对接跨境电商物流沙盒进行实训外，还可以与速卖通线上发货、eBay亚太物流平台、燕文、递四方、e邮宝等160多家跨境电商物流实战系统进行数据互通，实现多物流渠道全面覆盖，并提供智能物流解决方案。

6.多维度报表

跨境电商ERP沙盒提供多维度统计报表和大数据分析，能够帮助用户及时了解销售趋势和最新流行单品。

业务2　跨境电商平台沙盒

跨境电商平台沙盒为第三方跨境电商平台的镜像，目前Wish、eBay提供官方沙盒环境，平台沙盒规则与真实平台保持一致，避免了“二次学习”的问题，其主要功能如下：

1.快速注册

用户可注册成为Wish、eBay沙盒平台的商户。

2.产品管理

用户可快速编辑店铺产品，掌握各个平台上传产品的步骤、产品政策、产品审核规则及品牌资质申请流程。

3.物流和运费管理

用户可熟悉国际（地区间）物流业务，掌握如何设置运费模板，以及海外仓发货流程。

4.订单管理

用户可完成创建订单、处理订单、在线发货、设置资金账户，请款、收款等操作。

5.营销推广

用户可完成产品标题设置、产品定价技巧、营销文案设计、平台营销推广等操作。

6.售后管理

用户可完成交易退款、政策警告、纠纷流程、售后服务，以及风险控制等操作。

业务3　跨境电商物流沙盒

跨境电商物流沙盒能够根据订单的地址，随机产生一个物流单号，并产生相应的物流跟踪信息，还可以和跨境电商ERP沙盒以及Wish沙盒、eBay沙盒等跨境电商平台沙盒对接。其主要功能与特点如下。

1.订单管理

创建物流订单、对接ERP沙盒、快速分发物流跟踪号，处理物流订单。

2.渠道管理

管理物流发货渠道，根据收件人地址和用户选择、分配发货方式。

3.订单跟踪

根据邮寄信息，自动进行包裹物流跟踪。

4.订单报表

多维度统计物流订单，快速分析物流订单趋势。

5.自定义面单

内含海量地址和报关单标签，并支持自定义标签。

子任务二　跨境电商平台概况

（一）业务流程

亚马逊是全球最大的网上零售商，也是美国最大的电子商务公司。亚马逊进入中国后，在2012—2013年推行全球开店项目，在众多的跨境网络平台中是最有优势、成功案例最多的一家。亚马逊平台强调以产品为中心，没有店铺的概念。亚马逊界面如图1-1所示。

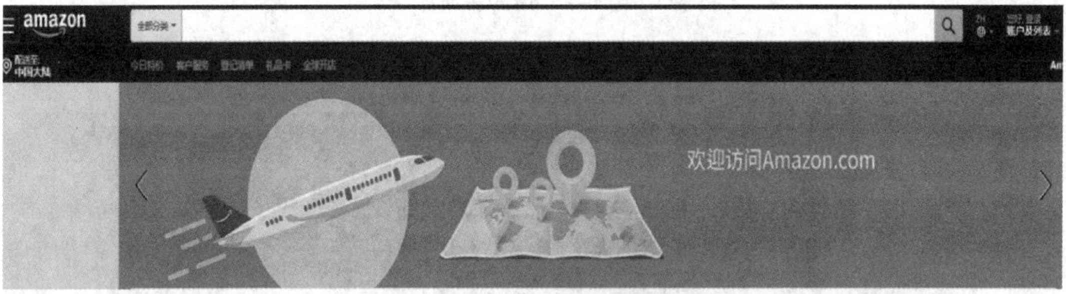

图1-1　亚马逊界面

Wish于2011年成立于美国旧金山，是一款基于移动端App的商业平台，2013年开始升级为购物平台。Wish的系统通过买家行为数据的计算，判断买家的喜好、感兴趣的产品信息，并且选择相应的产品推送给买家。Wish平台超过六成的用户位于美国和加拿大，以及一些欧洲国家。Wish有90%的卖家来自中国。Wish界面如图1-2所示。

图1-2　Wish界面

eBay成立于1995年，其成立之初就定位为买卖物品的线上拍卖及购物网站。在eBay上卖家销售产品主要有两种方式：“拍卖”和“一口价”。不同的销售方式收取的费用也不同，基本是按照“刊登费”+“成交费”计算。eBay界面如图1-3所示。

敦煌网为全球领先的跨境出口电商平台，平均1.6秒产生一笔订单，无缝对接海量B类海外买家。敦煌网是国内领先的十五年老牌专业跨境电子商务平台，致力于帮助中国中小企业通过互联网将中国制造的商品卖往世界各地。自2004年成立以来，敦煌网的供应商遍布全中国，开拓200多个物流专线，17个海外仓，海量B类买家覆盖222个国家和地区。敦煌网界面如图1-4所示。

图1-3　eBay界面

图1-4　敦煌网界面

（二）业务实操

请利用互联网搜索相关信息，对当前跨境电商主流平台进行SWOT分析。

（1）请对比分析亚马逊和速卖通两个跨境电商平台的优劣势（见表1-1）。

表1-1　亚马逊和速卖通的优劣对比分析

平台	优势	劣势
亚马逊	1. 2. 3. 4.	1. 2. 3.
速卖通	1. 2. 3. 4.	1. 2. 3.

（2）请用SWOT方法分析移动端跨境电商平台（以Wish为例）（见表1-2）。

表1-2　Wish的SWOT分析

Wish	
O	T
S	W

三、实训报告

学生实训报告表见表1-3。

表1-3　学生实训报告表

实训课程		实训项目名称	
实训时间		实训地点	
学生姓名		学号	
实训目的与要求			
实训内容、方法和步骤			
实训结论与体会			
教师评语			
实训成绩		教师签名	

实训二

跨境电商平台绑定和注册开店

一、实训目的

1.通过该实训，学习了解Wish、eBay、敦煌和亚马逊跨境电商平台的特色。

2.掌握Wish、eBay、敦煌沙盒账号注册及其与ERP绑定的操作流程。

3.了解亚马逊平台的基本情况。

二、实训要求

1.通过互联网访问Wish、eBay、敦煌、亚马逊等电商平台网站，浏览网站的基本信息，学习平台商户规则。结合某企业或所经营的产品情况，设计一个合适的店铺名称。

2.根据实训情况写出实训报告，内容包括实训的操作过程、结果和体会。

3.要求实训报告能记录实训的主要操作过程和实训结果，并能谈谈自己的收获、体会或建议等。

4.独立完成实操业务练习。

子任务一　EPR沙盒操作：Wish、eBay、敦煌

业务1　Wish沙盒账号注册及绑定

1.注册Wish沙盒账号

（1）打开浏览器（建议使用谷歌浏览器），在地址栏输入网址 http：//www.srzx100.com，打开跨境电商综合实训平台首页。

（2）在实训平台首页点击“Wish平台沙盒”，如图2-1所示。

图2-1　跨境电商实训平台沙盒首页

（3）点击“创建测试账户”按钮，如图2-2所示。

图2-2　创建测试账户页面

（4）完善账户信息，勾选“我已阅读并同意服务条款”，点击“提交”按钮，如图2-3所示；然后跳转至商户服务条款页面点击“同意”，如图2-4所示；接着在选择条款的页面勾选所有的条款，最后点击“同意已选择的条款”，如图2-5所示。

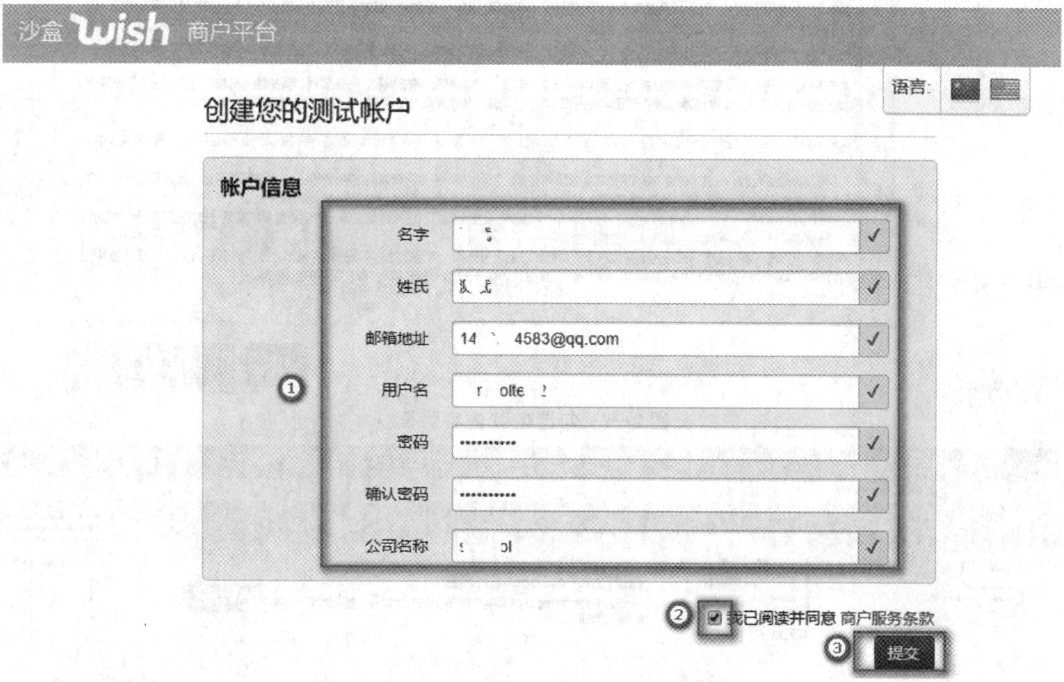

图2-3　填写账户基本信息页面

为更好地保护商户账户安全，Wish平台推出二次验证来保护账户安全尤其是付款信息安全，Wish沙盒和真实平台规则是同步的，所以也会要求二次验证，但沙盒账户不需要进行二次验证，图2-6表示Wish沙盒账号已经申请成功。

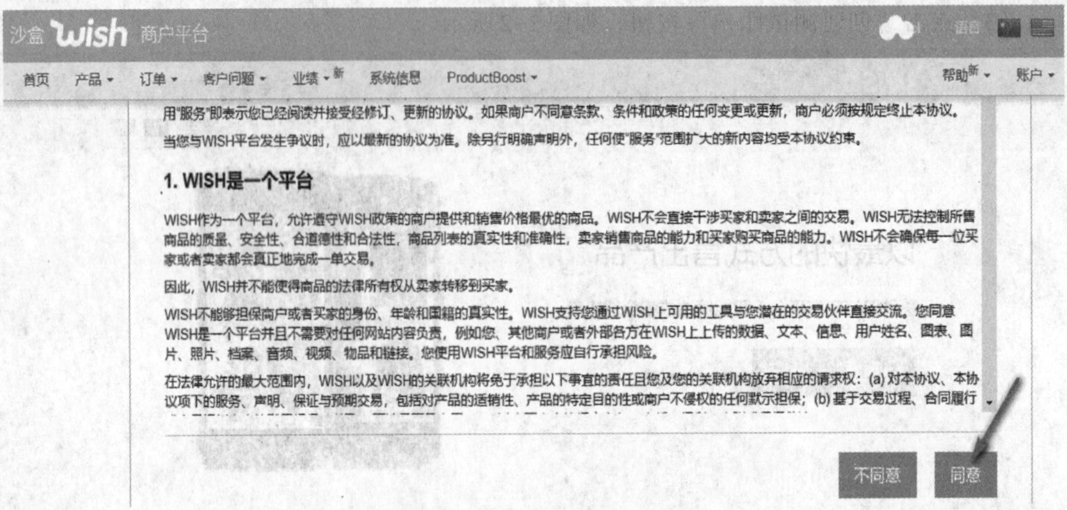

图2-4　商户服务条款页面

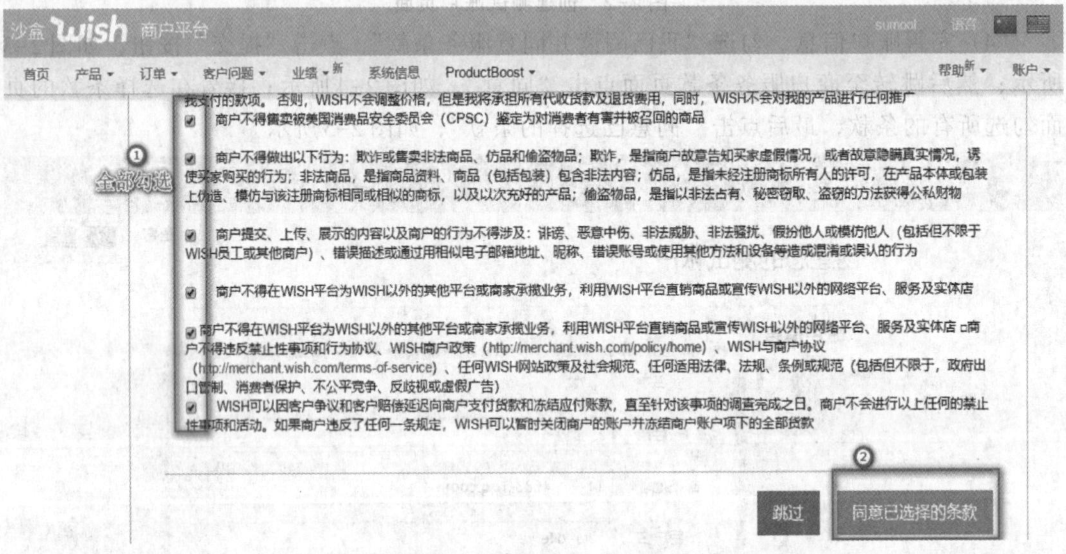

图2-5　勾选条款内容页面

图2-6　Wish沙盒账号申请成功页面

2.绑定Wish沙盒账号与ERP沙盒

(1) 打开ERP沙盒首页，点击“跨境电商ERP沙盒”并登录，点击上方菜单栏右侧的“系统配置”-“电商平台账号”，如图2-7所示；然后点击“电商平台账号”页面右上角的“绑定店铺”按钮，如图2-8所示。

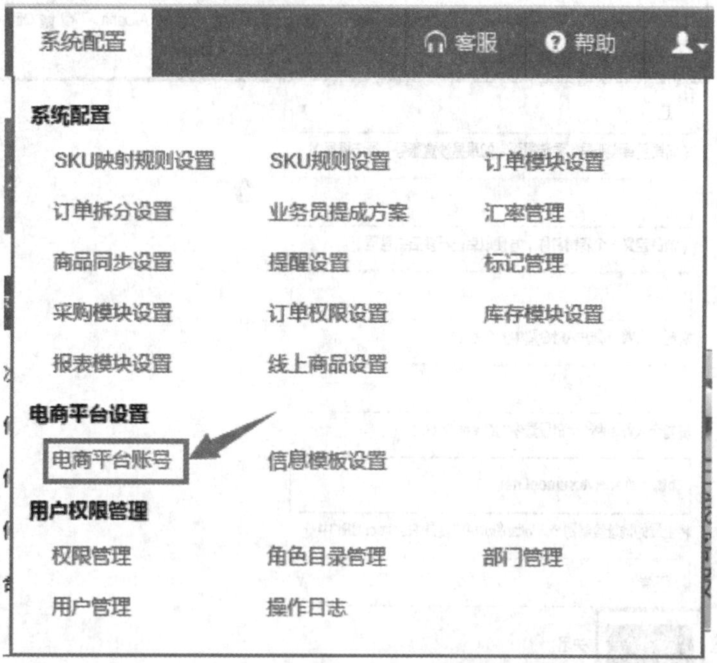

图2-7 “系统设置”-“电商平台账号”页面

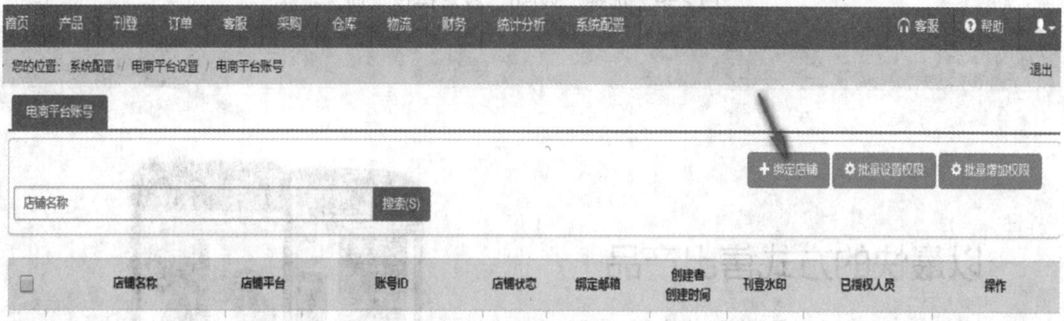

图2-8 绑定店铺操作页面

(2) 在“店铺信息”中勾选“Wish”，如果是沙盒账号请在“是否沙盒账号”选择“是”，然后自定义填写店铺名称，方便之后进行多店铺管理，如图2-9所示；然后复制“Redirect URI”对应的内容（https：//receive.sumool.net）。

(3) 登录“Wish沙盒账户”页面，如图2-10所示；登录成功后点击右上角“账户”-“设置”，如图2-11所示。

(4) 在账户设置左侧下拉页面中，点击“API设置”，如图2-12所示，“App Name”为自定义名称，可自行编写（如ERP）。“Redirect URI”一项请将在ERP沙盒复制的内容粘贴进来（内容为https：//receive.sumool.net），填写后点击“Create App”按钮。

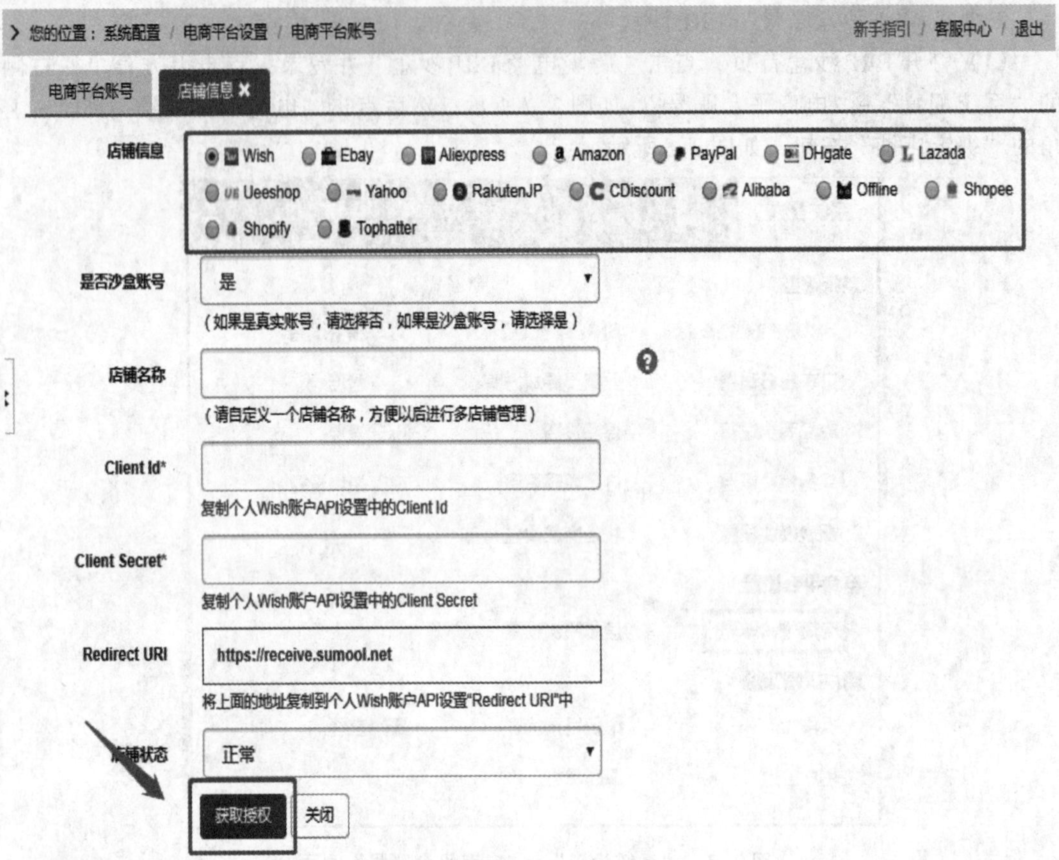

图 2-9 选择“Wish”沙盒操作页面

图 2-10 登录 Wish 沙盒账户页面

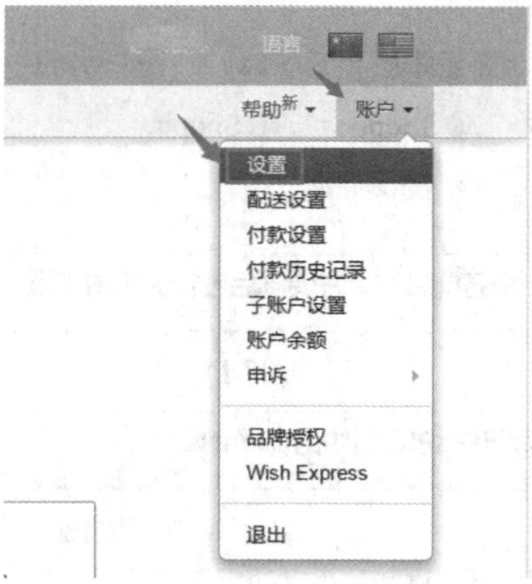

图2-11　Wish沙盒账户设置页面

图2-12　API设置页面

（5）将Wish沙盒页面的“Client Id”与“Client Secret”复制到ERP沙盒绑定店铺的对应位置，如图2-13所示，然后点击“获取授权”按钮，如图2-14所示。

图2-13　复制API设置中相关数据操作页面

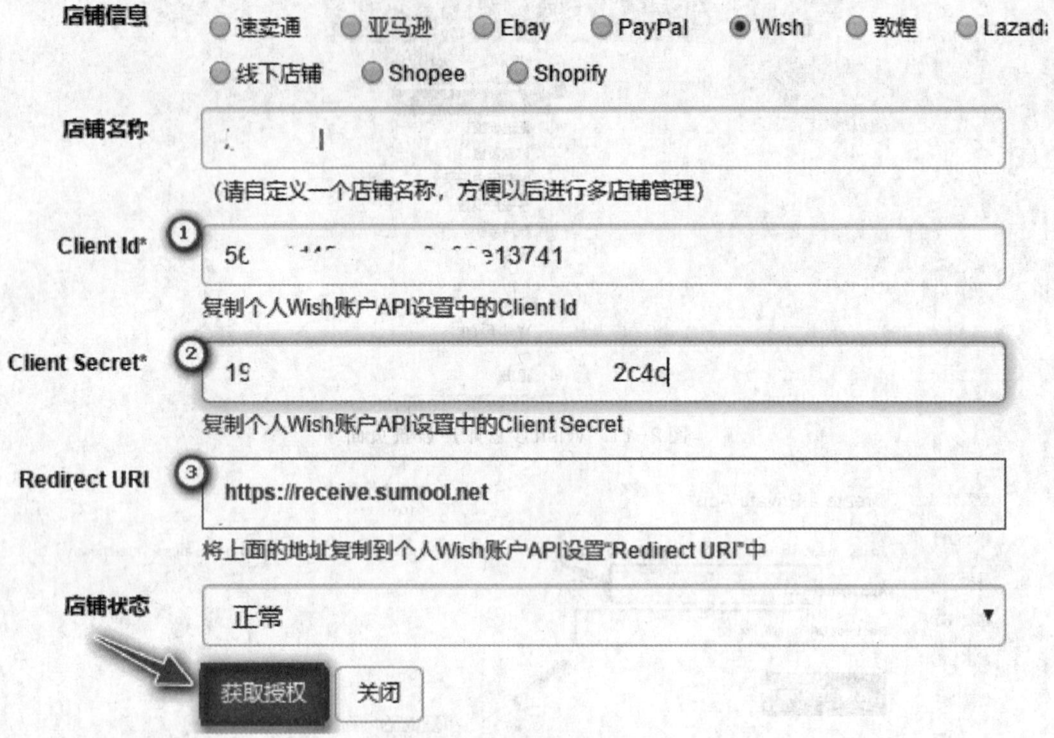

图2-14　获取授权操作页面

（6）点击“获取授权”按钮以后会跳出确认授权页面，如遇图2-15所示的情况，需点击“高级”-“继续前往”，完成授权的过程。

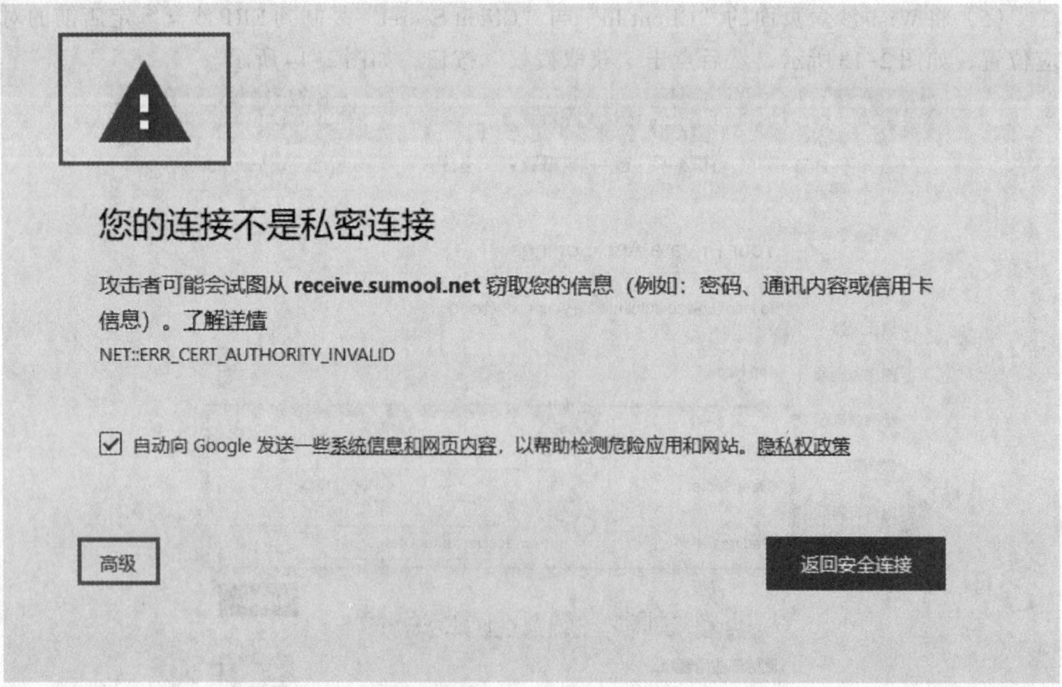

图2-15　完成授权页面

成功跳转授权页面后，会出现如图2-16所示的页面。

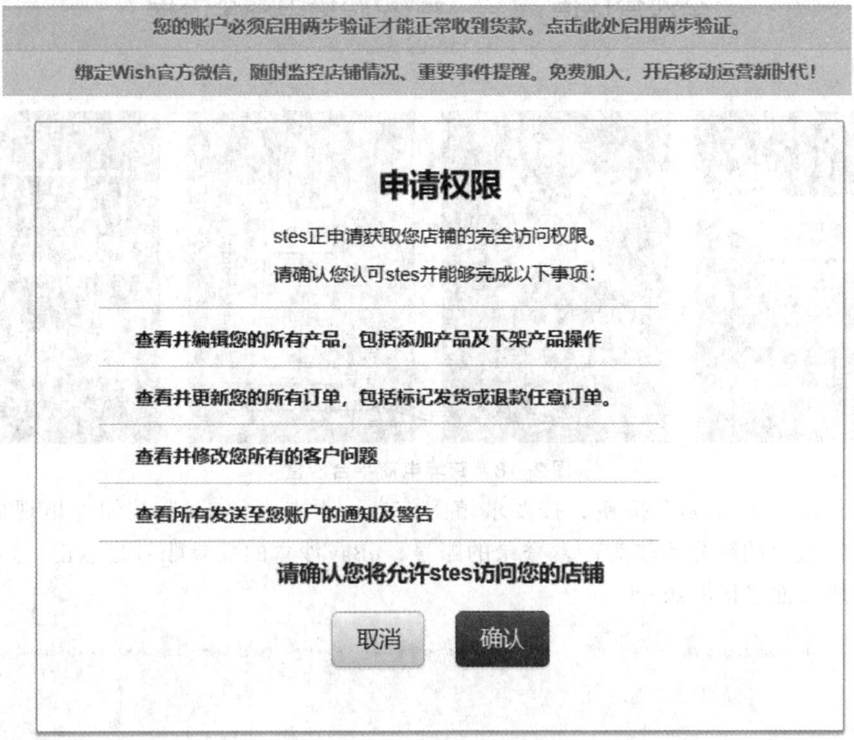

图2-16　申请权限页面

点击“确认”按钮以后，会有完成授权的提示，如图2-17所示。

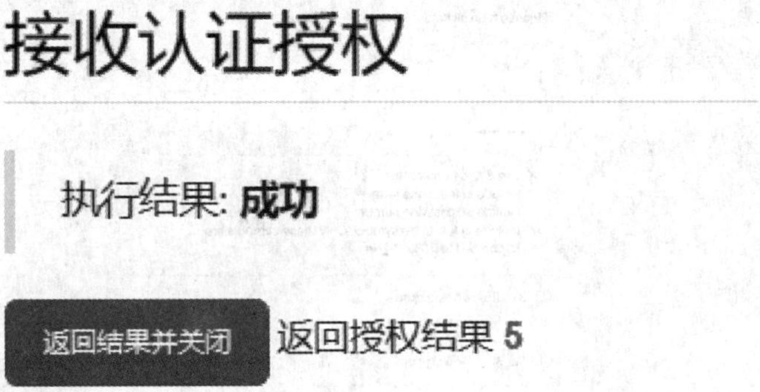

图2-17　接收认证授权成功页面

如果出现失败，请删除所有信息，重新执行以上授权过程即可。

业务2　eBay沙盒账号注册及绑定

1.注册eBay沙盒账号

（1）打开“跨境电商综合实训平台”（http：//www.srzx100.com）页面，点击“跨境电商平台沙盒”中“eBay平台沙盒注册”按钮，如图2-18所示。

图2-18　跨境电商平台沙盒

（2）点击“Register”按钮，按要求填入信息，再点击“Join”按钮，出现如图2-19所示页面。这里的账号不作为沙盒登录的账号，eBay沙盒的登录账号是点击“Join”按钮进入的注册页面登记的账号。

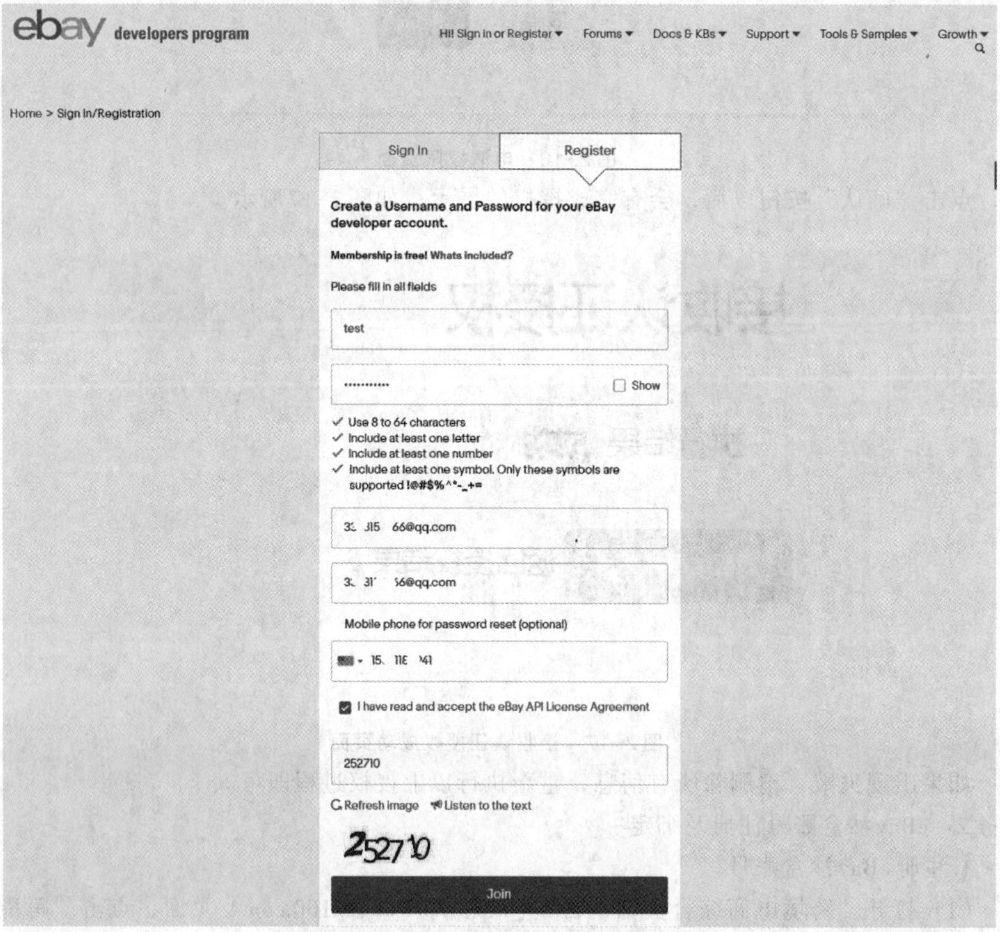

图2-19　eBay账号注册页面

（3）在账号注册页面按要求填入信息，最后点击“Register”按钮即注册成功，如图2-20所示。注册成功后，eBay的登录账号包括“TESTUSER_”的前缀。

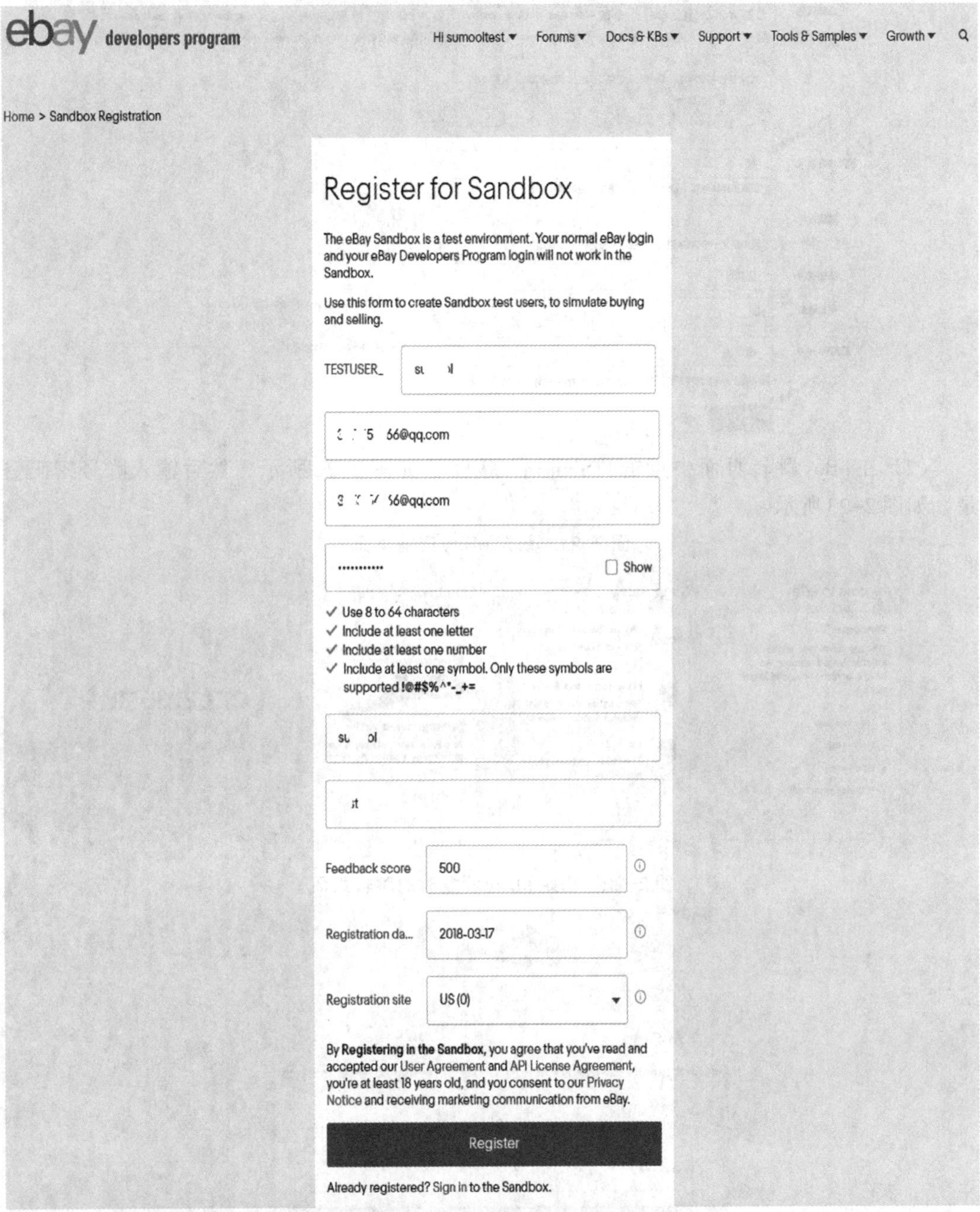

图2-20　账号注册及提交页面

2.绑定eBay沙盒与ERP沙盒

（1）登录ERP沙盒，点击“系统配置”-“电商平台账号”-“店铺信息”相关按钮，勾选上“eBay”，在“是否沙盒账号”选择“是”，然后自定义填写店铺名称，方便之后进行多店铺管理，点击“获取授权”按钮，如图2-21所示。

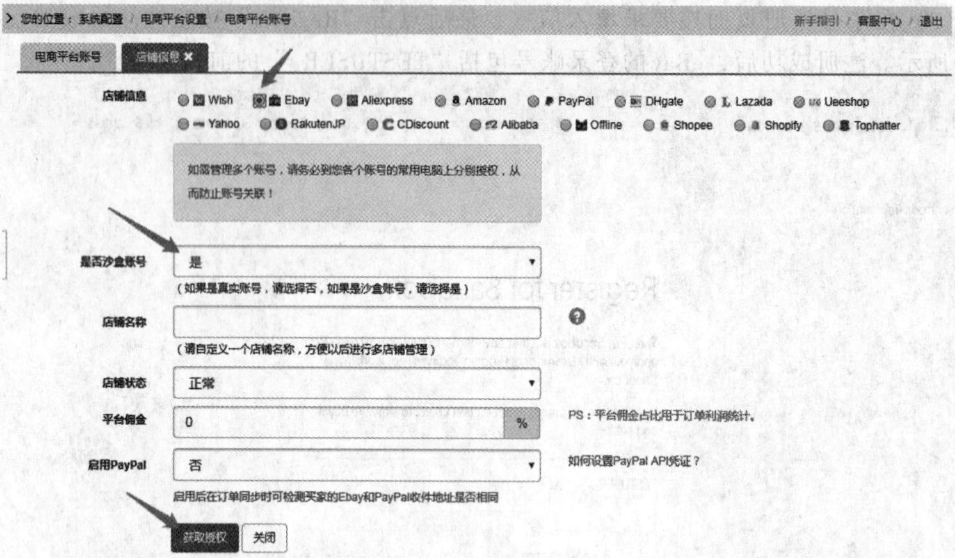

（2）在eBay跳转页面中点击“Sign in”按钮，如图2-22所示，然后输入账号密码登录，如图2-23所示。

图2-21　绑定eBay店铺页面

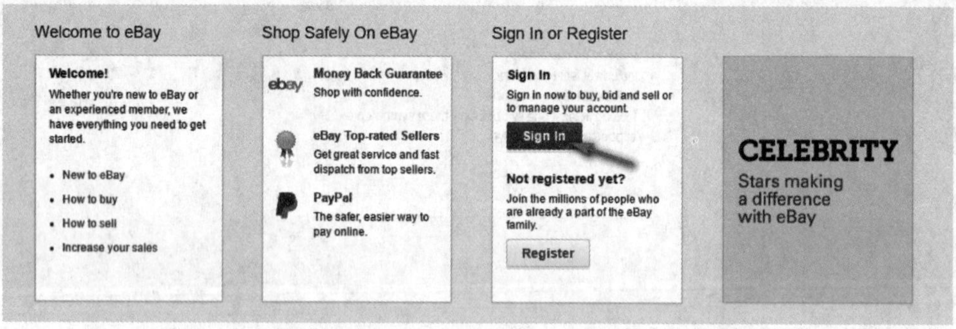

图2-22　绑定eBay沙盒时的跳转页面

图2-23　账号登录界面

（3）在跳转出来的界面点击“Agree”按钮即授权成功，如图2-24所示。

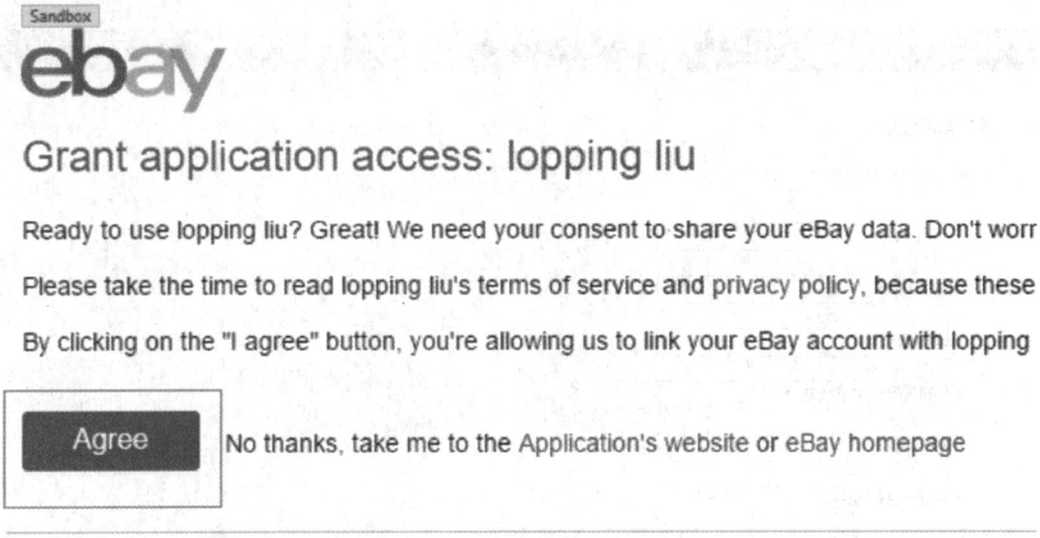

图2-24　授权同意绑定账号

业务3　敦煌网账号注册及ERP沙盒绑定

1. 注册敦煌网账号

（1）登录卖家首页“http：//seller.dhgate.com/”，点击“轻松开店”按钮，如图2-25所示。

图2-25　敦煌网注册页面

（2）进入注册页面，按照页面提示填写真实的注册信息，如图2-26所示。

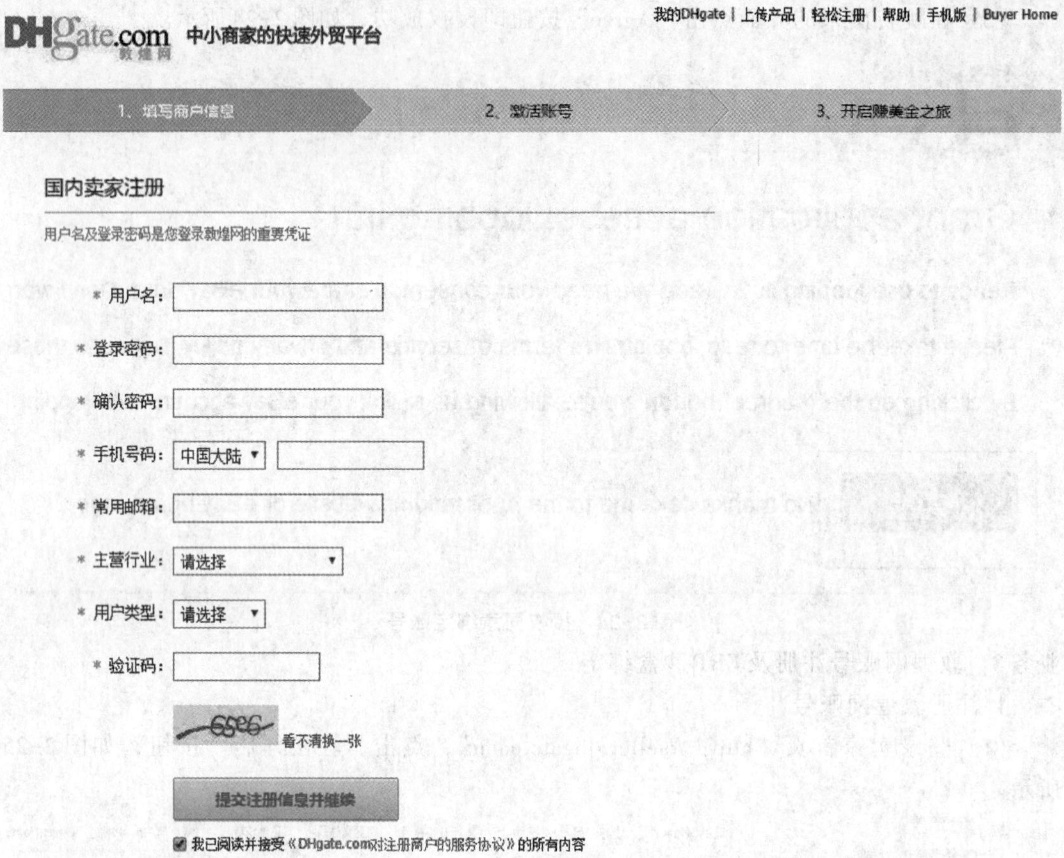

图 2-26 填写商户信息页面

（3）在提交信息后，注册邮箱会收到一封激活邮件，请登录注册邮箱并打开邮件，点击激活链接，如图 2-27 所示。

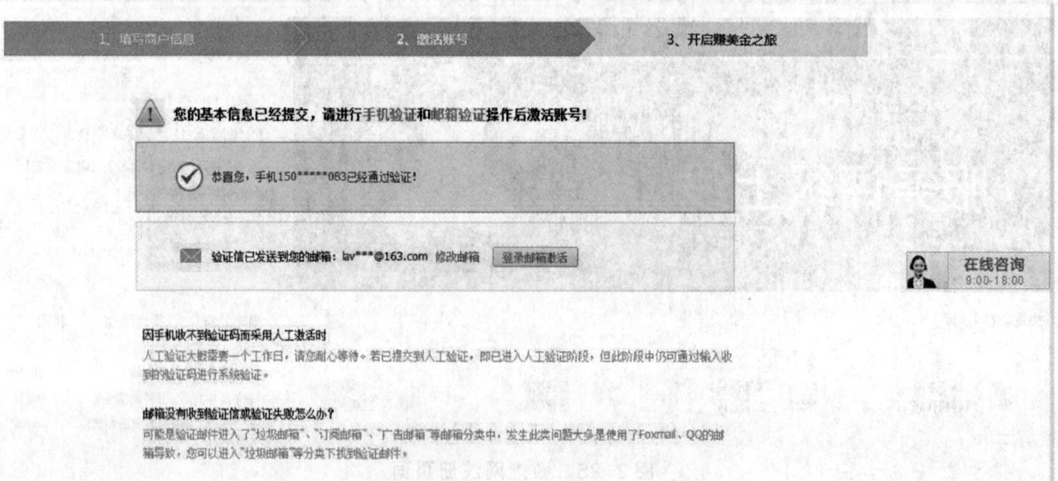

图 2-27 验证邮箱

（4）进入邮箱后，点击“点击这里激活帐户”按钮激活敦煌账号，如图 2-28 所示。

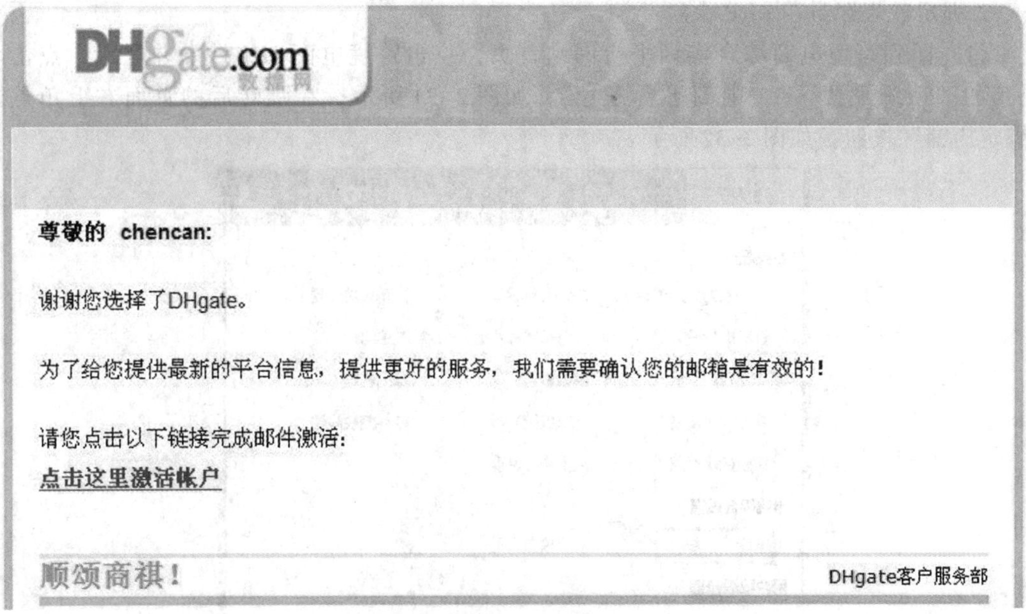

图2-28　电子邮件激活账户页面

（5）在完成手机和邮箱验证后，为更好地保障网络交易安全，防止网络交易欺诈，申请人需要根据要认证的身份类型提交对应的身份认证资料。可以通过图2-29所示方式，点击“申请身份认证”按钮，之后选择身份类型开始身份认证，如图2-30所示。

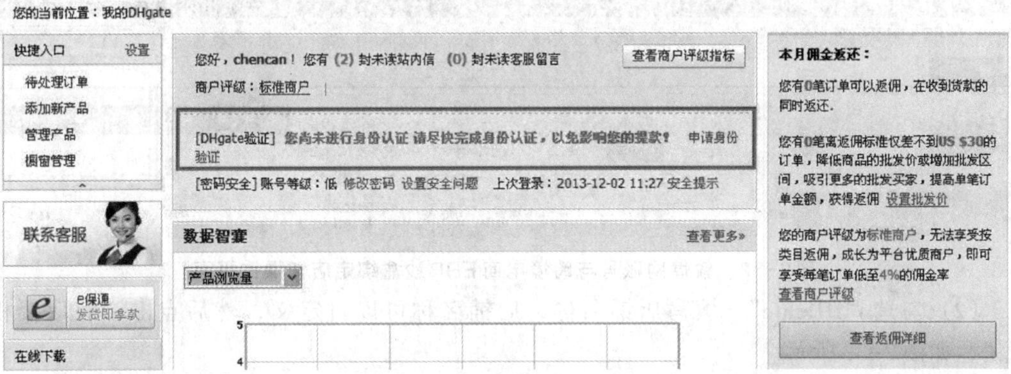

图2-29　申请身份认证页面

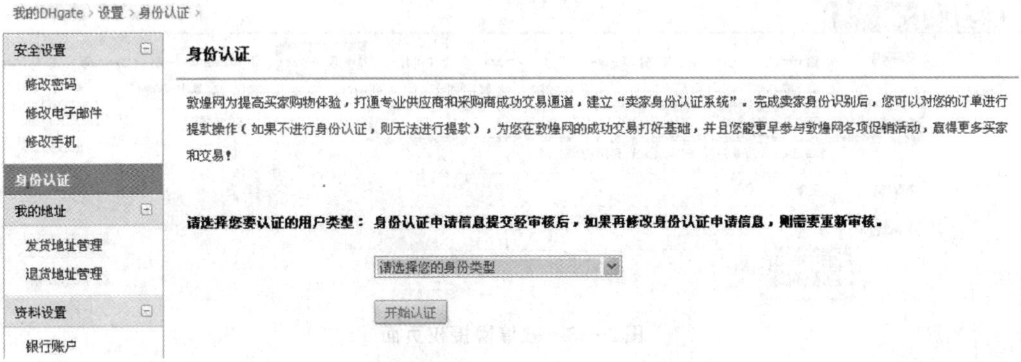

图2-30　身份认证操作页面

2.绑定敦煌账号与ERP沙盒

（1）回到跨境电商综合实训平台网站首页，点击跨境电商ERP沙盒并登录，点击右上角的“系统配置”-“电商平台账号”，如图2-31所示，在跳转后的页面右上角点击“绑定店铺”按钮，如图2-32所示。

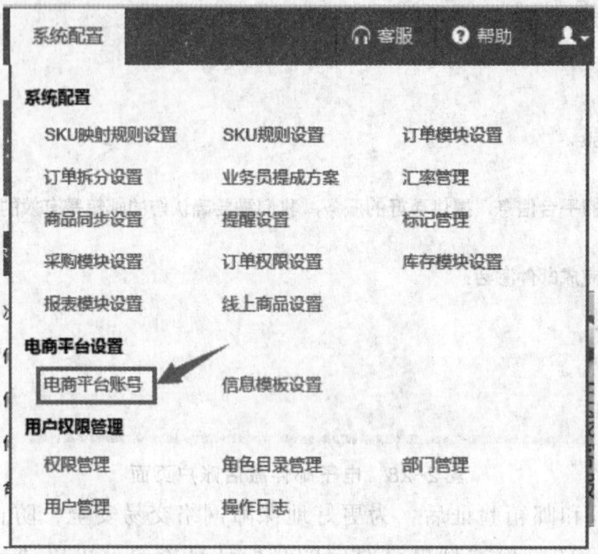

图2-31 “系统设置”-“电商平台账号”页面

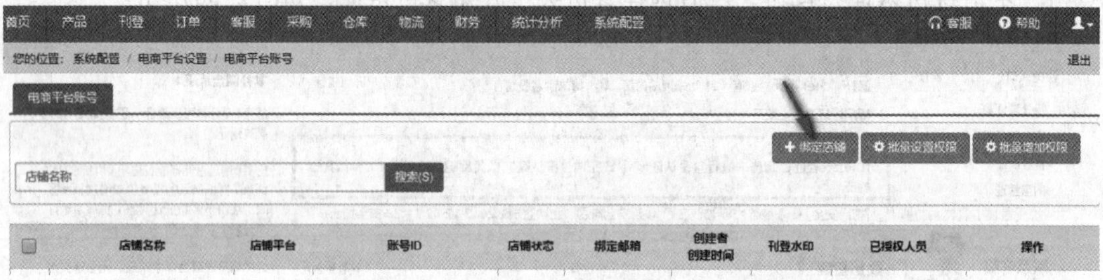

图2-32 敦煌网账号与跨境电商ERP沙盒绑定店铺操作页面

（2）勾选“DHgate”，填写店铺名称，店铺名称可以自定义，然后点击“获取授权”按钮，如图2-33所示。

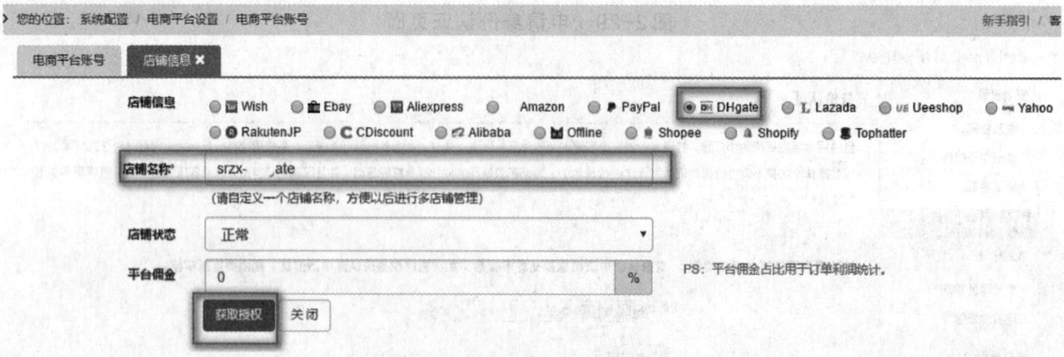

图2-33 敦煌网授权页面

（3）在跳转的页面输入敦煌网的账号密码，点击“登录”按钮，如图2-34所示。

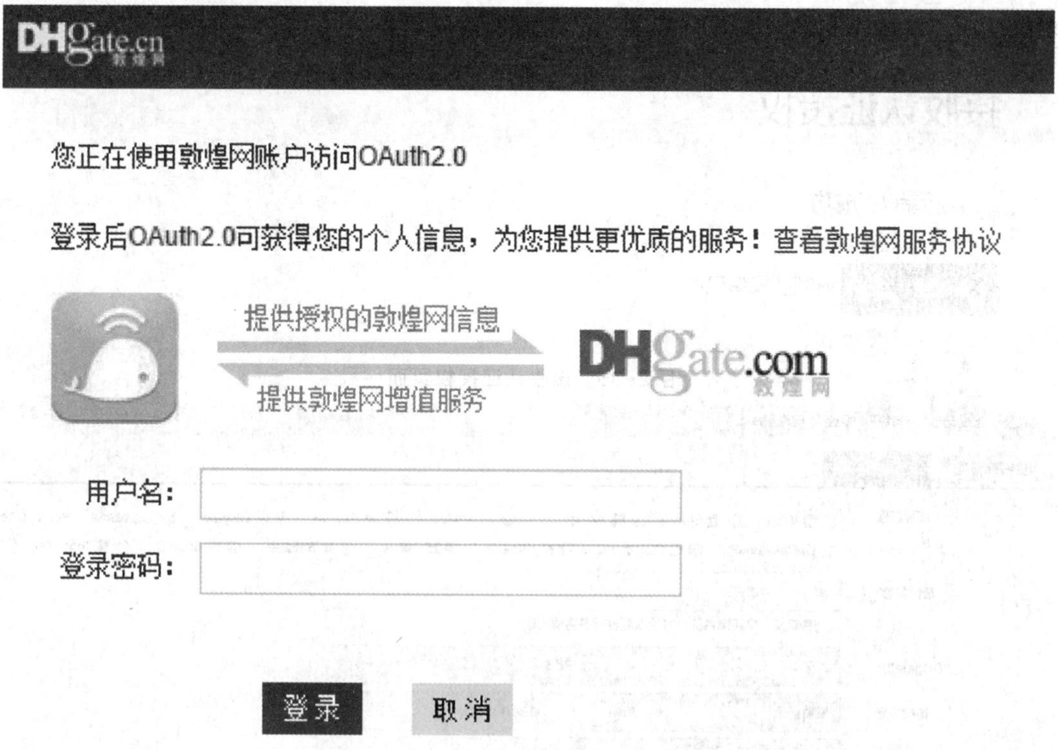

图2-34　登录敦煌网操作页面

（4）登录之后会立即跳转到授权页面，直接点击“授权”按钮，如图2-35所示。

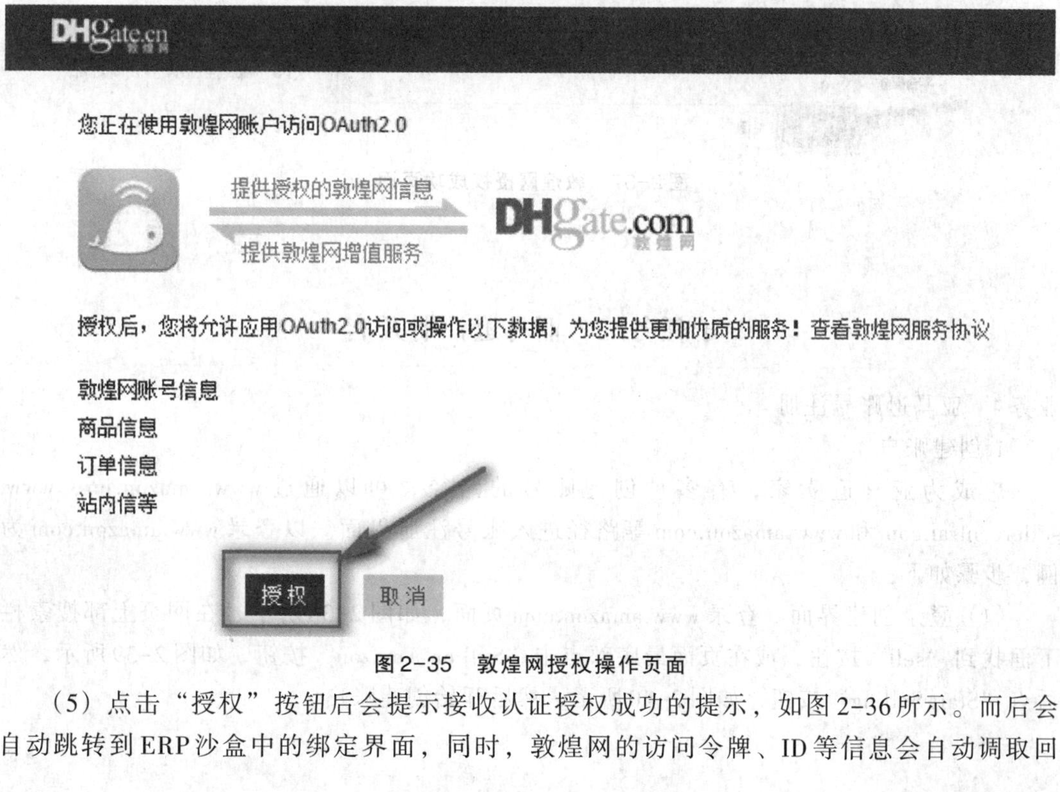

图2-35　敦煌网授权操作页面

（5）点击“授权”按钮后会提示接收认证授权成功的提示，如图2-36所示。而后会自动跳转到ERP沙盒中的绑定界面，同时，敦煌网的访问令牌、ID等信息会自动调取回来，点击“保存”按钮，如图2-37所示，至此授权成功。

图2-36　接收认证授权页面

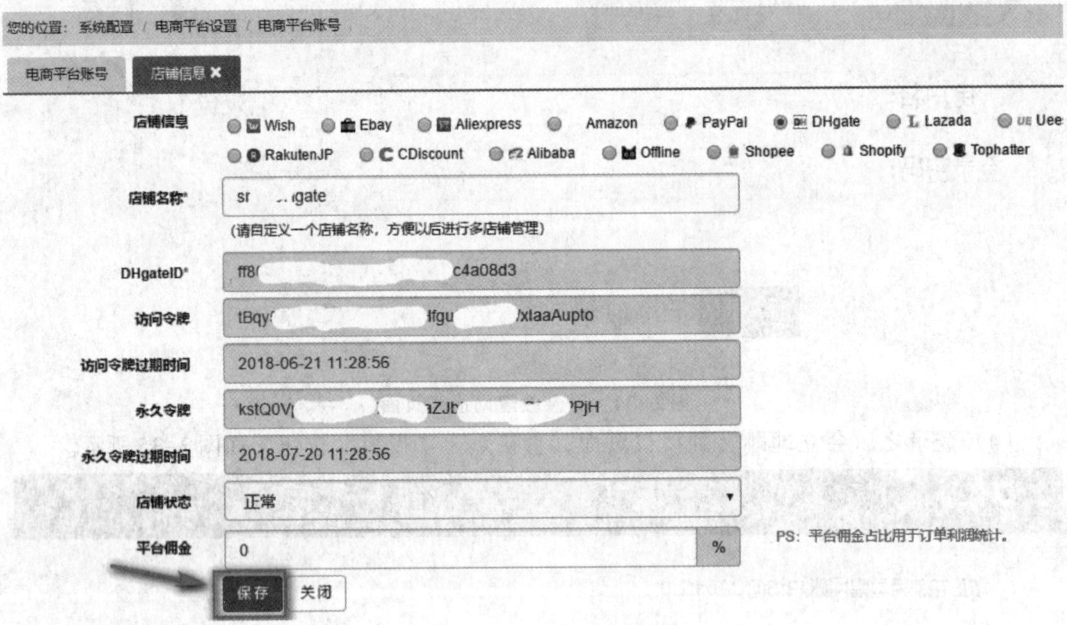

图2-37　敦煌网授权成功页面

子任务二　亚马逊注册开店

业务4　亚马逊账号注册

1.创建账户

想成为亚马逊卖家，有多种创建账号的路径，可以通过www.amazon.cn、www.sellercentral.com和www.amazon.com等路径进入账号注册界面。以登录www.amazon.com为例，步骤如下：

(1) 登录创建界面。登录www.amazon.com页面，如图2-38所示，在网页上部搜索栏下面找到“sell”按钮，或在页面最底部点击“Sell on Amazon”按钮，如图2-39所示，然后点“Start Selling”按钮，如图2-40所示，然后开始创建账户。

图2-38　亚马逊页面

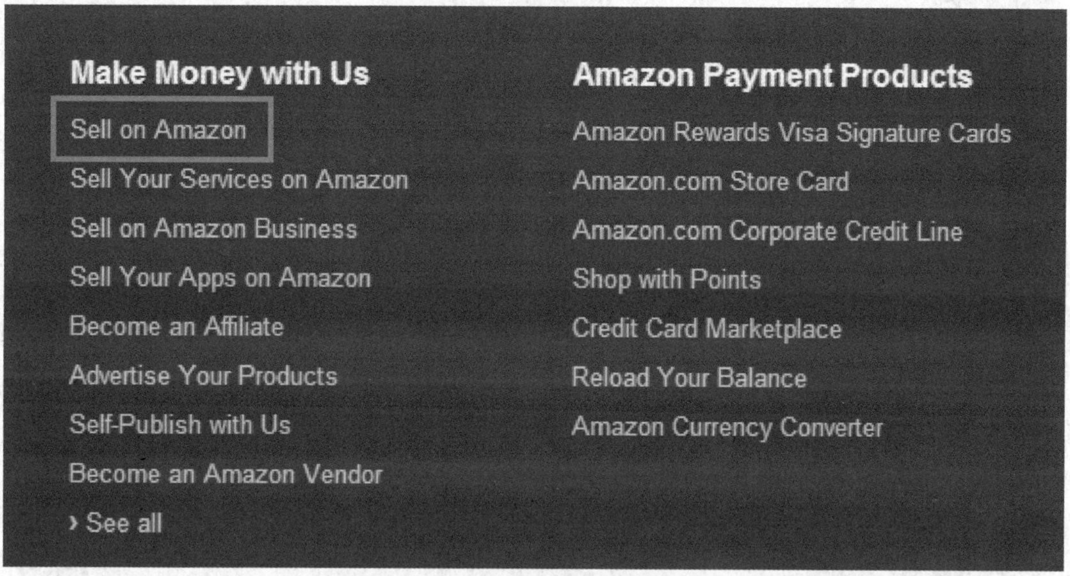

图2-39　创建亚马逊账户（a）

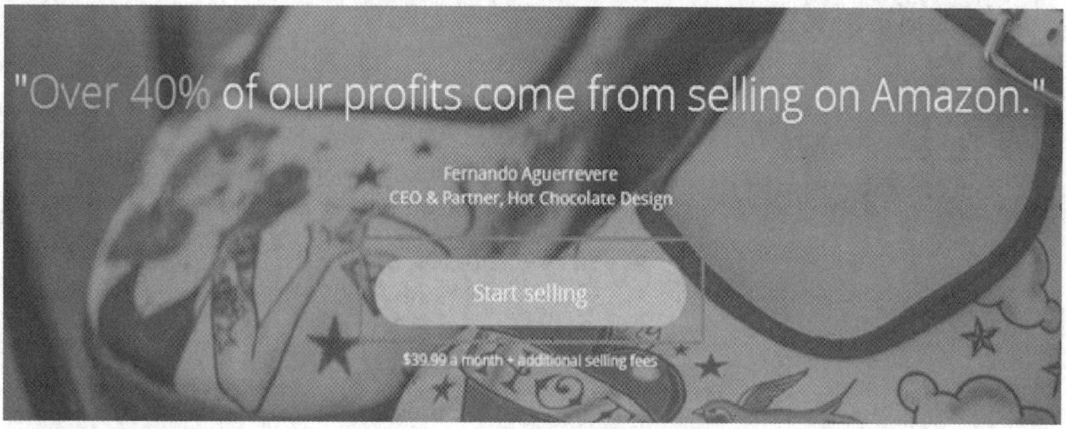

图2-40　创建亚马逊账户（b）

（2）填写账号基本信息。Your name指店铺的名称，名称最好有明确的英文含义，简洁、易记、符合店铺销售经营理念，尽量避免纯中文拼音式名称。E-mail必须是以前没有在亚马逊上注册过的E-mail，注册买家账号的邮箱除外。按图2-41填写以后登录亚马逊店铺账号的基本信息，填写完毕后点“N ext”按钮。

（3）填写账号所对应的公司（或个人）法定名称。法定名称必须用英文填写，最好用拼音填写，即公司（或个人）中文名用拼音拼写，个人姓名与身份证一致，填好后选“同意亚马逊销售服务条款”，如图2-42所示。

图2-41 填写账号基本信息

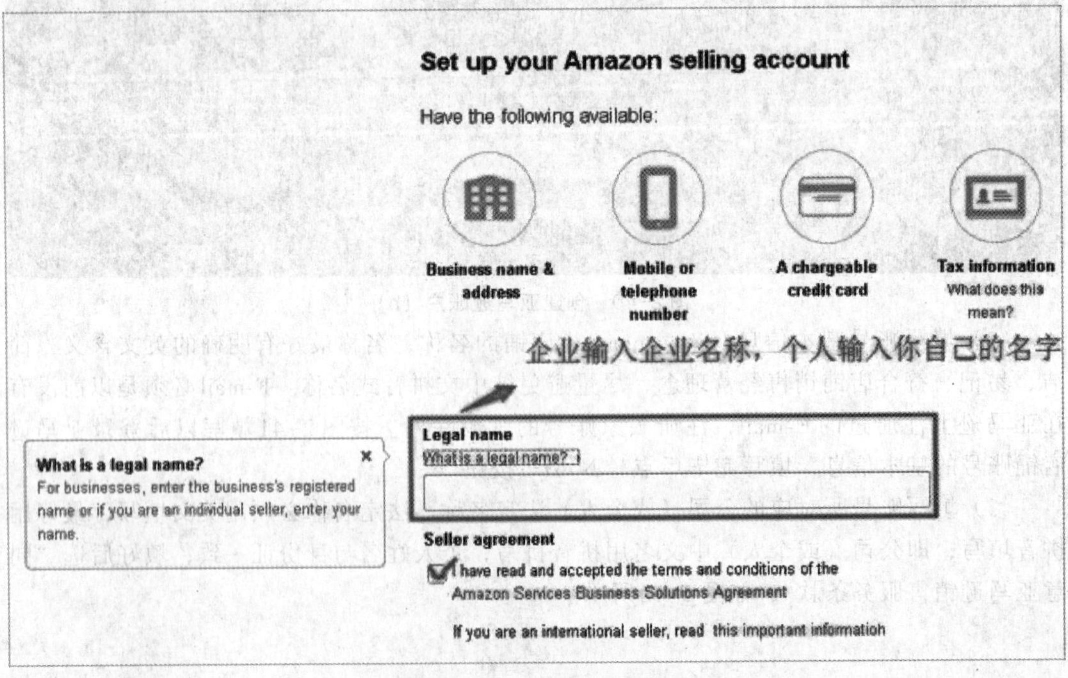

图2-42 填写公司法定名称

（4）填写地址信息。公司地址用英文表述，也可以用纯拼音。如果多网站开店，最好所有网站的英文表述一致，可以把店铺URL贴过来。如果个人开店，可以写家庭住址，如图2-43所示。Display Name和注册第2步的要求一致。验证PIN码是这一步的核心，首先选择验证PIN码接受方式并输入手机号（从未用于亚马逊业务），然后弹出PIN码输入界面，待收到PIN码后正确输入即可。如果选择SMS方式验证，亚马逊会发验证短信，我们只需将短信PIN码输入即可；如果选择Call，由于中国站点关闭，亚马逊会从海外打电话到你填写的手机号上（英文机器人语音，可以选择中文接听），接听记住PIN码，然后输入。要注意的是，如果选择Call形式，有些手机没有开通接听国外来电，则无法接听。

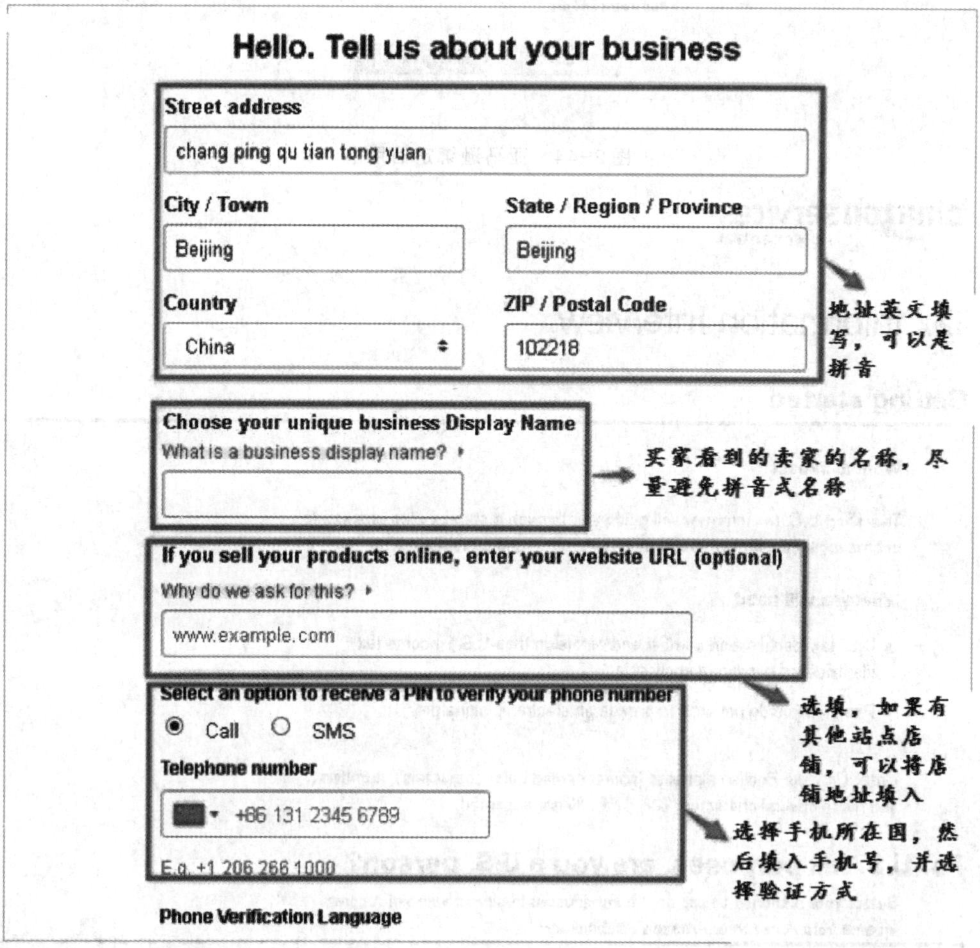

图2-43　亚马逊地址信息

（5）绑定信用卡。按照亚马逊的要求填写信用卡信息，如图2-44所示。

（6）填写税务身份验证。首先是身份确认，亚马逊账号区分注册人国别，如果非美国公司或美国公民，需要选“No”，然后点“Save and continue”按钮。填写公司（或个人）资料。然后点击继续并签名，签名时直接在“Sign here”处填写与上面”FULL MNAE”一致的名字，如图2-45所示。然后填写税务信息，先后完成W-8BEN文件的填写和签署（如图2-46至2-49所示）。

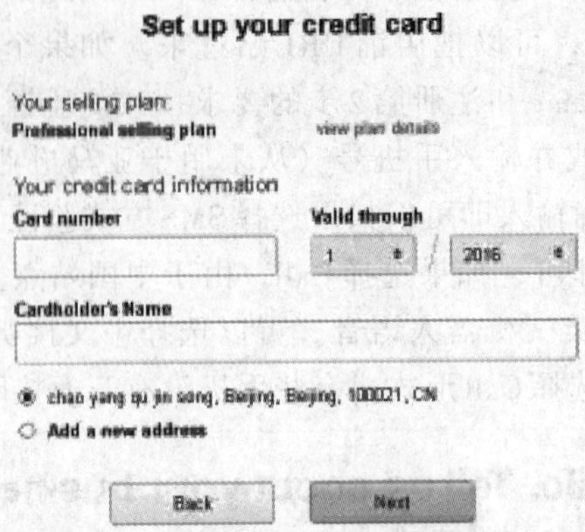

图2-44　亚马逊绑定信用卡

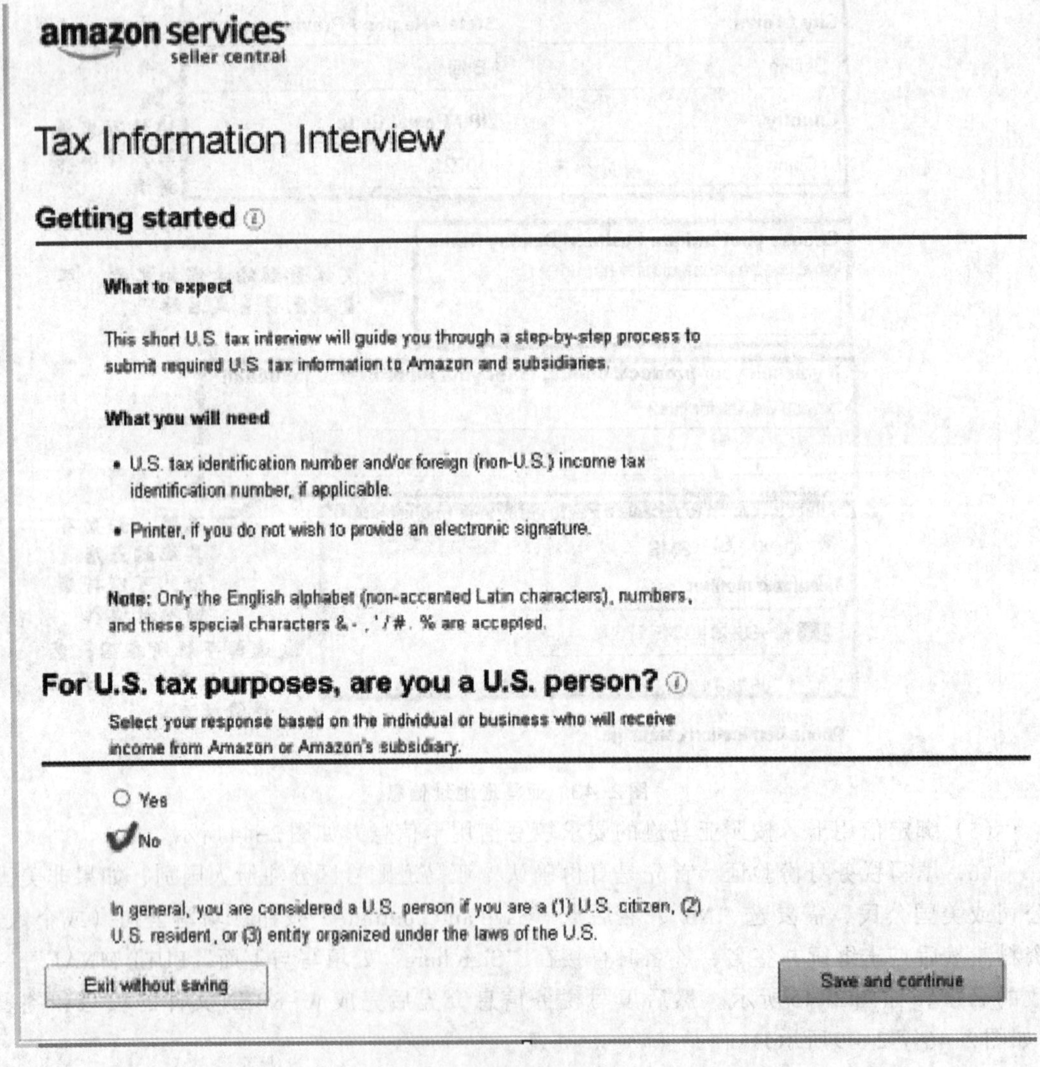

图2-45　亚马逊注册税务（a）

图2-46　亚马逊注册税务（b）

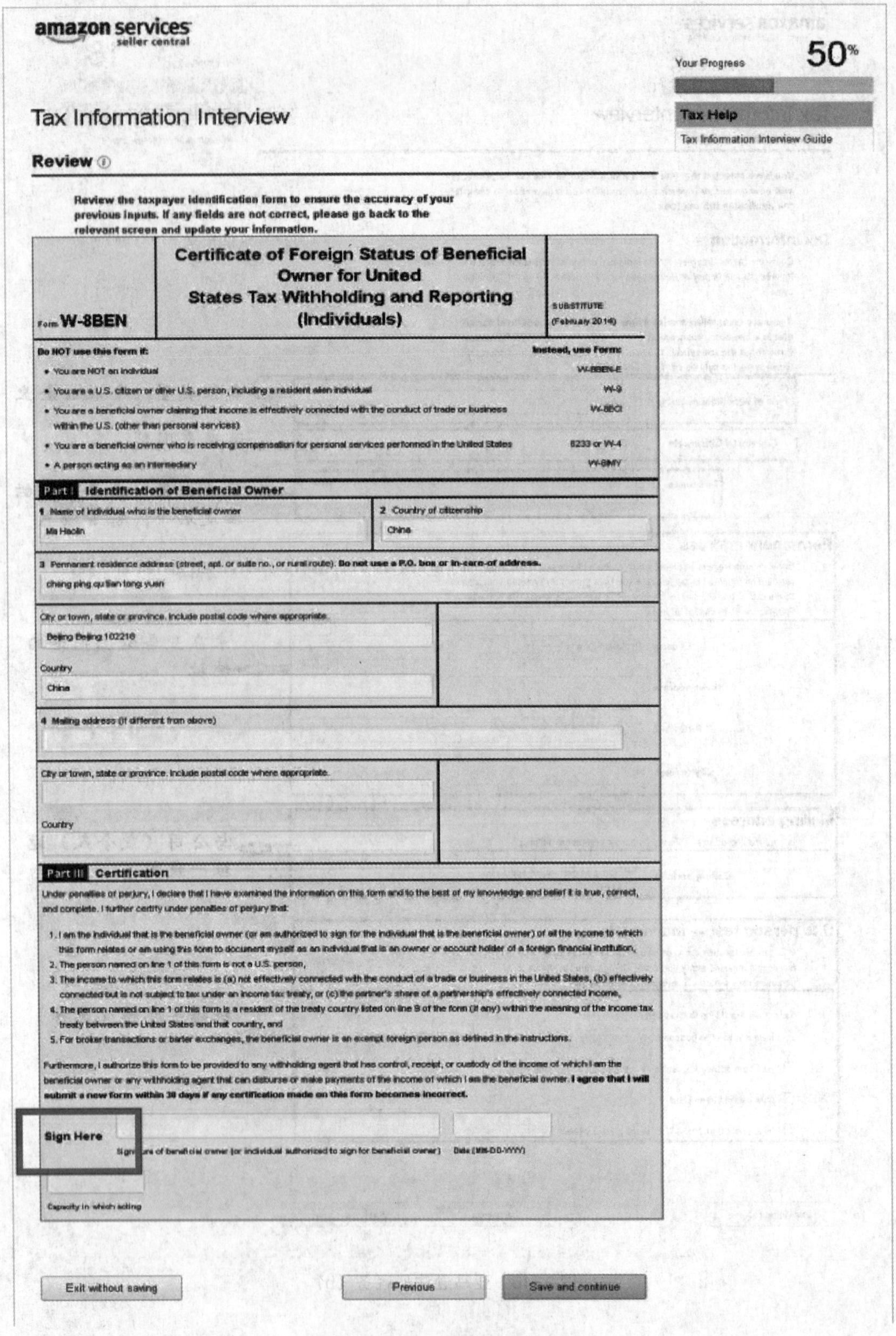

amazon services
seller central

Your Progress 50%

Tax Help
Tax Information Interview Guide

Tax Information Interview

Review

Review the taxpayer identification form to ensure the accuracy of your previous inputs. If any fields are not correct, please go back to the relevant screen and update your information.

Form **W-8BEN**

Certificate of Foreign Status of Beneficial Owner for United States Tax Withholding and Reporting (Individuals)

SUBSTITUTE (February 2014)

Do NOT use this form if: — **Instead, use Form:**

- You are NOT an individual — W-8BEN-E
- You are a U.S. citizen or other U.S. person, including a resident alien individual — W-9
- You are a beneficial owner claiming that income is effectively connected with the conduct of trade or business within the U.S. (other than personal services) — W-8ECI
- You are a beneficial owner who is receiving compensation for personal services performed in the United States — 8233 or W-4
- A person acting as an intermediary — W-8IMY

Part I Identification of Beneficial Owner

1 Name of individual who is the beneficial owner: Ma Haolin

2 Country of citizenship: China

3 Permanent residence address (street, apt. or suite no., or rural route). **Do not use a P.O. box or in-care-of address.**: chang ping qu tian tong yuan

City or town, state or province. Include postal code where appropriate.: Beijing Beijing 102218

Country: China

4 Mailing address (if different from above)

City or town, state or province. Include postal code where appropriate.

Country

Part III Certification

Under penalties of perjury, I declare that I have examined the information on this form and to the best of my knowledge and belief it is true, correct, and complete. I further certify under penalties of perjury that:

1. I am the individual that is the beneficial owner (or am authorized to sign for the individual that is the beneficial owner) of all the income to which this form relates or am using this form to document myself as an individual that is an owner or account holder of a foreign financial institution,
2. The person named on line 1 of this form is not a U.S. person,
3. The income to which this form relates is (a) not effectively connected with the conduct of a trade or business in the United States, (b) effectively connected but is not subject to tax under an income tax treaty, or (c) the partner's share of a partnership's effectively connected income,
4. The person named on line 1 of this form is a resident of the treaty country listed on line 9 of the form (if any) within the meaning of the income tax treaty between the United States and that country, and
5. For broker transactions or barter exchanges, the beneficial owner is an exempt foreign person as defined in the instructions.

Furthermore, I authorize this form to be provided to any withholding agent that has control, receipt, or custody of the income of which I am the beneficial owner or any withholding agent that can disburse or make payments of the income of which I am the beneficial owner. **I agree that I will submit a new form within 30 days if any certification made on this form becomes incorrect.**

Sign Here Signature of beneficial owner (or individual authorized to sign for beneficial owner) Date (MM-DD-YYYY)

Capacity in which acting

Exit without saving Previous Save and continue

图2-47 亚马逊注册税务（c）

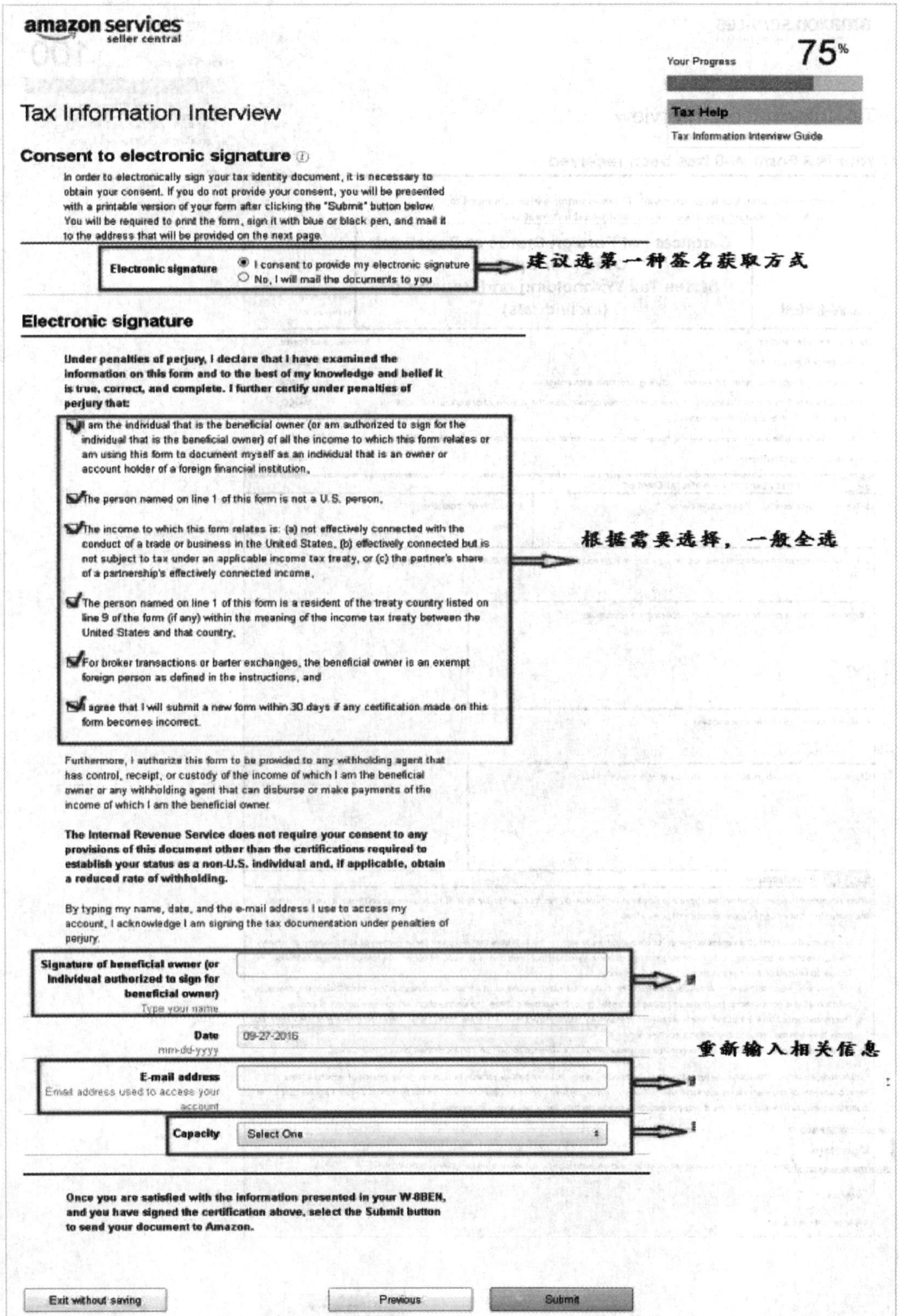

图2-48　亚马逊注册税务（d）

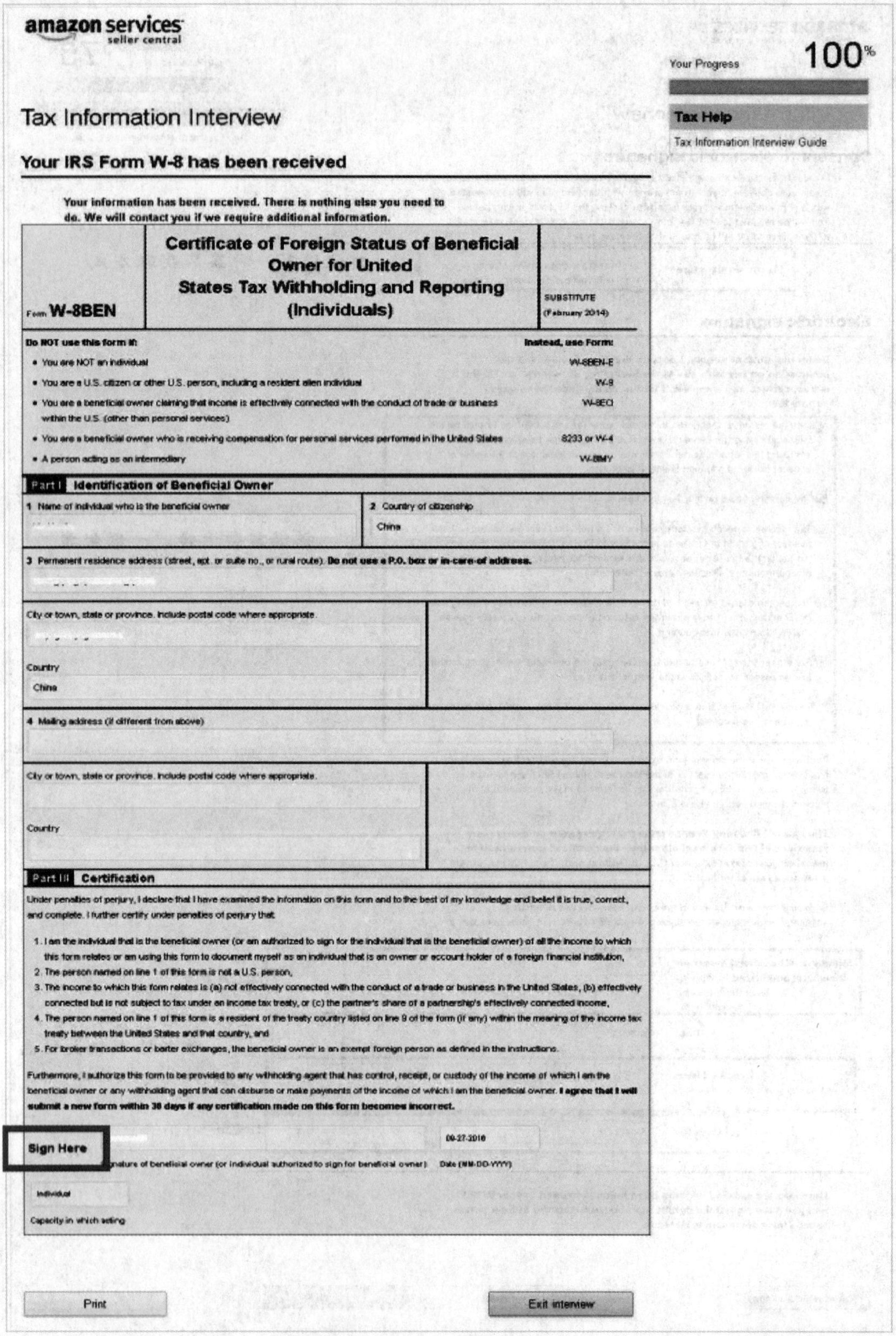
amazon services seller central

Your Progress 100%

Tax Help

Tax Information Interview Guide

Tax Information Interview

Your IRS Form W-8 has been received

Your information has been received. There is nothing else you need to do. We will contact you if we require additional information.

Form W-8BEN

Certificate of Foreign Status of Beneficial Owner for United States Tax Withholding and Reporting (Individuals)

SUBSTITUTE (February 2014)

Do NOT use this form if:	Instead, use Form:
• You are NOT an individual	W-8BEN-E
• You are a U.S. citizen or other U.S. person, including a resident alien individual	W-9
• You are a beneficial owner claiming that income is effectively connected with the conduct of trade or business within the U.S. (other than personal services)	W-8ECI
• You are a beneficial owner who is receiving compensation for personal services performed in the United States	8233 or W-4
• A person acting as an intermediary	W-8IMY

Part I Identification of Beneficial Owner

1 Name of individual who is the beneficial owner

2 Country of citizenship: China

3 Permanent residence address (street, apt. or suite no., or rural route). **Do not use a P.O. box or in-care-of address.**

City or town, state or province. Include postal code where appropriate.

Country: China

4 Mailing address (if different from above)

City or town, state or province. Include postal code where appropriate.

Country

Part III Certification

Under penalties of perjury, I declare that I have examined the information on this form and to the best of my knowledge and belief it is true, correct, and complete. I further certify under penalties of perjury that:

1. I am the individual that is the beneficial owner (or am authorized to sign for the individual that is the beneficial owner) of all the income to which this form relates or am using this form to document myself as an individual that is an owner or account holder of a foreign financial institution,
2. The person named on line 1 of this form is not a U.S. person,
3. The income to which this form relates is (a) not effectively connected with the conduct of a trade or business in the United States, (b) effectively connected but is not subject to tax under an income tax treaty, or (c) the partner's share of a partnership's effectively connected income,
4. The person named on line 1 of this form is a resident of the treaty country listed on line 9 of the form (if any) within the meaning of the income tax treaty between the United States and that country, and
5. For broker transactions or barter exchanges, the beneficial owner is an exempt foreign person as defined in the instructions.

Furthermore, I authorize this form to be provided to any withholding agent that has control, receipt, or custody of the income of which I am the beneficial owner or any withholding agent that can disburse or make payments of the income of which I am the beneficial owner. **I agree that I will submit a new form within 30 days if any certification made on this form becomes incorrect.**

Sign Here — Signature of beneficial owner (or individual authorized to sign for beneficial owner) — 09-27-2016 Date (MM-DD-YYYY)

Individual

Capacity in which acting

Print | Exit interview

图2-49 亚马逊注册税务（e）

（7）填写产品信息。按照自己的销售产品如实填写产品信息（如图2-50所示）和销售类目（如图2-51所示），类目可以全部勾选。

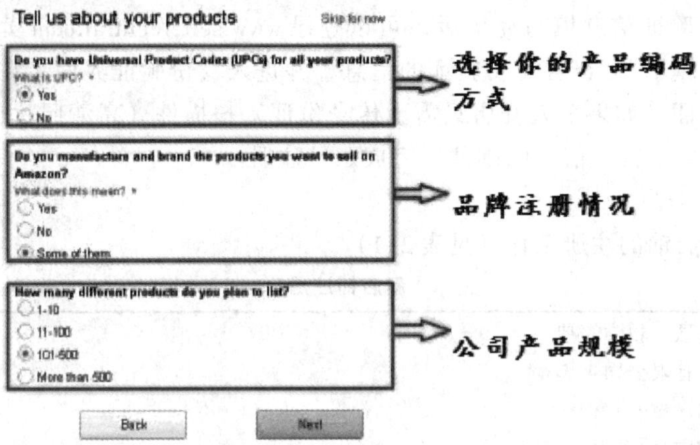

图2-50　亚马逊注册产品信息

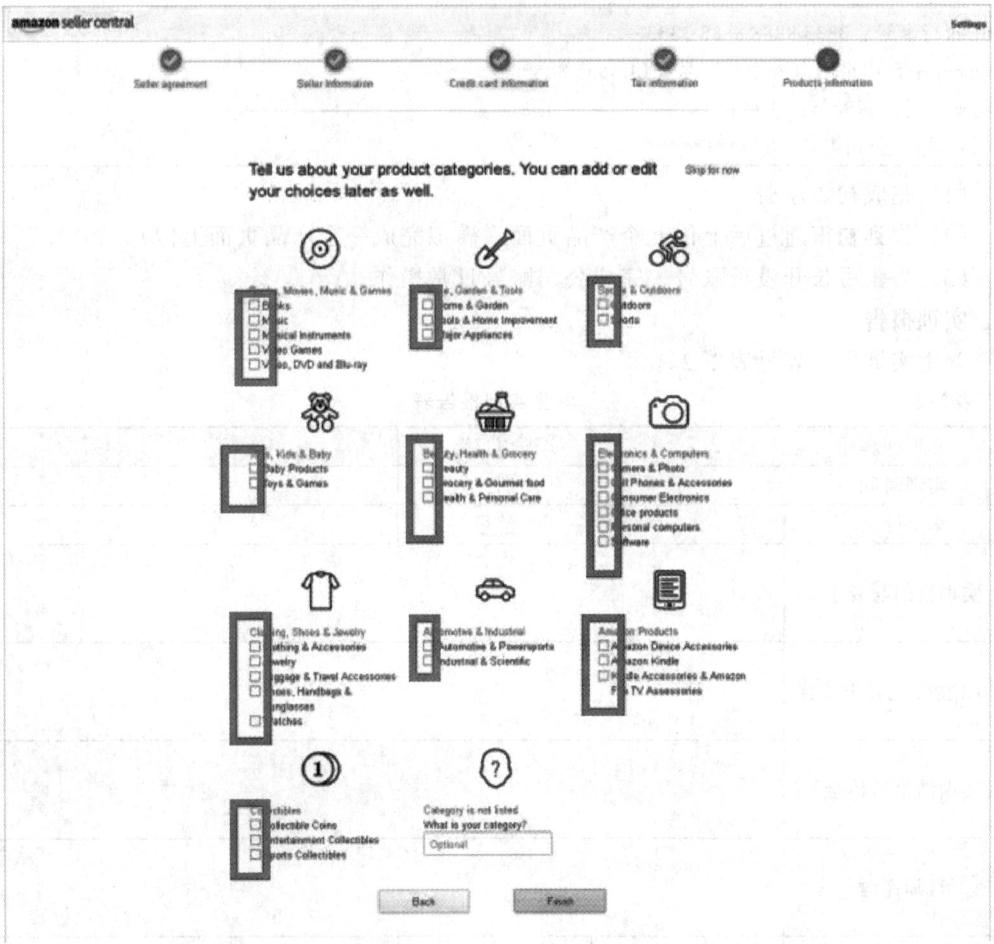

图2-51　亚马逊注册销售类目

（8）完成登录验证和卖家资料核验。完成上述步骤后，需要设置两步验证并提交卖家法定经营凭证。首先准备另一个用于亚马逊业务的手机号，然后根据界面填写接收登录验证码的手机号和备用手机号，完成两步验证。验证时，可以选择短信验证或语音验证，一般选短信验证。验证信息填写完毕后，可以登录www.sellercentral.com卖家平台网址，在左上角点击“小旗子”，查看需要验证的信息，并进入身份验证界面。在此界面上传公司执照和法人身份证（如果个人开店只需上传身份证）扫描件（高清照片也可）。最后等待注册邮箱收到“可销售”信息的邮件，完成账号注册。

2.仿真业务实操

完成下面新店铺的注册工作（见表2-1）。

表2-1 新店铺注册

业务资料（虚拟信息，教学需要）： 公司名：嘉兴科技有限公司 营业执照号码：901********** 法人姓名：（学生自己的姓名） 法人身份证号：300000030300101**** 手机号码：139******** VISE银行卡号：3333 8888 8888 3333 Pingpong平台申请的海外银行账号：LU5555 888* 公司亚马逊运营专员：张弓长 电话号码：（公司配备）138********

（1）完成初始注册。

（2）收到初审通过后上传五个产品页面（模拟完成一个产品页面上传）。

（3）为张弓长开设子账号，完成公司账号日常操作。

三、实训报告

学生实训报告表见表2-2。

表2-2 学生实训报告表

实训课程		实训项目名称	
实训时间		实训地点	
学生姓名		学号	
实训目的与要求			
实训内容、方法和步骤			
实训结论与体会			
教师评语			
实训成绩		教师签名	

实训三

跨境电商ERP沙盒设置实训

一、实训目的

1.理解系统设置、权限管理和SKU等概念的含义。

2.掌握ERP沙盒系统设置的操作流程，根据实际业务需要，选择是否进行产品管理、库存管理、采购管理等配置；设置物流商、物流方案、报关信息等，为后续实训打下基础。

二、实训要求

1.根据实训情况写出实训报告，内容包括实训的操作过程、结果和实训体会。

2.要求实训报告能记录实训的主要操作过程和实训结果，根据实际操作情况对订单模块管理、权限管理等设置信息进行记录，并能通过实训谈谈自己的收获、体会或建议等。

业务1　系统配置

（1）订单模块设置。

打开跨境电商综合实训平台（http：//www.srzx100.com），点击“跨境电商ERP沙盒”登录，依次选择“系统配置”-“系统配置”-“订单模块设置”菜单，如图3-1所示。

配置选项“启用SKU管理”，系统默认为“否”，如卖家需要对本地产品、库存、采购进行管理时请启用此选项，并设置本地和店铺中商品的SKU值，进行产品映射，同步下来的订单将通过SKU查找与之相匹配的商品。

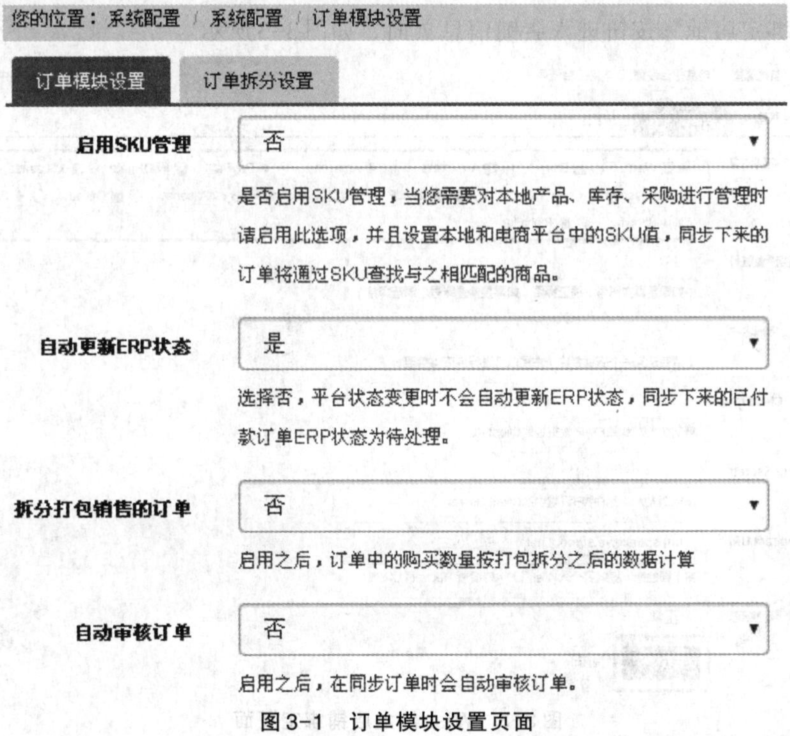

图3-1 订单模块设置页面

在订单模块设置中需注意产品成本取值。产品成本取值分为先进先出、移动加权平均、产品采购价三种方式，系统默认为“先进先出”。

先进先出是指按入库先进先出计算产品成本；移动加权平均是指按出库时产品当前库存平均价计算产品成本；产品标准采购价适合不做库存管理的用户使用，按产品管理中设定的采购价计。修改此选项只对新产生的出库记录生效。

（2）标记管理。

在“系统配置”-“系统配置”-“标记设置”菜单，分别对订单、产品、发布库产品、订单留言、售后问题、FBA境外仓调拨设置不同的标记，点击“添加标记”按钮填写标记名称、颜色、排序，最后点击“保存”按钮，如图3-2所示。

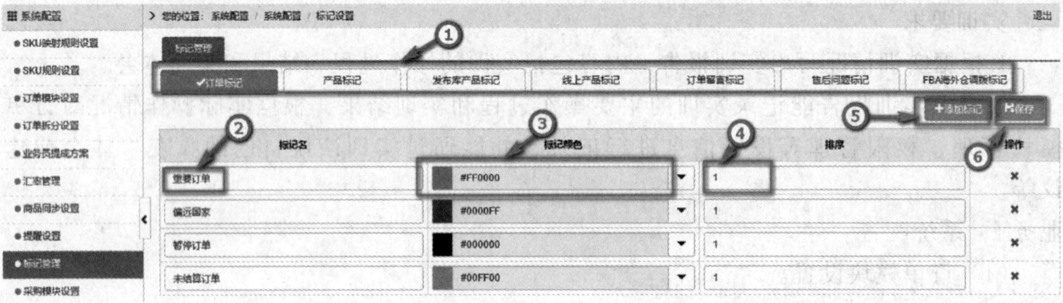

图3-2 标记管理页面

业务2 电商平台设置

电商平台设置包括电商平台账号和店铺信息设置。

点击“跨境电商ERP沙盒”登录，在右上角依次选择“系统配置”-“电商平台设置”-“电商平台账号”菜单进行“绑定店铺”操作。

点击“绑定店铺”按钮进入店铺信息页面，如图3-3所示。

图3-3 Wish沙盒店铺绑定页面

（1）店铺信息。

选择店铺对应的平台，目前ERP沙盒已经成功对接了Wish、Wish（沙盒）、eBay、eBay（沙盒）、速卖通（Aliexpress）、亚马逊（Amazon）、敦煌（DHgate）、Lazada、Ueeshop等2个沙盒平台与超过15个真实跨境电商平台。其他未对接的平台，用户在使用时可以用线下店铺离线进行手工导入订单处理。

（2）是否为沙盒账号。

跨境电商ERP沙盒支持Wish（沙盒）和eBay（沙盒），绑定时可进行沙盒平台与真实平台的选择，如果是真实账号，请选择“否”；如果是沙盒账号，请选择“是”。

（3）店铺名称。

系统支持自定义店铺名称，也可以和线上保持一致，方便进行店铺管理。

（4）店铺状态。

店铺状态分为三种，分别为正常、异常、停用，只有处于正常状态的店铺，ERP沙盒系统才会进行处理。

业务3 用户权限管理

用户权限管理包括权限管理、角色目录管理、部门管理、用户管理、操作日志等。

权限管理包括店铺管理权限和菜单操作权限。点击“系统设置”－“用户权限管理”－“权限管理”，进入“角色管理”界面。

（1）添加角色。

设置菜单操作权限，在“角色管理”页面点击右上角的“添加角色”按钮进入“角色编辑”页面，将列出所有菜单的权限，用户填写角色名称、分配角色权限，启用则勾选，最后点击“保存”按钮，角色添加成功，如图3-4所示。

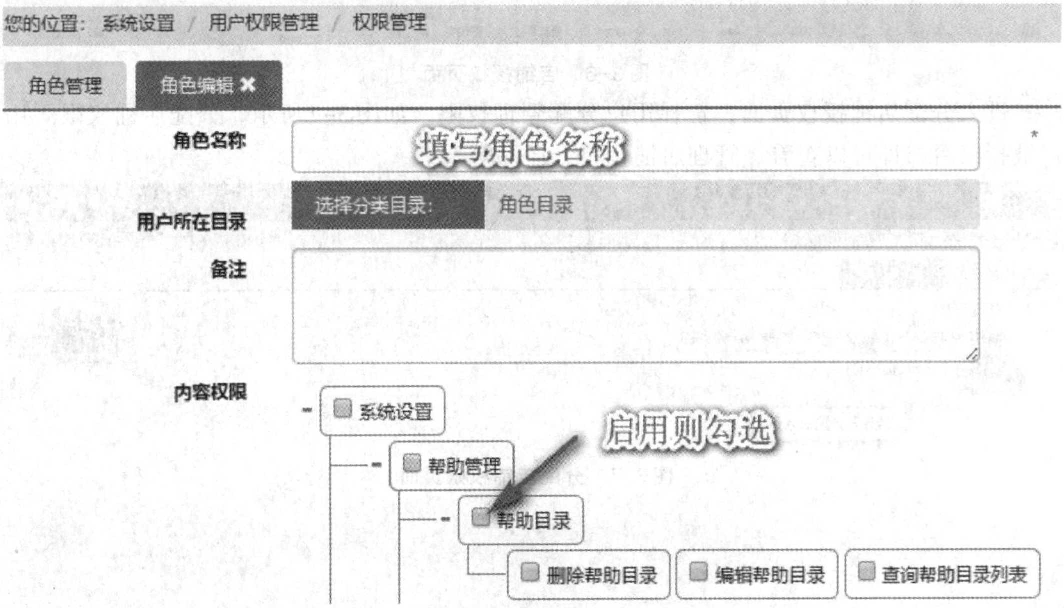

图3-4 角色添加页面

（2）用户授权。

添加角色后，在“用户管理”菜单对用户进行菜单操作授权，查找用户后点击“角色”按钮进入用户管理页面，如图3-5所示。

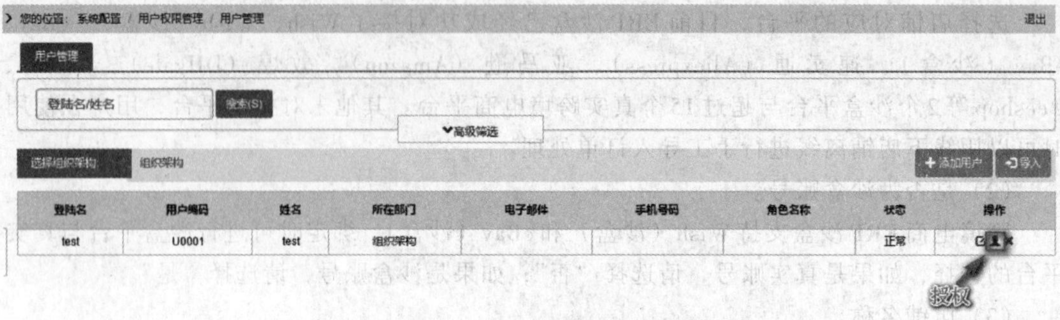

图3-5 用户管理页面

（3）店铺授权。

设置店铺管理权限，在“电商平台账号”菜单下查找店铺，点击“分配权限”按钮，如图3-6所示。

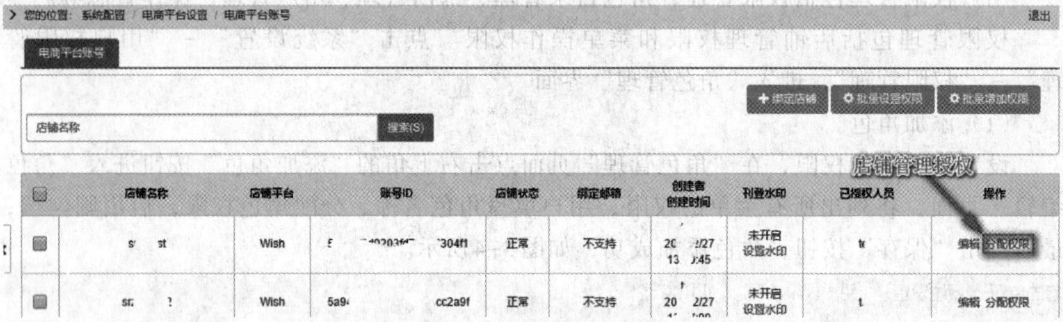

图3-6 店铺授权页面

进入分配店铺授权页面，选择用户分配管理权限，如图3-7所示，分配店铺权限。用户被授权后，即可以查看、管理店铺订单、产品等。

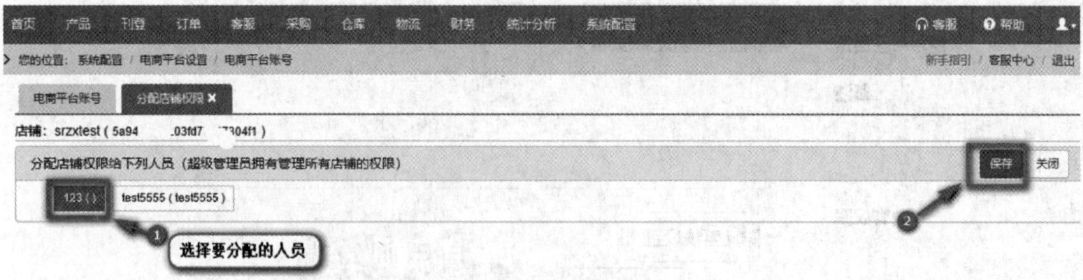

图3-7 分配店铺权限页面

实训模块二

跨境电商业务操作

实训四

刊登管理

一、实训目的

1.通过实训操作，能够熟练掌握商品信息的采集与分类管理。

2.掌握在主要跨境电商平台的商品刊登管理操作。

二、实训要求

1.课前对主要跨境电商平台进行访问浏览，学习有关平台规则、新手入门、知识产权保护等规定，避免在实训应用中违规。

2.根据实训情况写出实训报告，要求实训报告能记录实训的主要操作过程和实训结果，并能通过实训谈谈自己的收获或体会、建议等。

3.完成业务实操题目。

子任务一　ERP沙盒操作：Wish、eBay、敦煌

业务1　产品采集

在产品刊登前，需要先对产品进行采集，现在系统支持单品采集和店铺采集两种。

店铺采集功能支持淘宝、速卖通、1688、天猫、京东、eBay（主站）、亚马逊（美国站）、Wish等平台。

单品采集功能支持淘宝、速卖通、1688、天猫、京东、eBay（主站）、亚马逊（美国站）等平台。

打开跨境电商综合实训平台（http：//www.srzx100.com），点击“跨境电商ERP沙盒”登录，依次选择“刊登”-“商品采集”。

1.根据商品采集

根据商品采集有两种方式。

方法一：将要采集的商品链接粘贴到“商品采集”文本框中，一个采集链接占一行，可多个商品、多个平台一起采集，若采集成功则会出现“采集成功”字样。

方法二：安装采集插件，如图4-1所示，在要采集的商品页面点击鼠标右键，选择“采集此产品”即可。若成功则会出现“采集成功”字样，如图4-2所示，系统默认“根据商品采集”。

2.根据店铺采集

用户可以根据店铺分类去采集一个店铺下某一类目录下的产品，这样可以更快速地进行采集，同样可以输入网址和采集插件进行采集。

先选择“商品采集”，再点击“根据店铺分类采集”，然后输入采集店铺商品分类的网址，如图4-3所示。

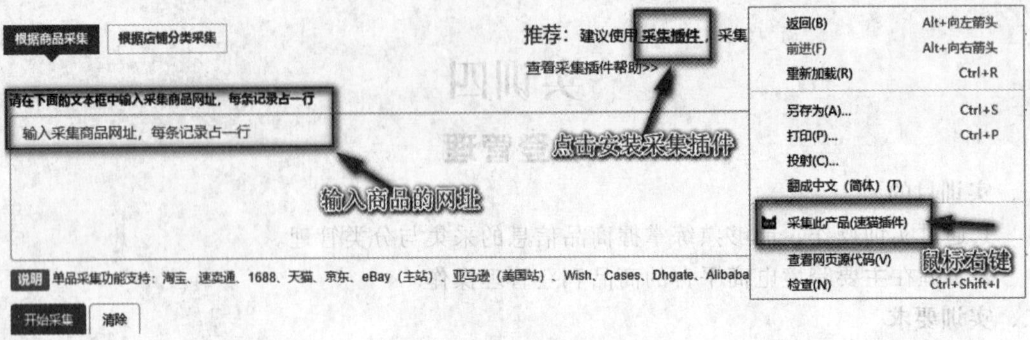

图4-1 根据商品采集页面

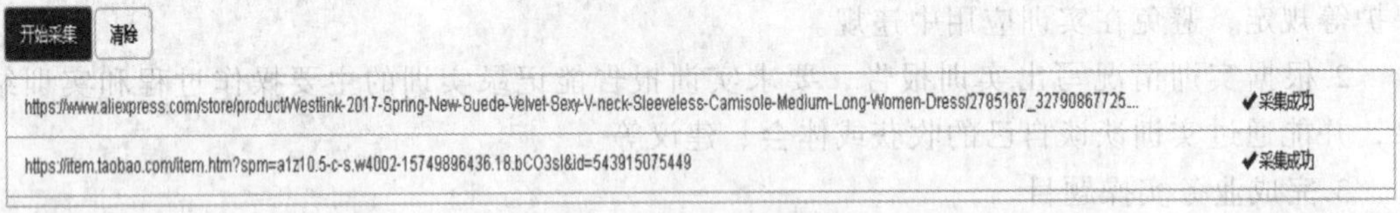

图4-2 商品采集成功

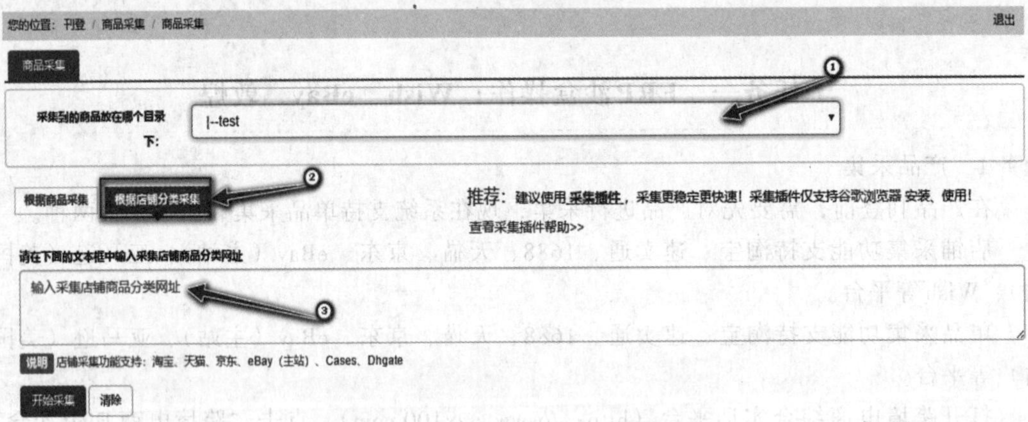

图4-3 根据店铺分类采集商品信息页面

3. 采集箱

采集下来的商品会进入采集箱，如图4-4所示，这些商品可以进行“认领”和“转为本地产品”。“认领”表示直接认领到各个平台，可以认领到多个平台的多个店铺，认领的商品会进入“待发布库”，如图4-5所示；“转为本地产品”表示直接作为本地产品进行维护，转为本地的产品会进入“本地产品”。

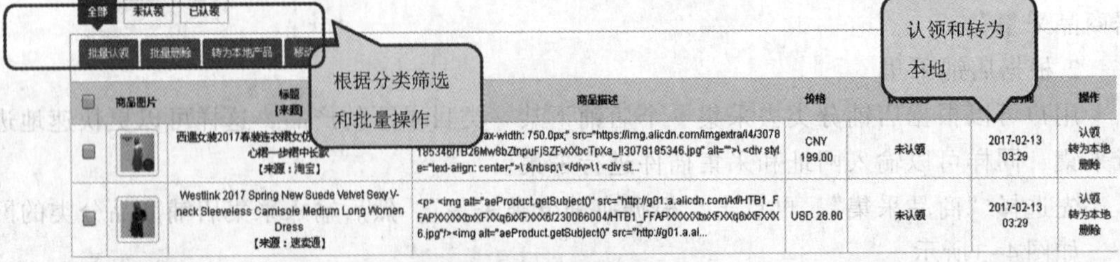

图4-4 采集箱页面

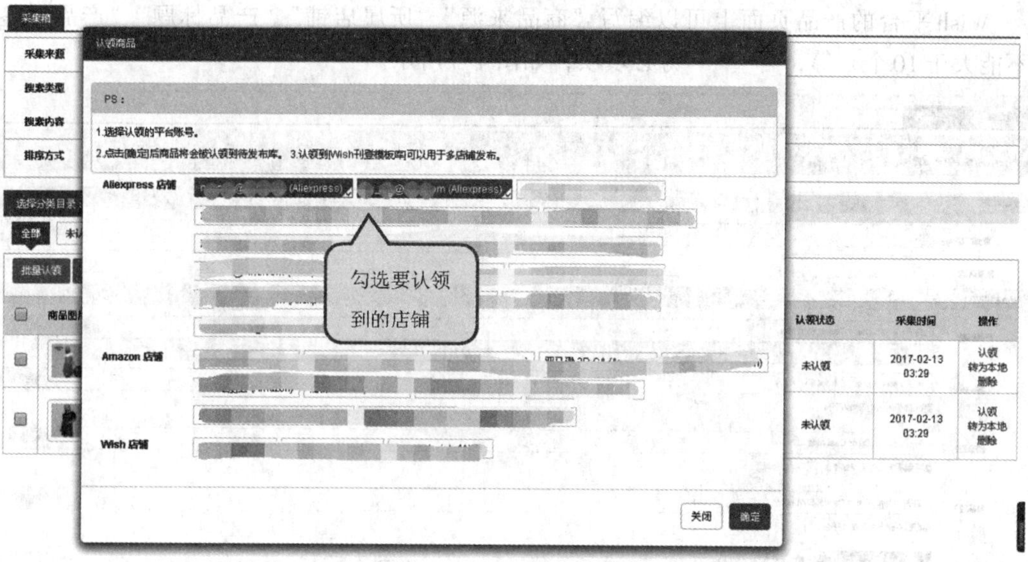

图 4-5　待发布库页面

业务2　Wish沙盒刊登

1.词库管理和刊登模板库

为了避免Wish关联，系统做了词库管理和刊登模板库，能够有效地避免刊登导致关联现象。客户可以在“词库管理”中为标题、描述、标签建立词集，词集不能含中文字符，且每个词之间需用英文的逗号隔开，如图4-6所示。

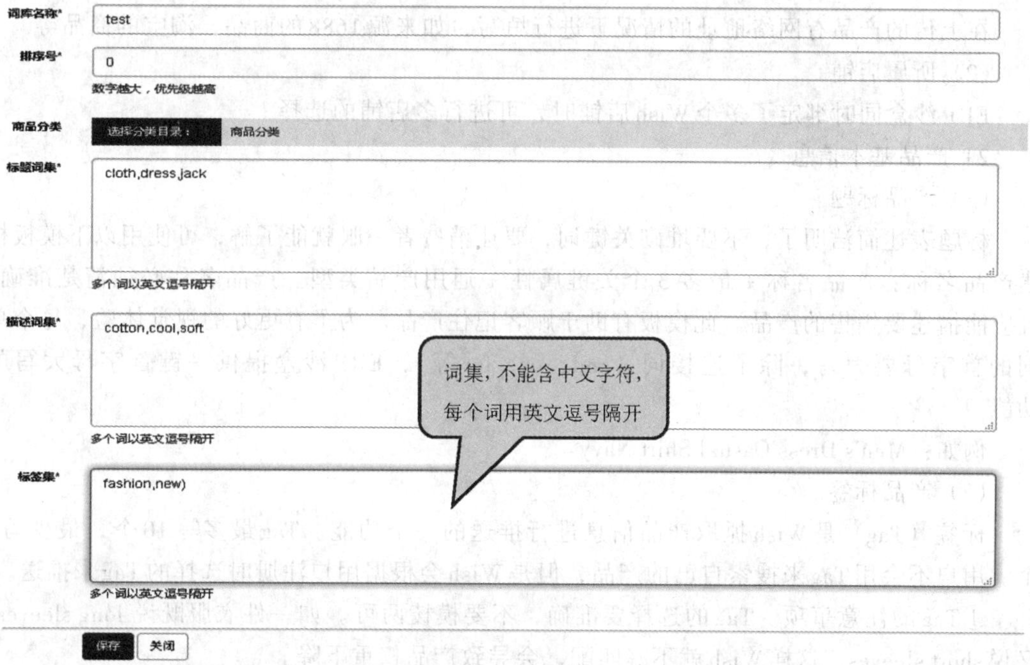

图 4-6　词库管理页面

进入刊登模板库编辑产品，产品来源有新增、从本地产品选择、导入等几种方式。下面以新增为例说明：

Wish平台的产品页面上可以编写“商品来源”“所属店铺”“产品标题”“产品标签”（不能大于10个）等，含“*”为必填项，如图4-7所示。

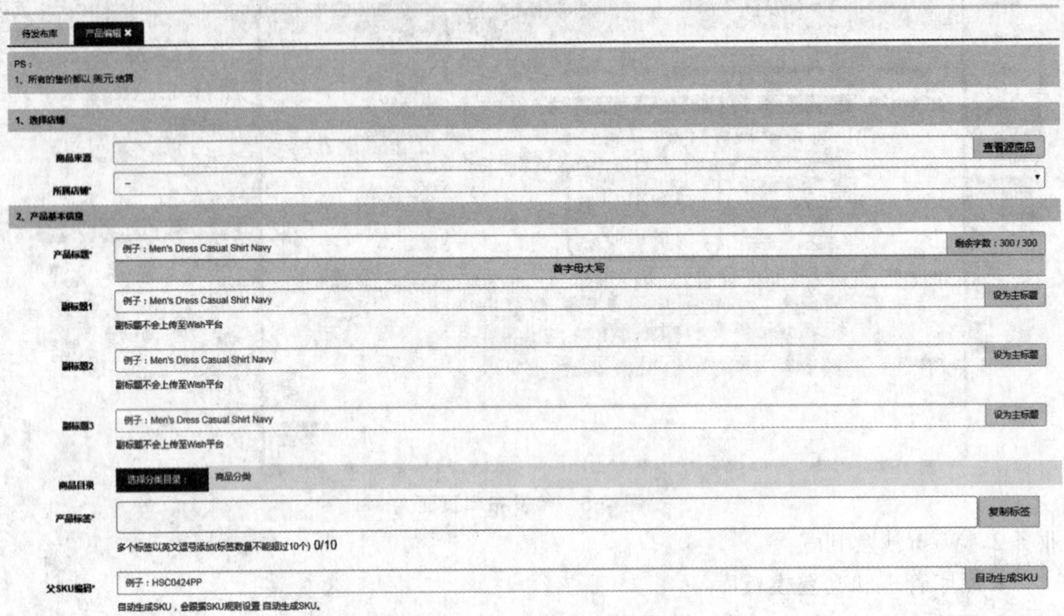

图4-7 编写产品标题标签页面

1）选择店铺

（1）商品来源。

在上传的产品有网络地址的情况下进行填写，如来源1688的商品、淘宝的商品等。

（2）所属店铺。

ERP沙盒同时绑定了多个Wish店铺时，可进行多店铺的选择。

2）产品基本信息

（1）产品标题。

标题表述简洁明了，不要堆砌关键词，要让消费者一眼就能了解，可使用以下模板构建产品名称：产品名称 + 最多3个关键属性 + 通用产品类型。产品名称必须清楚准确，且应能描述要销售的产品。此模板有助于顾客记住产品。为了有更好的视觉体验，每个单词的首字母要大写，除了连接词（and、or、for等），ERP沙盒提供一键首字母大写的功能。

例如：Men's Dress Casual Shirt Navy。

（2）产品标签。

标签（Tag）是Wish抓取产品信息进行推送的一个功能。Tag最多写10个，最少写2个。用户不会用Tag来搜索自己的产品，但是Wish会根据用户注册时选择的Tag来推送。

①Tag的注意事项。Tag的选择要准确，不要模棱两可。如一件衣服既说long sleeves，又说short sleeves，这样Wish就不好匹配，会导致产品权重下降。

②Tag的架构。第二级分类、属性词、主词、第一级分类、第三级分类、形容词。例：Shirt，Men's Fashion，Navy，Blue，Casual，Apparel。

③Tag的书写技巧。

A.写满10个。

B.多用组合词（长尾词）。

C.利用工具进行分析。

D.标题饱满可增加Wish的标签推荐。

ERP沙盒上传产品标签时，输入完成或粘贴后需手敲回车键进行上传。

（3）父SKU编码。

父SKU可以自动生成，用户可以自己设置规则，使系统根据规则生成SKU。SKU编码一般由以下四部分组成：目录编码、SKU连接符、自增长长度和业务员编码，如图4-8所示。

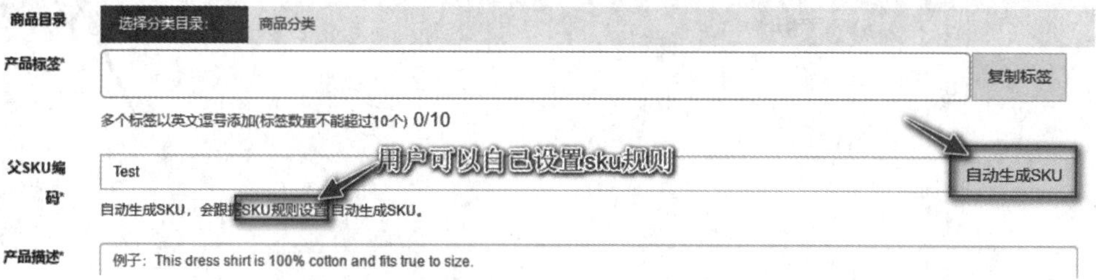

图4-8　设置SKU规则页面

想要自动生成SKU，需提前做准备工作，如图4-9所示。登录ERP沙盒后上方菜单栏依次点击进入“产品”-“本地产品”-“产品目录”，如图4-10所示。如已在商品上传页面，可点击鼠标右键，在新标签页中打开链接。

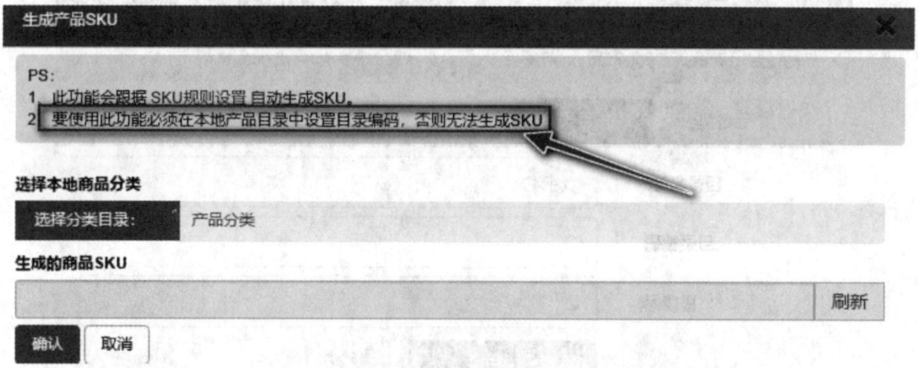

图4-9　生成产品SKU

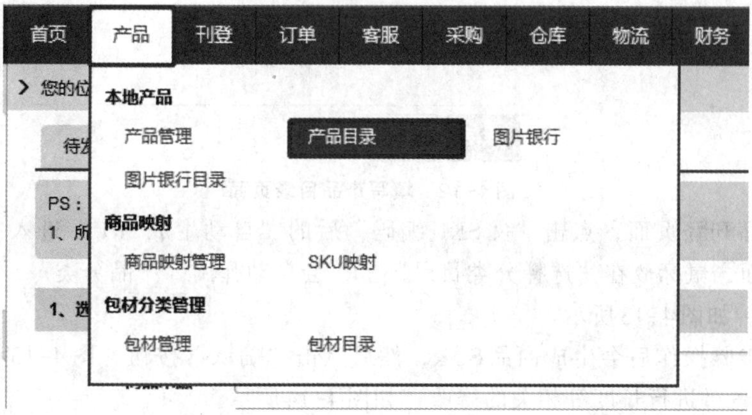

图4-10　进入产品目录页面

如图4-11所示，点击“添加目录”，进行目录的编辑。

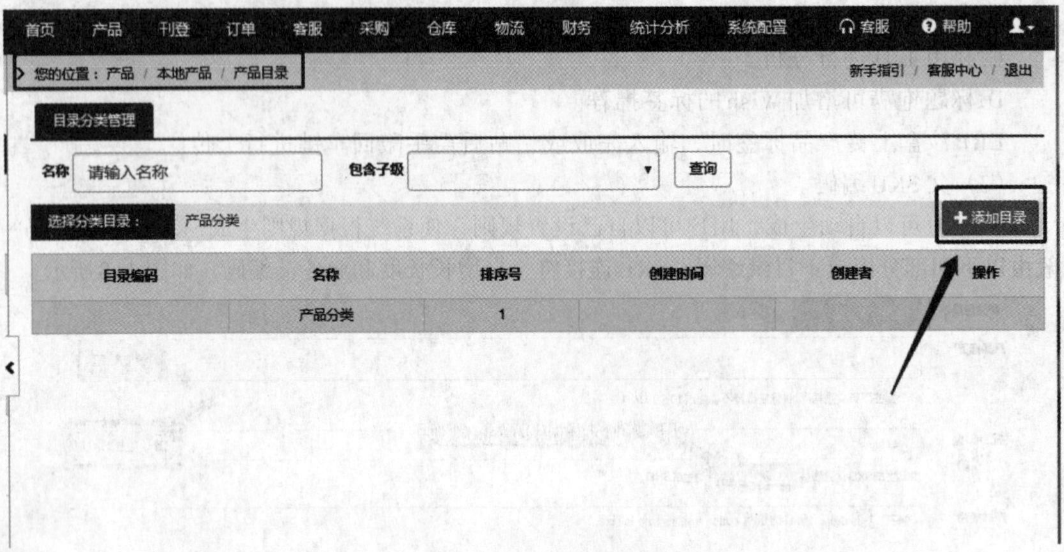

图4-11　产品目录编辑页面

进入产品目录页面，在“目录名称”填写“女装C”（以女装为例），“目录编码”填写字母“C”然后点击“保存”按钮，如图4-12所示。

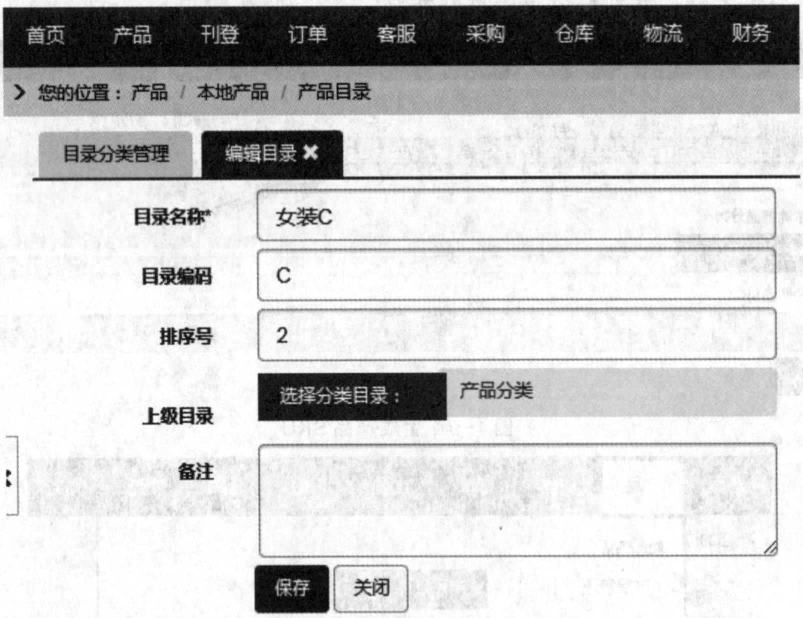

图4-12　填写产品目录页面

回到产品刊登页面，点击“父SKU编码”后的“自动生成SKU”进入“选择本地商品分类”页面，鼠标放在“选择分类目录”上，会自动弹出“产品分类”-“女装C”，点击“女装C”，如图4-13所示。

按以上步骤操作后会生成商品SUK，然后点击“确认”按钮，图4-13中示例可根据“SKU规则设置”进行长度等相关的修改，如图4-14所示。

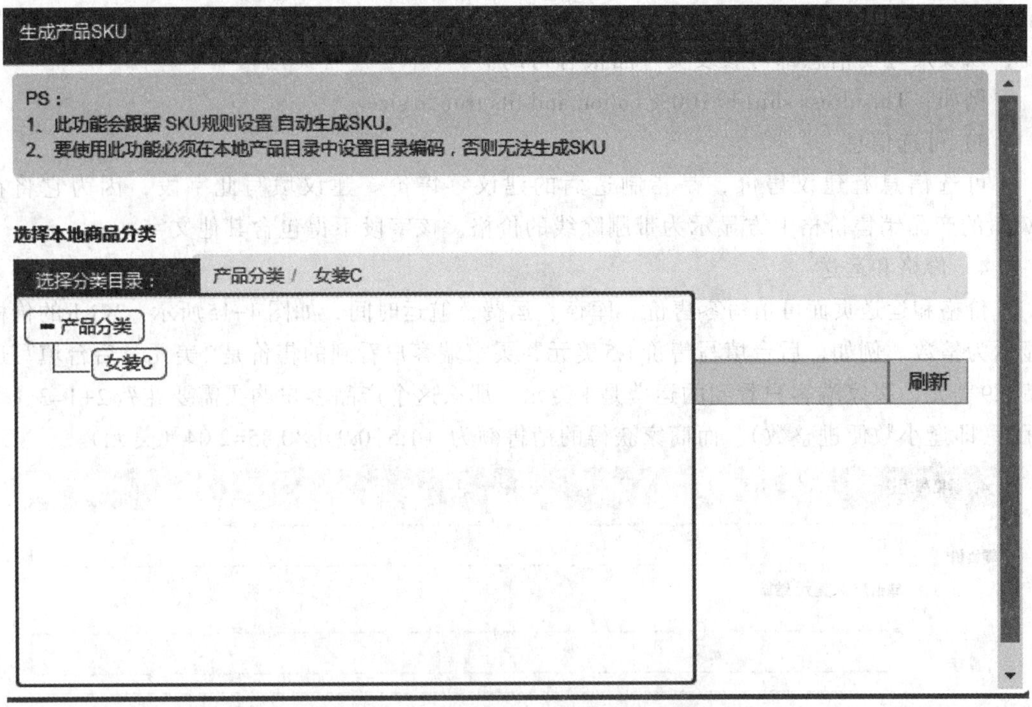

图4-13　选择本地商品分类目录页面

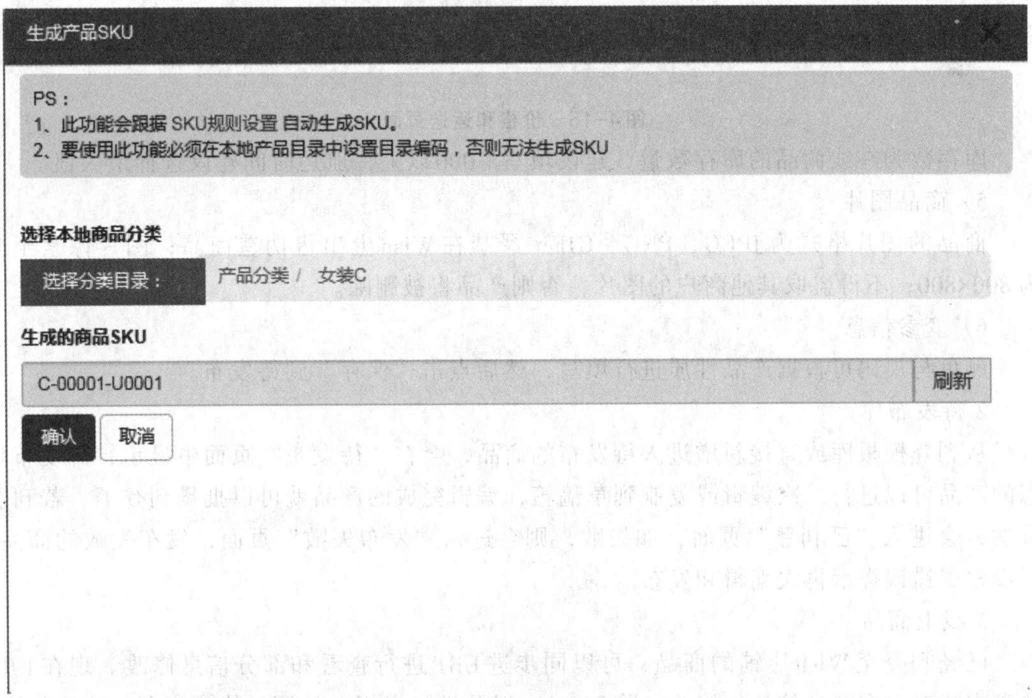

图4-14　商品SKU修改页面

（4）产品描述。

关于产品的详细描述限4 000个字符，且只有前250个字符能显示在初始获取页面上。描述中切勿包含任何HTML代码、有关店铺政策的详细信息或其他店铺特定的语言或多行信息。“换行”字符（如“enter”或“return”）会导致文件出现问题。有关大小、合身度，以及尺寸的信息都对服装类产品很有帮助。

例如：This dress shirt is 100% cotton and fits true to size。

3）可选信息

可选信息有建议售价，是指制造商的建议零售价。建议填写此字段，因为它将在Wish的产品销售价格上方显示为带删除线的价格。该字段不得包含其他文字。

4）价格和运送

价格和运送页面可填写零售价、库存、运费、航运时间，如图4-15所示。Wish的价格显示为整数。例如，后台填写售价1.5美元，买家端客户看到的售价是2美元。后台填写运费0.9美元，买家端客户看到的运费是1美元，那么这个产品客户购买需要花费2+1=3（美元）（即逢小数便进整数）。而商家获得的销售额为（1.5+0.9）×0.85=2.04（美元）。

图4-15 价格和运送页面

库存数为在线商品的库存数量，建议填写1 000以上，航运时间建议选择最大值。

5）商品图片

商品的图片格式为JPEG、PNG、GIF；严禁在Wish上出售伪造商品；图片像素至少为800×800；不得盗取其他商户的图片，否则产品将被删除。

6）变参信息

颜色与尺码可根据产品性质进行填写，然后点击“保存”到待发布。

2.待发布库

从刊登模板库或直接新增进入待发布的商品，会在“待发布”页面中显示，待发布状态的产品可以进行二次编辑或复制到草稿箱，编辑完成的产品就可以批量刊登了，若刊登成功，会进入“已刊登”页面；如失败，则会进入“发布失败”页面，发布失败的商品，可以根据错误提示再次编辑和发布。

3.线上商品

已经刊登至Wish店铺的商品，可以同步进ERP进行查看和部分信息修改。现在ERP沙盘支持对单个产品信息的修改（除SKU），以及批量启用、禁用、修改库存、修改价格、删除和移动目录等操作，如图4-16所示。目前系统能够同步“已审核”“审核中”“审核不通过”的商品。

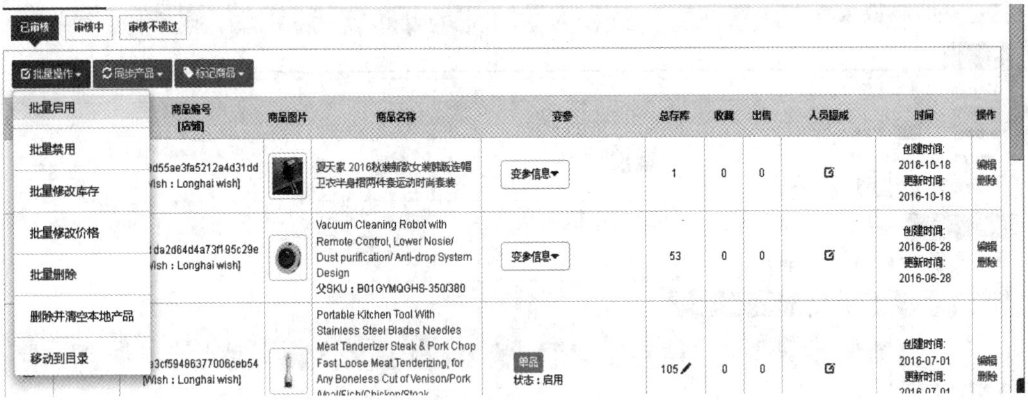

图 4-16　同步查看商品信息

业务3　eBay沙盒刊登

1.线上商品

eBay沙盒平台的商品可直接同步到ERP沙盒中，系统会自动同步，同时也可以点击“高级同步选项”进行手动同步。如需要系统同步，可在“系统配置”—“商品同步设置”中启用配置项“以后台服务方式同步线上商品”，设置后，系统每天会自动同步一次线上商品，每次同步30天内有变更的商品。eBay沙盒系统支持对商品进行批量下架、批量编辑以及批量删除，同时也支持导出商品信息，如图4-17所示。

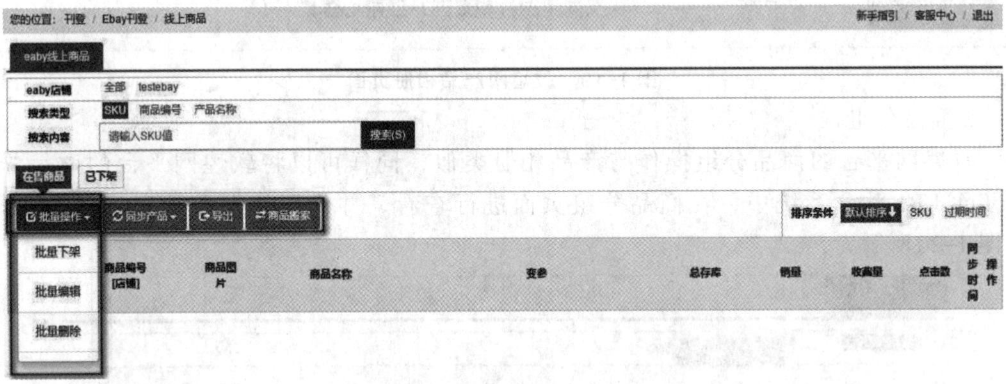

图 4-17　eBay沙盒线上的商品页面

2.待发布库

eBay沙盒的待发布库商品，可以是从采集箱认领的商品，也可以是直接新增或者从本地商品选择的商品，如图4-18所示。同时，可以对待发布库的商品进行批量操作，对编辑好的商品支持定时刊登。待发布状态的商品可以进行二次编辑或复制到草稿箱，编辑完成的商品就可以批量刊登了，若刊登成功，会进入“已刊登”页面；如失败，则会进入“发布失败”页面。发布失败的商品，可以根据错误提示再次编辑，之后进行发布。

业务4　敦煌网刊登

1.商品相册

敦煌网店铺里商品的图片信息都可以同步至ERP沙盒系统中，在此页面可以查看；在对即将刊登的商品进行编辑时，可以从产品相册选择同步后的图片，如图4-19所示。

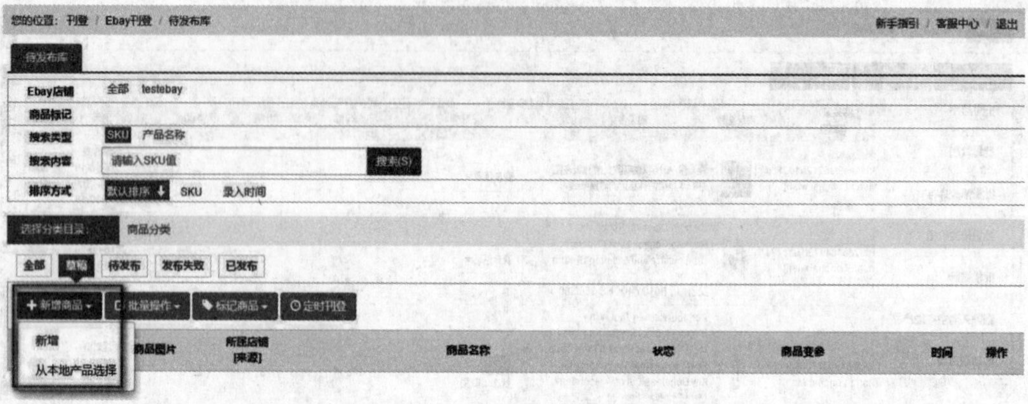

图 4-18 eBay沙盒线上商品待发布页面

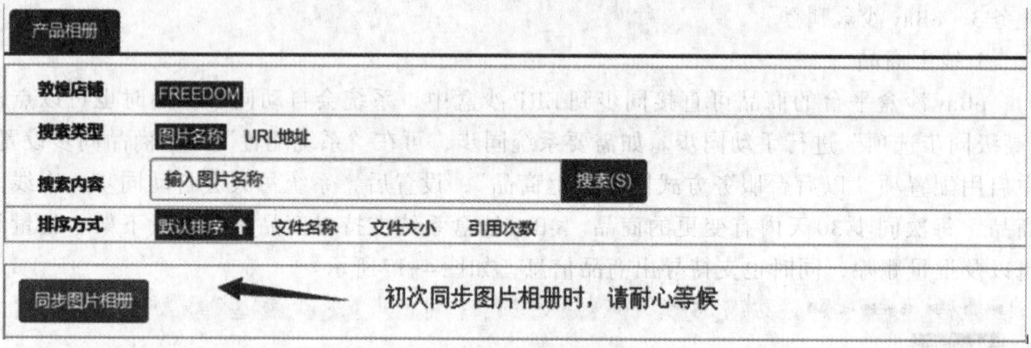

图 4-19 敦煌网产品相册页面

2.商品分组

敦煌网平台的商品分组操作与产品相册类似，同样可以将敦煌网平台的商品分组同步至ERP沙盒系统中，在商品分组页面进行查看，并供即将发布的商品进行选择，如图4-20所示。

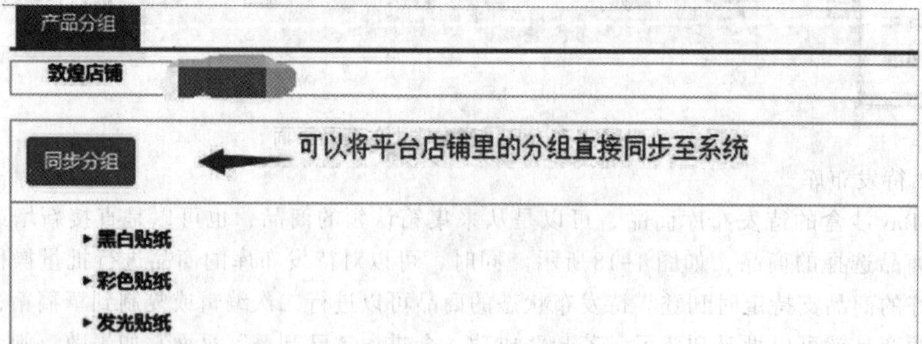

图 4-20 敦煌网商品分组页面

3.待发布库

用户可以通过待发布库对产品进行编辑，完善产品的基本信息，其中包括产品的分类、编码、属性以及库存等信息。产品来源路径包括商品采集、从本地产品选择以及新增，以下对从采集箱认领产品到待发布库的操作进行说明。

（1）刊登产品的编辑。

从采集箱中认领的产品都会进入到“待发布库”—“草稿”页面，对要进行刊登的产品进行编辑，如图4-21所示。完善产品相关信息，包括“商品目录”“产品名称”“父SKU编码”等，选择“产品分组”等，其中带“*”的为必填项，产品图片最多添加8张；若有品牌资质，还可以对品牌资质进行同步，但必须在品牌资质申请审核成功之后才能对其进行同步，如图4-22所示。

图4-21　待发布库产品基本信息页面

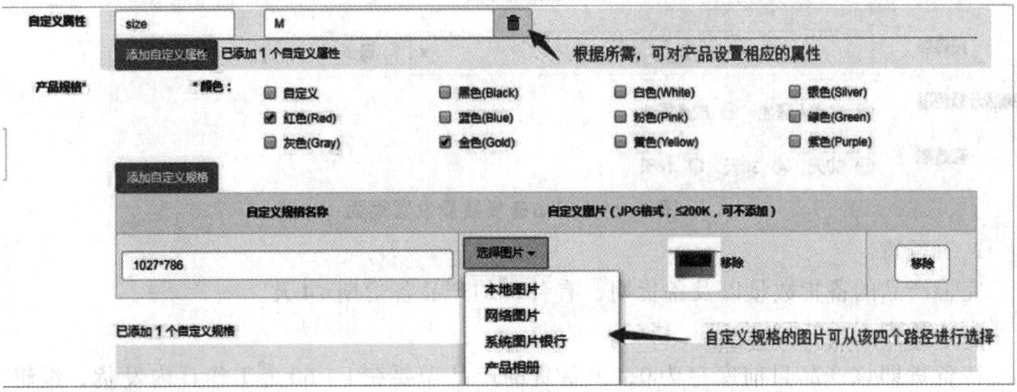

图4-22　待发布库产品编辑页面

（2）产品参数设置。

①产品的价格区间设置，如图4-23所示。

A.统一设置价格。

对同一产品不同属性SKU进行统一设置价格，当购买的数量≥2，可以对价格设置相应的折扣。

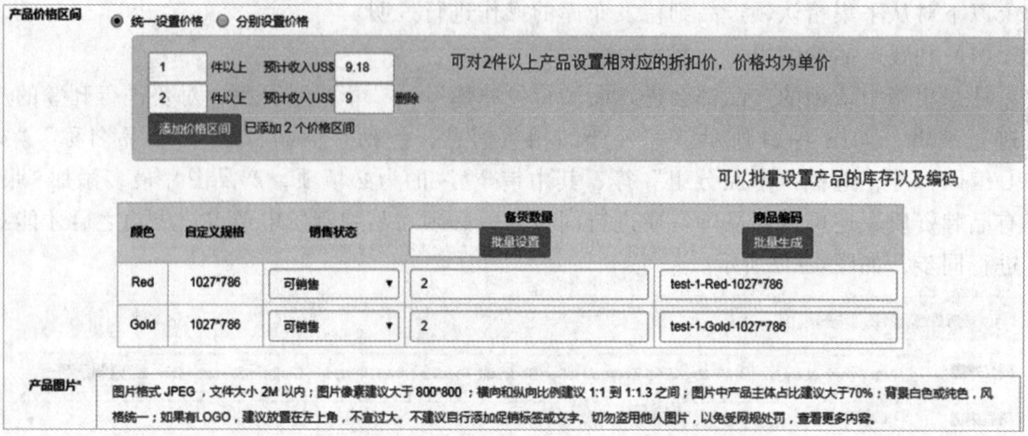

图4-23　产品价格区间设置页面

B.分别设置价格。

对同一产品不同属性SKU分别设置价格，当用户购买不同颜色的产品，价格取值为卖家所设置的值；当购买的数量≥2，可以对产品设置优惠价格（注：该产品价格不包括产品的佣金）。

②产品的备货数量设置，如图4-24所示。

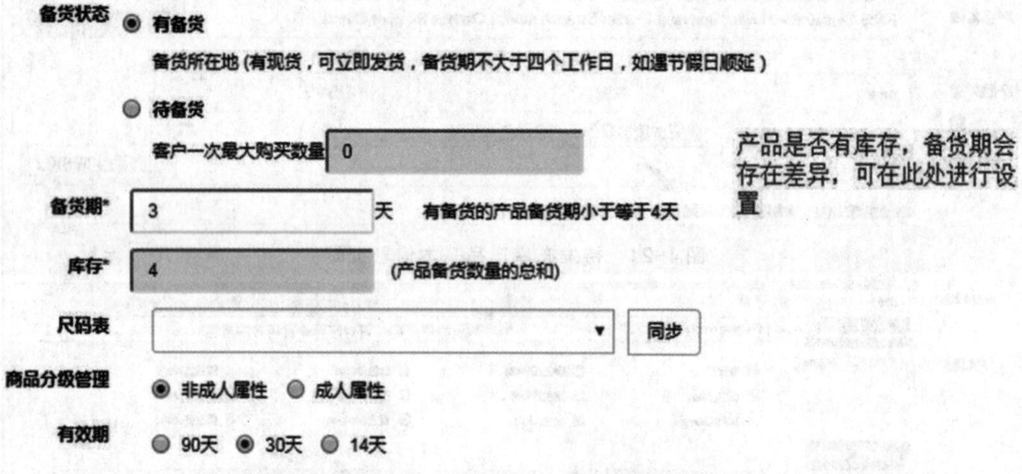

图4-24　产品备货数量设置页面

A.有备货。

完善产品的备货数量以及备货期，有备货的产品备货期≤4天。

B.待备货。

待备货即该产品目前库存为0，无备货的产品需要在1～60个工作日内发货，编辑完商品信息后，点击“保存”按钮到“待发布库”，将产品信息编辑完后，可以在待发布库中批量刊登；如果需要调整，也可进行“编辑”。

（3）产品基本信息完善好之后，可将该产品添加到本地产品以及映射到本地产品，保存以及映射完成之后可在本地产品以及SKU映射页面进行查看，直接完善线上与本地产品的映射关系，大大提升效率，如图4-25所示。

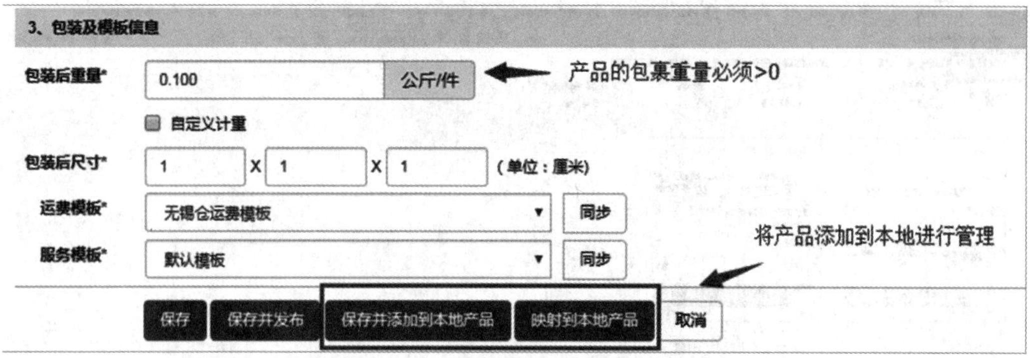

图4-25　线上与本地产品的映射页面

4.线上商品

敦煌网平台的商品可直接同步到ERP沙盒中，系统会自动同步，同时也可以点击“高级同步选项”进行手动同步，如若需要系统同步，在“系统配置”-“商品同步设置”中启用配置项“以后台服务方式同步线上商品”，设置后，系统每天会自动同步一次线上商品，每次同步30天内有变更的商品。ERP沙盒系统支持对单个商品进行编辑，也支持批量的修改商品属性、批量下架等操作，若需查看商品的详情，可将商品进行导出，方便查看，如图4-26所示。

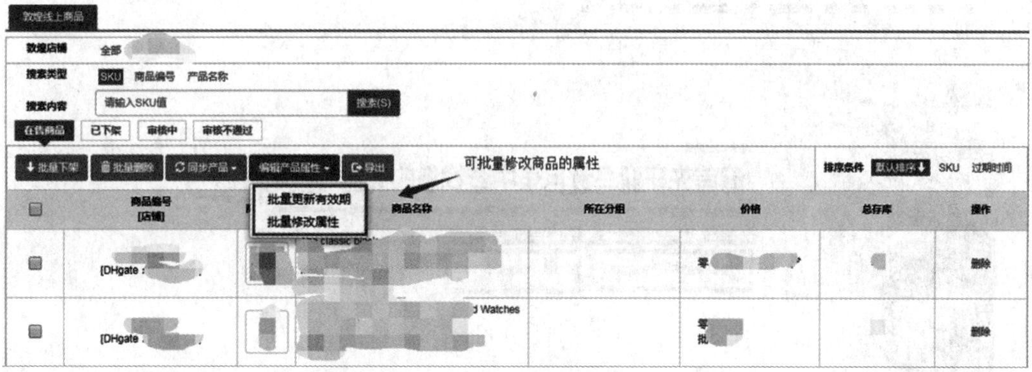

图4-26　敦煌线上商品页面

子任务二　亚马逊产品刊登

业务5　亚马逊产品刊登

(一) 业务流程

在跨境平台中，无论是什么商品，只有在卖家后台完成了商品上架，顾客才能够搜索到。商品上架是一个必不可少的步骤。在跨境电商平台后台直接上架商品，也是一个必须掌握的技能。要求学生掌握上传产品技能，能够对各个类目的产品进行上架。

1.后台直接上传

(1) 登录后台www.sellercentral.com，进入主界面后，选择目录（如图4-27所示），进入上传商品目录界面。

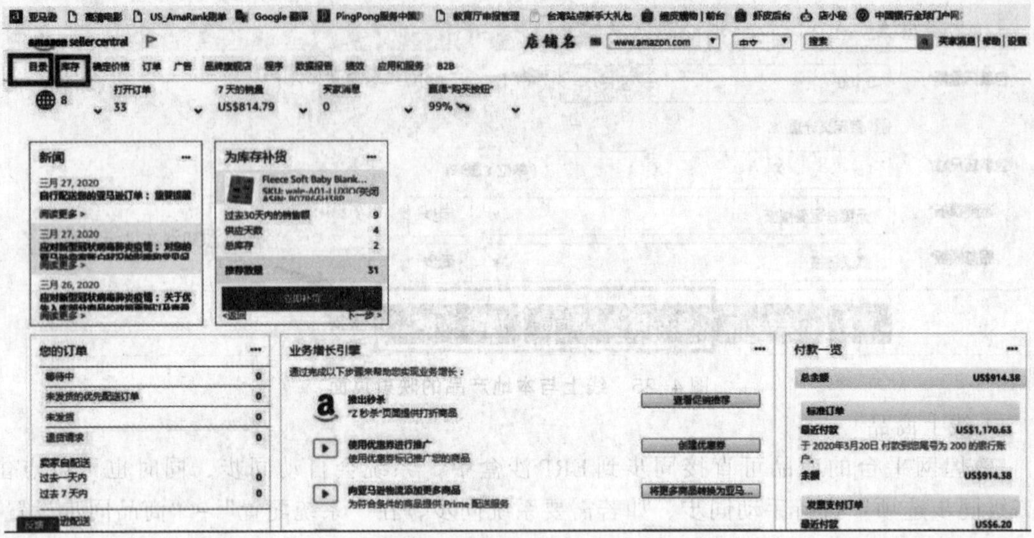

图4-27　亚马逊上传商品目录

（2）选择添加新品，出现如图4-28所示页面，点击“2”，进入类型选择界面（点击“3”则进入批量上传界面，详见“2.批量上传”）。

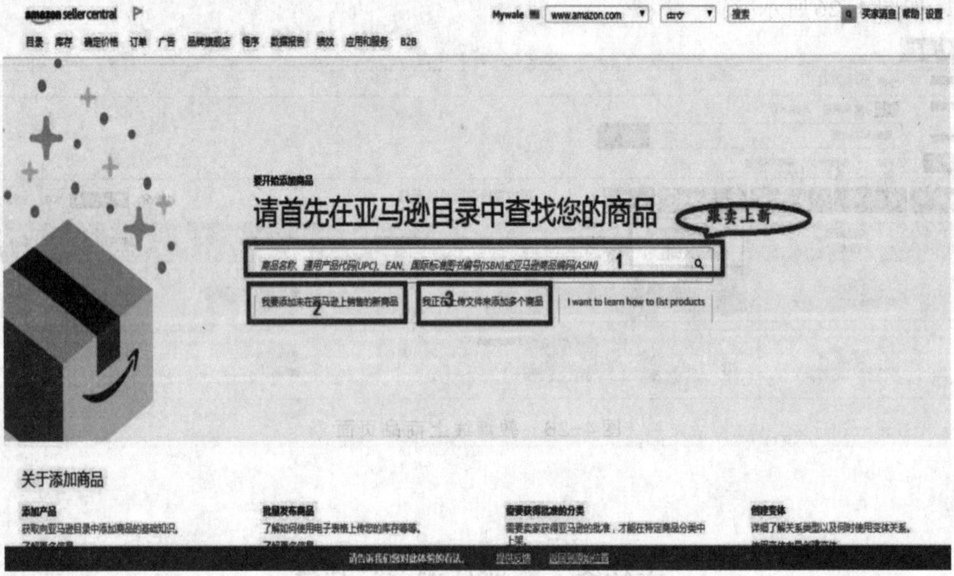

图4-28　亚马逊上传商品之类型选择

（3）选择类目，如图4-29所示。

（4）完成页面填写。

在跨境电商运营中，页面制作是基础中的基础，也是店铺的立身根本。在页面制作的过程中，难免会因为一些微小的细节，导致页面在精心设计之后，出现无法成功上传的情况。这个时候，页面的撰写检查工作就显得尤为重要。

首先填写重要信息（如图4-30所示），然后分别填写变体（如图4-31所示）、报价（如图4-32所示）并上传图片（如图4-33所示），完成并检查无误后，右下角“保存并完成”按钮会亮起。点击保存后等待15分钟左右后，页面会出现在后台。在“库存”-

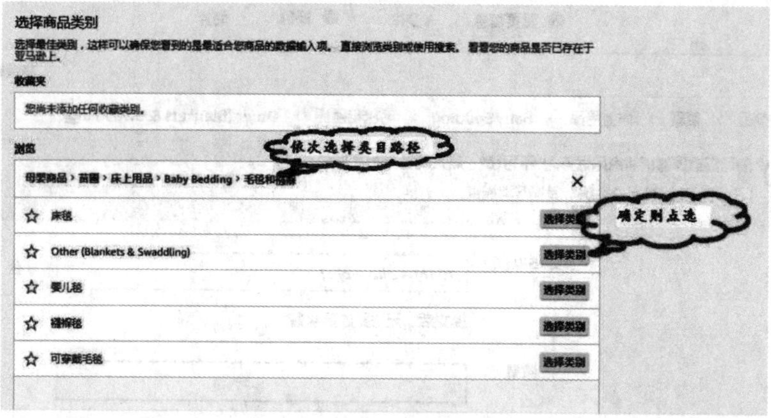

图4-29　亚马逊上传商品之选择类目

“管理库存”界面选中该页面，选择右边编辑按钮继续完善产品细节信息，包括产品“描述”和“详细信息”两部分。完成后点保存，即可完成产品上架。

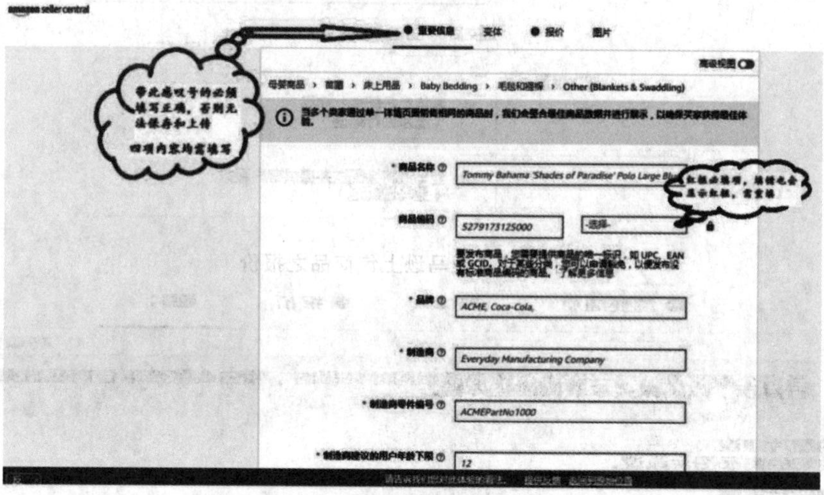

图4-30　亚马逊上传商品之重要信息

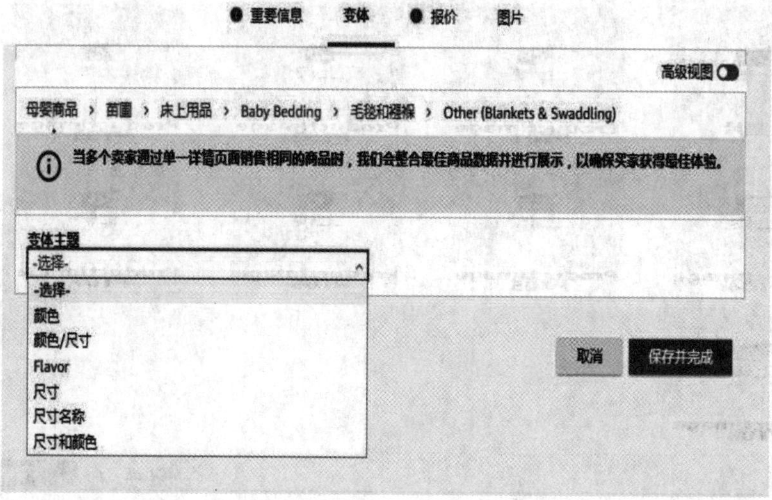

图4-31　亚马逊上传商品之变体

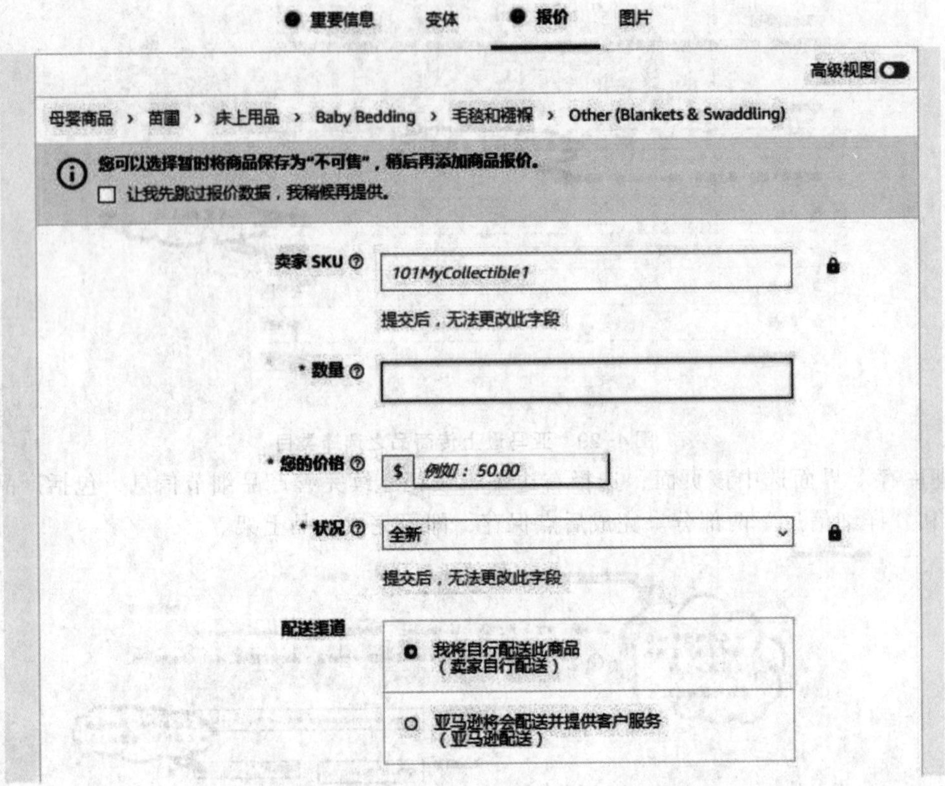

图 4-32 亚马逊上传商品之报价

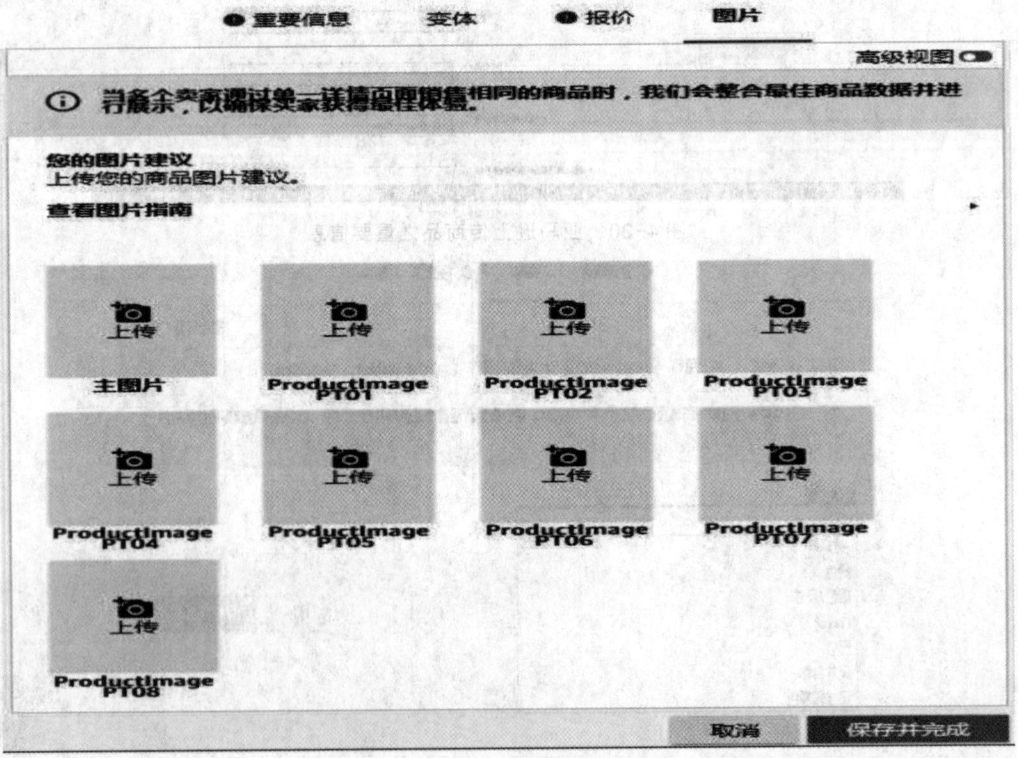

图 4-33 亚马逊上传商品之上传图片

2.批量上传

（1）类目选择。

如果产品较多或为了便于页面撰写，可以选择批量上传，则进入类目模板下载界面，并选择“下载库存文件”，如图4-34所示。

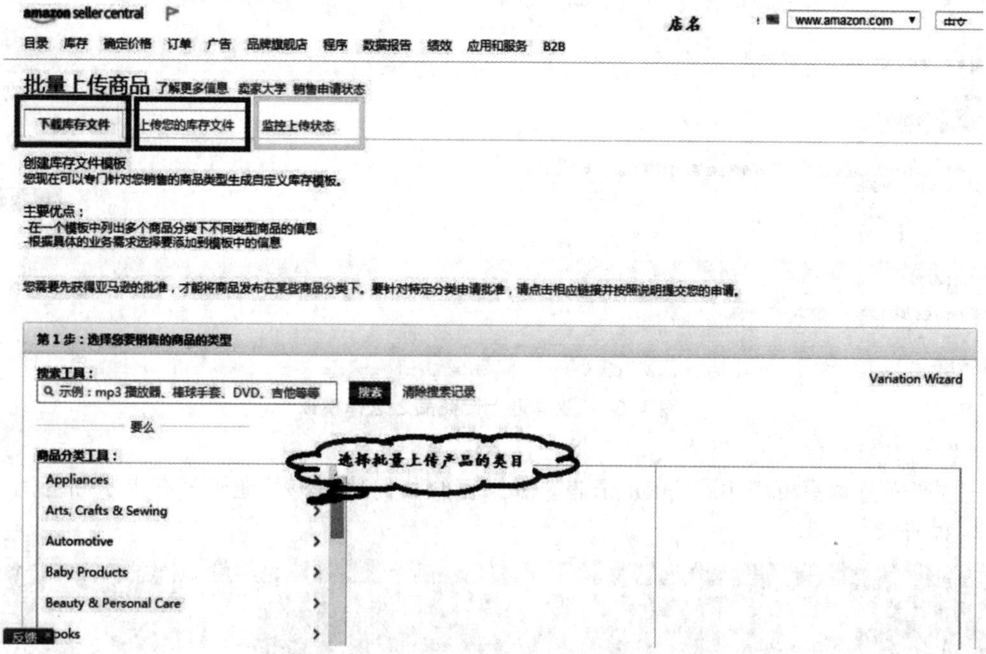

图4-34　亚马逊上传商品之类目模板下载

（2）选择类目。

根据产品特性，合理选择类目，如图4-35所示。

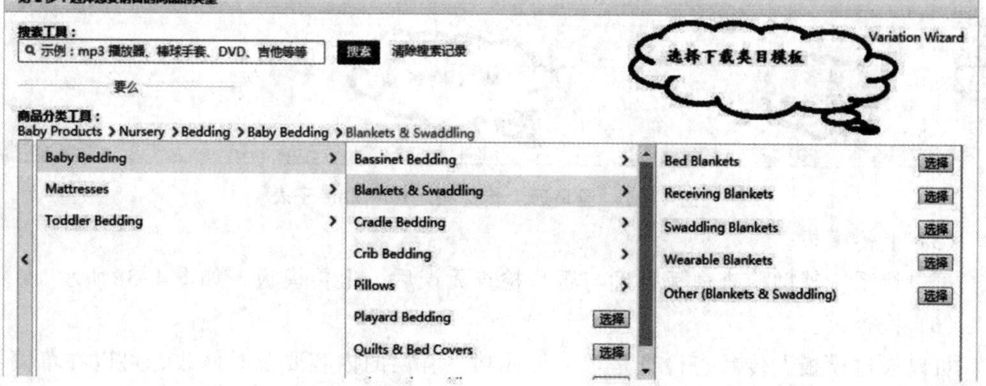

图4-35　亚马逊上传商品之选择类目

（3）下载模板。

选择类目后下载对应模板，要注意模板不通用，如图4-36所示。

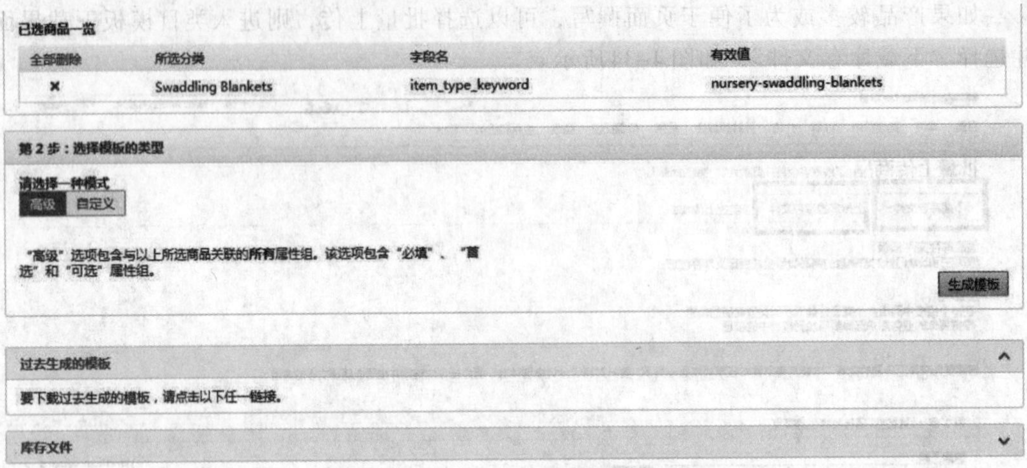

图4-36　亚马逊上传商品之选择模板

（4）填写模板。

按照规范填写模板中template子表。如果不知如何填写，其他子表有提示和范例，如图4-37所示。

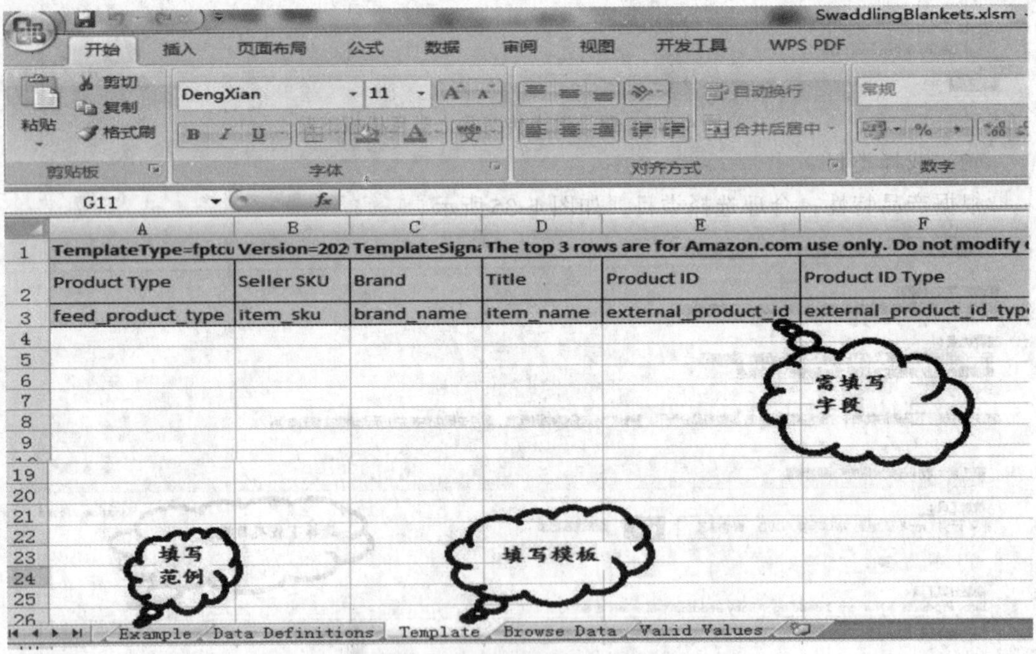

图4-37　亚马逊上传商品之template子表

（5）上传模板。

可以让系统辅助检查模板正确与否。检查无误后，上传模板，如图4-38所示。

（6）检查核实。

可以通过模板上传状态检查是否上传成功，有误的内容要及时修改，可以在草稿界面直接编辑修改，也可以在模板中修改后再次上传，如图4-39所示。

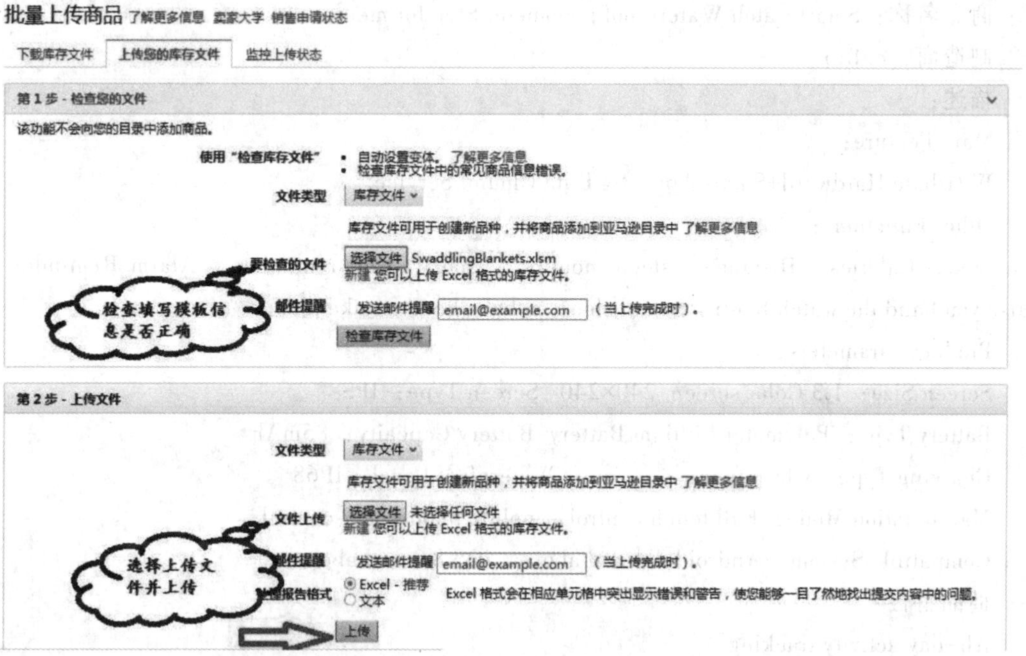

图 4-38　亚马逊上传商品之上传模板

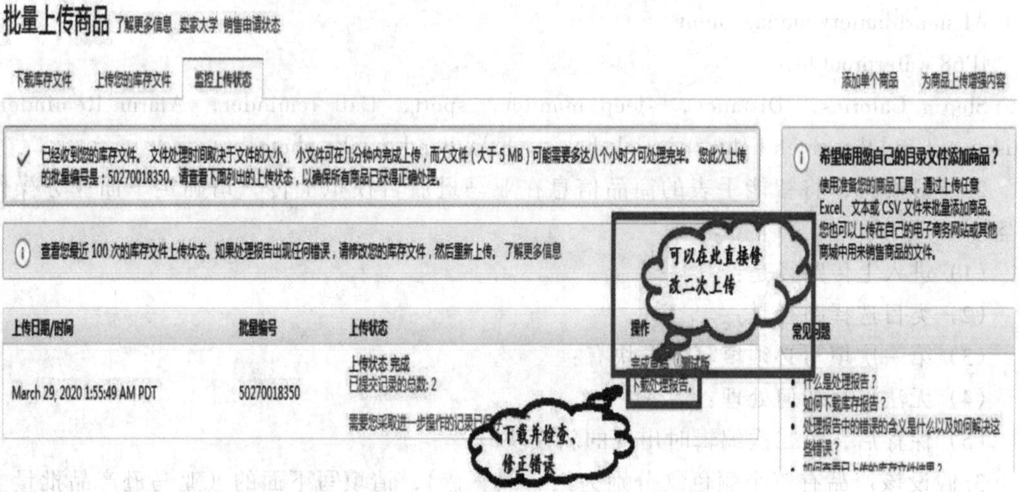

图 4-39　亚马逊上传商品之监控核实

（二）仿真业务实操

1.对以下亚马逊产品信息内容进行优化。

商品名称：Smart watch Waterproof pedometer Step for men

制造商：cnBro

描述：

Main Feature：

Wearbale Hardward+Smart App+Big Data Clound Service.

Other Functions：

Step、Calories、Distance、sleep monitor 、sport、Call reminder 、Alarm Reminder 、Raise you hand the watch lightr、Social share，shake hand to take photo.

Product parameters：

Screen Size：1.3 Color screen 240×240 Screen Type：IPS

Battery Type：Polymeter Lithium Battery Battery Capcaity：85mAh

Charging Type：Clasp type Waterpfoof Level：IP68

Manipulation Mode：Full touch control，mobile phone APP control

Compatible System：Android 4.4 and above，iOS 8.2 and above

商品特性：

All-day activity tracking

Unique two-tone silicone strap design

AI smart battery management

IP68 waterproof level

Step，Calories，Distance，sleep monitor，sport，Call reminder，Alarm Reminder，Raise you hand the watch lightr，Social share，shake hand to take photo，etc

2. 根据资料，将智能手表的商品信息在亚马逊后台模拟上传，请确定下面业务操作内容。

（1）进入上传路径是：

（2）类目选择路径是：

（3）第一次填写必须填写的模块有：

（4）无法保存如何处理：

（5）保存后，第二次编辑时出现的新模块有：

3. 假设该产品有三个颜色（分别为红、黑、蓝），请填写下面的（亚马逊产品批量上传）模板（见表4-1）。（注：真实模板是Excel格式。因页面宽度限制，将excel表格做多行处理）

4. 根据前面的商品资料等，用四段式撰写A+页面文案。按照表4-2的格式，请从品牌故事、产品本身、产品保障和产品包装四个方面设计亚马逊平台A+页面。

三、实训报告

学生实训报告表见表4-3。

表 4-1　**亚马逊产品批量上传**

Product Type	Seller SKU	Brand Name	Product ID	Product ID Type	Product Name	Manufacturer	Manufacturer Part Number
feed_product_type	item_sku	brand_name	external_product_id	external_product_id_type	item_name	manufacturer	part_number

Sub Category	Watch Movement Type	Target Audience	Target Audience	Target Audience	Target Audience
item_type	watch_movement_type	target_audience_keywords1	target_audience_keywords2	target_audience_keywords3	target_audience_keywords4

Target Audience	Gender	Display	Your price	Quantity	Main Image URL	Other Image URL1	Other Image URL2
target_audience_keywords5	department_name	display_type	standard_price	quantity	main_image_url	other_image_url1	other_image_url2

Variation				Discovery				
Parentage	Variation Theme	Relationship Type	Parent SKU	Key Product Features	Key Product Features	Key Product Features	Key Product Features	Key Product Features
parent_child	variation_theme	relationship_type	parent_sku	bullet_point1	bullet_point2	bullet_point3	bullet_point4	bullet_point5

Color	Color Map	Size	Search Terms	Shipping Weight
color_name	color_map	size_name	generic_keywords	website_shipping_weight

Fulfillment						
Fulfillment Center ID	Package Length	Package Height	Package Width	Package Dimensions Unit Of Measure	Package Weight	Package Weight Unit Of Measure
fulfillment_center_id	package_length	package_height	package_width	package_dimensions_unit_of_measure	package_weight	package_weight_unit_of_measure

		Offer		B2B		
Item Weight	item_weight_unit_of_measure	Currency	Sale Price	Business Price	Quantity Price Type	Quantity Lower Bound 1
item_weight	item_weight_unit_of_measure	currency	sale_price	business_price	quantity_price_type	quantity_lower_bound1

表 4-2 **亚马逊平台 A+页面**

通栏图片		
图片	文案	文案

图文并茂的通栏图片

有文字说明的产品效果 1	有文字说明的产品效果 2	有文字说明的产品效果 3	有文字说明的产品效果 4

表 4-3 **学生实训报告表**

实训课程		实训项目名称	
实训时间		实训地点	
学生姓名		学号	
实训目的与要求			
实训内容、方法和步骤			
实训结论与体会			
教师评语			
实训成绩		教师签名	

实训五

产品管理

一、实训目的

1.通过实训操作，能够管理系统中所有的本地产品，并且能完善产品的报关信息以及物流属性。

2.学会对本地产品进行分类，方便进行区分、管理。

3.建立线上商品与本地产品的映射关系。

4.对常用的图片进行存储以及管理。

二、实训要求

1.事先准备好需发布的相应产品信息及其相关图片和包装材料，根据实训情况写出实训报告，内容包括实训的操作过程、结果和实训体会。

2.要求实训报告能记录实训的主要操作过程和实训结果，并能通过实训谈谈自己的收获、体会或建议等。

子任务一　ERP沙盒操作：Wish、eBay、敦煌

业务1　产品管理

产品管理主要是管理系统中所有的本地产品，并且能完善产品的报关信息以及物流属性。

1.添加产品

在系统中添加产品，就是为系统手动添加库存产品。在“产品”-“产品管理”菜单下，系统支持添加普通产品、多属性产品、组合产品、线上商品转本地产品以及按店铺转本地产品。

打开跨境电商综合实训平台（http：//www.srzx100.com），点击“跨境电商ERP沙盒”登录，在右上角依次选择“系统配置”-“系统配置”-“订单模块设置”，将“启用SKU管理”设置为“是”，如图5-1所示。

1）添加普通产品

普通产品是指一个产品的属性值是唯一的；在系统“产品”-“本地产品”-“产品管理”菜单下，点击“添加产品”下拉菜单，选择“添加普通产品”，完善产品的基本信息以及产品的物流报关信息；同时，也可为该产品选择图片，图片信息可来源于本地电脑、网络地址以及系统中的图片银行；最后，完善产品的供货信息，设置供应商的最小采购量等。

第一步：选择添加产品的类别，如图5-2所示。

第二步：完善产品的基本信息，如图5-3所示。*号为必须填写项，且必须填写准确。

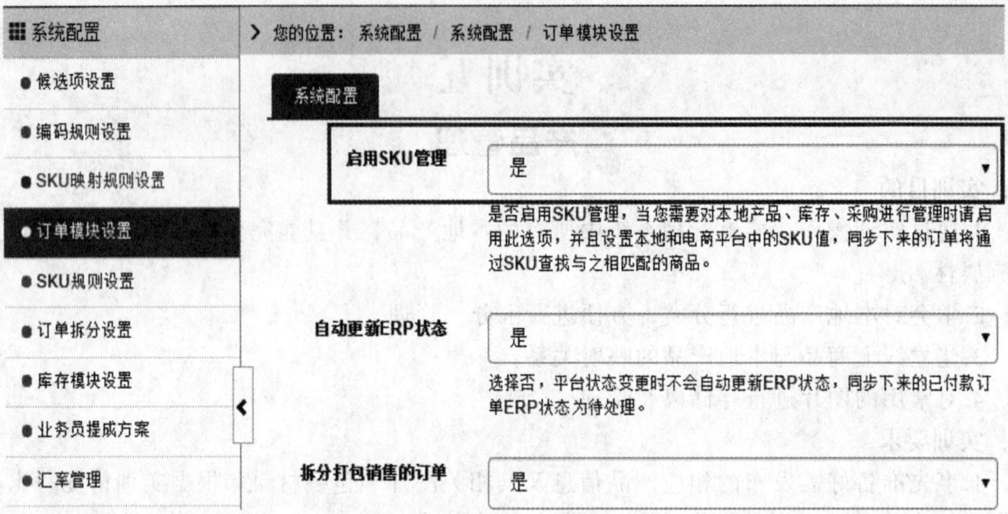

图 5-1 “订单模块设置”-“启用 SKU 管理”页面

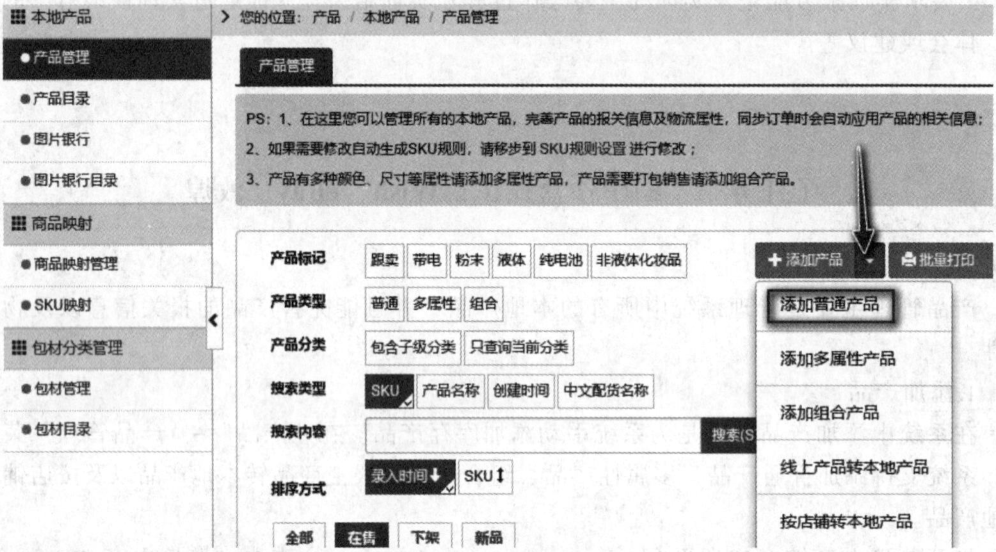

图 5-2 添加普通产品页面

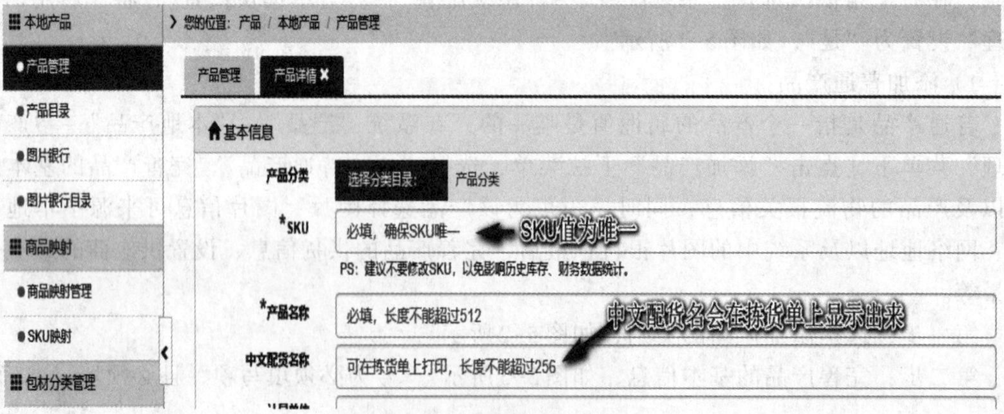

图 5-3 完善产品信息页面

第三步：完善物流信息，如图5-4所示。中文报关名以商品实际名称为准，申报价值可按照实际情况进行调整。

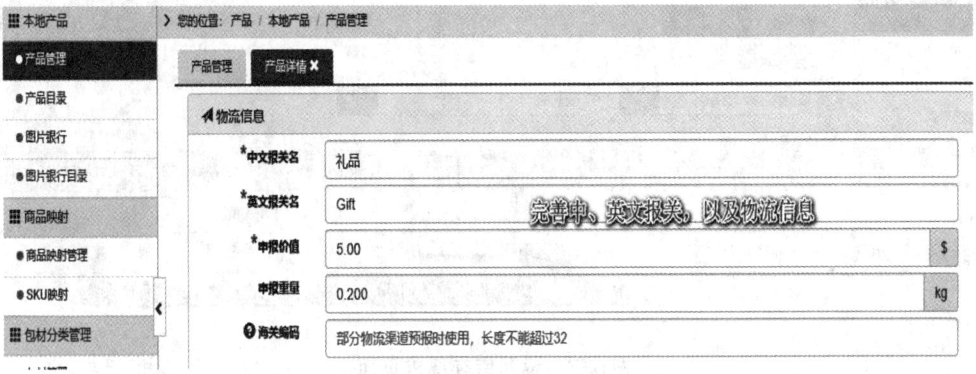

图5-4　完善物流信息页面

第四步：完善图片信息，如图5-5所示。

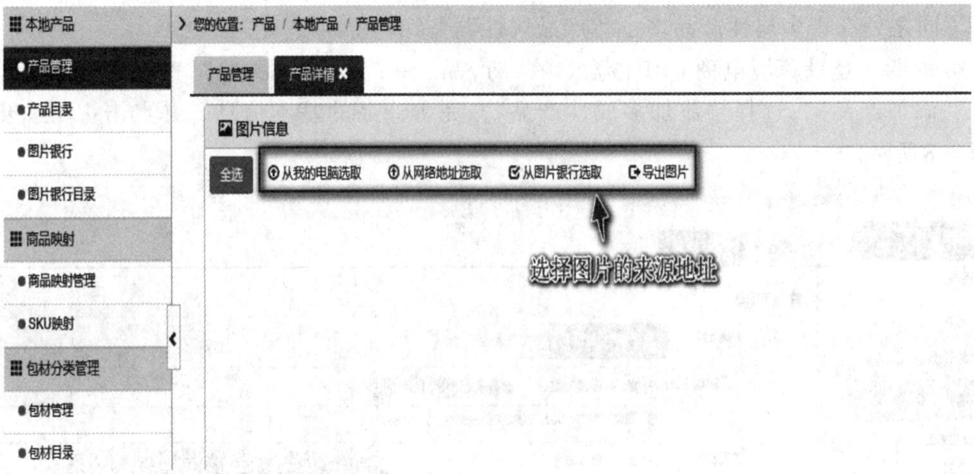

图5-5　完善图片信息页面

第五步：选择供应商，供应商的信息来源于“产品详情”-“供货信息”菜单下所添加的供应商，如图5-6所示。一定要仔细填写，为之后订单发货采购流程打好基础。

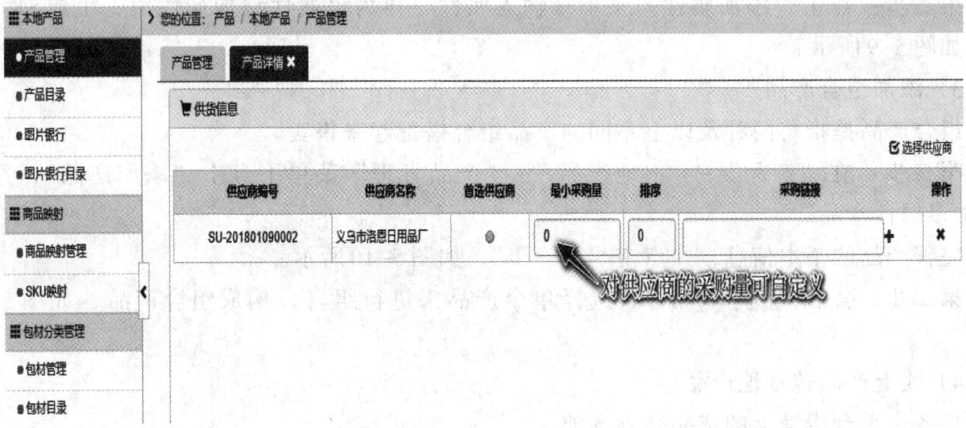

图5-6　选择供应商页面

第六步：设置库存要求，最后保存，如图5-7所示。

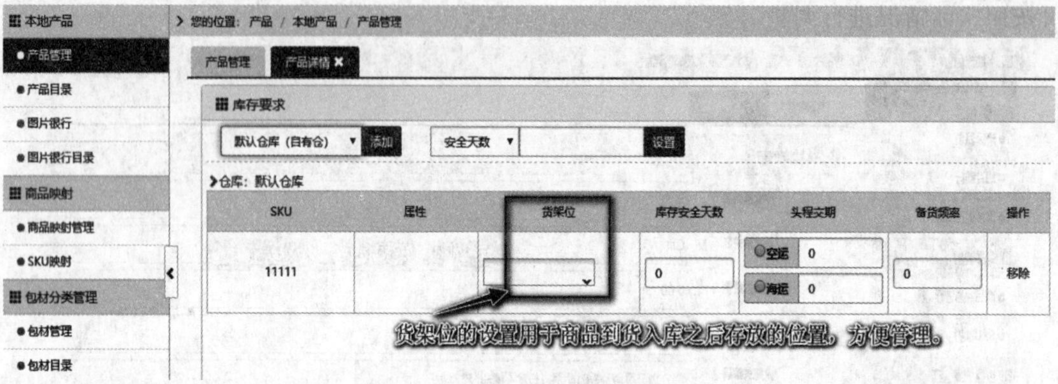

图5-7　设置库存要求页面

2）添加多属性产品

多属性产品是指产品的属性不唯一，可为多个值；添加多属性产品大体与普通产品类似，不同之处在于多属性产品多了“产品属性”。

第一步：登录跨境电商ERP沙盒，在“产品”-“本地产品“-“产品管理”菜单下点击“添加产品”，选择“添加多属性产品”，完善产品的基本信息，并点击“下一步”，如图5-8所示。

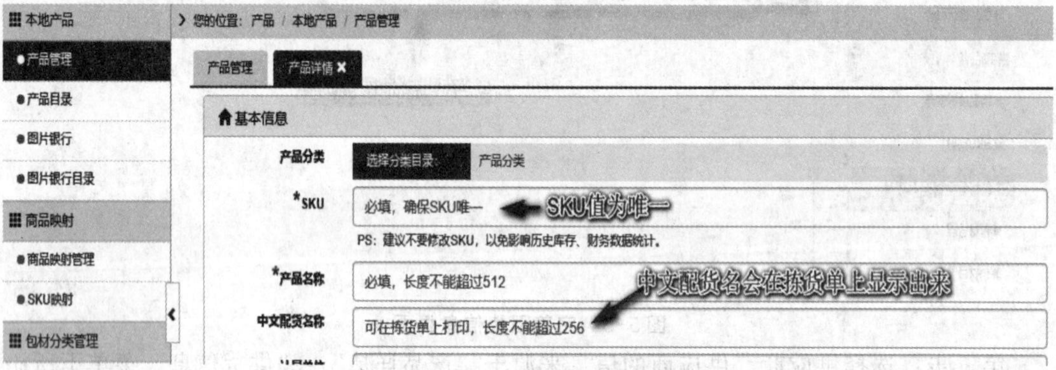

图5-8　添加多属性产品信息页面

第二步：点击“添加属性“菜单，输入属性，再为该属性添加属性值，生成SKU列表，如图5-9所示。

3）添加组合产品

组合产品是指将两种及以上不同的产品组合搭配起来售卖。

第一步：在“产品”-“本地产品“-“产品管理”菜单下点击“添加产品”，选择“添加多属性产品”。

完善产品的基本信息，并点击“下一步”，如图5-10所示。

第二步：点击“选择产品”，选择单个产品来进行组合，构成组合产品，如图5-11所示。

4）线上产品转本地产品

将各个平台店铺上的产品转到本地。

图5-9　添加属性值页面

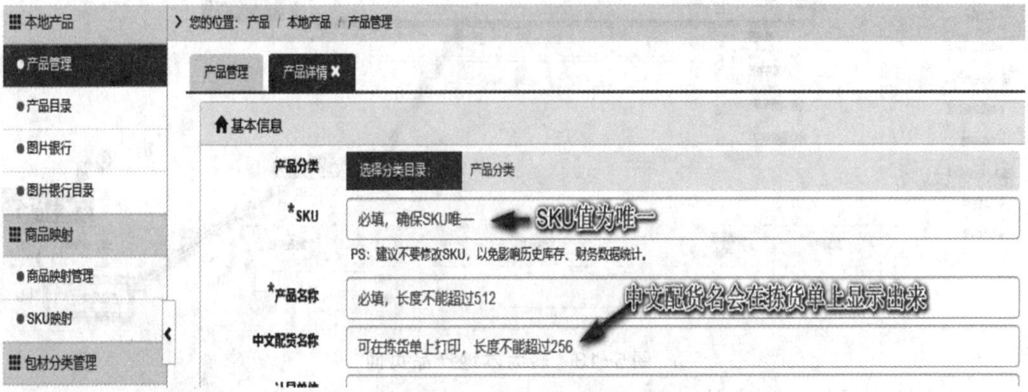

图5-10　添加组合产品页面

图5-11　选择产品页面

第一步：在“产品”-“本地产品”-“产品管理”菜单下点击“添加产品”，选择“线上产品转本地产品”。根据不同平台的店铺，筛选出要转换的产品至本地产品管理中，点击“确定”按钮，如图5-12所示。

图5-12 线上产品转本地产品页面

第二步：选择产品所属的分类，点击“开始转为本地产品”按钮，如图5-13所示。

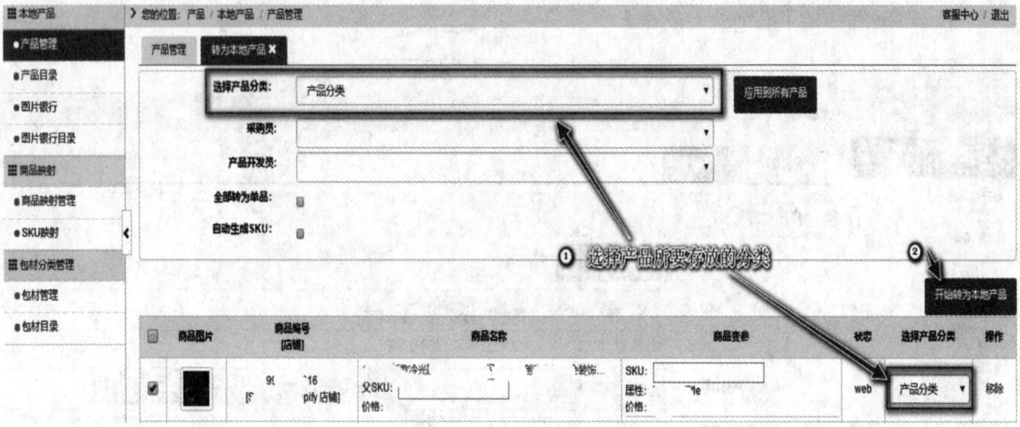

图5-13 转为本地产品页面

5）店铺产品转本地产品

将各个平台店铺下的产品直接转到本地，在系统“产品”-“本地产品”-“产品管理”菜单下，选择“按店铺转本地产品”按钮，将不同平台下店铺的产品转本地产品，如图5-14所示。

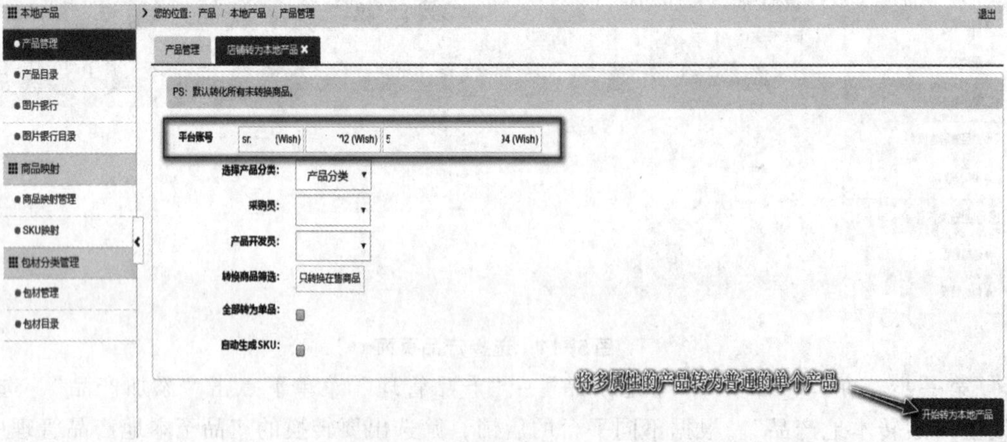

图5-14 店铺产品转本地产品页面

2.导入产品

第一步：在“产品”-“本地产品”-“产品管理”页面下，点击“导入”菜单下的“导入产品”按钮，如图5-15所示。

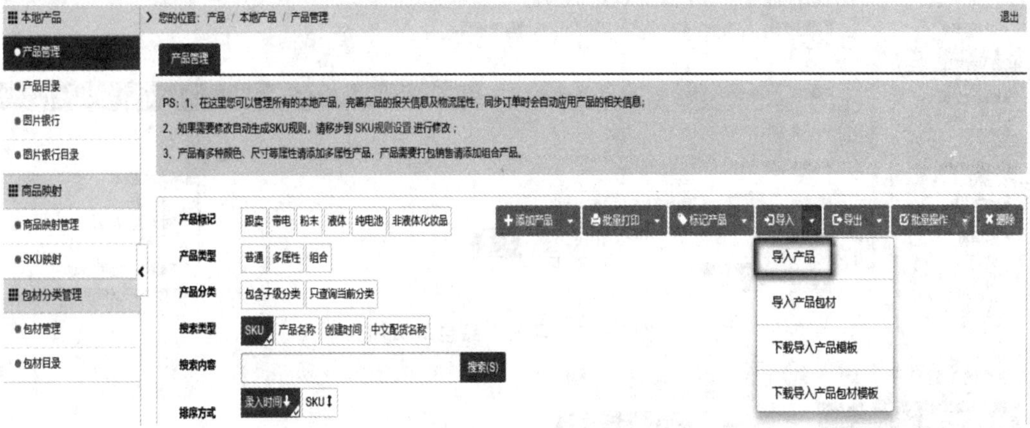

图5-15　导入产品页面

第二步：下载导入产品模板，填写模板上需要填写的信息，将此文档直接导入系统即可，如图5-16所示。

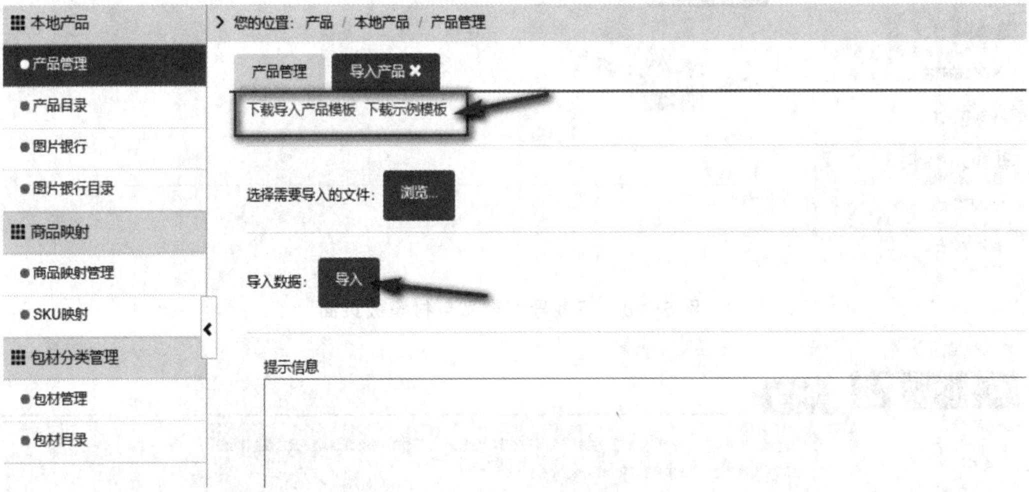

图5-16　导入产品模板页面

3.导入产品包材

包材指的是产品的包装方式。

第一步：在“产品”-“本地产品”-“产品管理”页面下，点击“导入”菜单下的“导入产品包材”按钮，如图5-17所示。

第二步：下载导入产品包材的模板，填写SKU值与包材名称（包材信息必须是已经存在于系统中的），点击“导入”按钮，如图5-18所示。

4.批量打印

在“产品”-“本地产品”-“产品管理”页面下，在“批量打印”下勾选需要打印的产品，如图5-19所示。

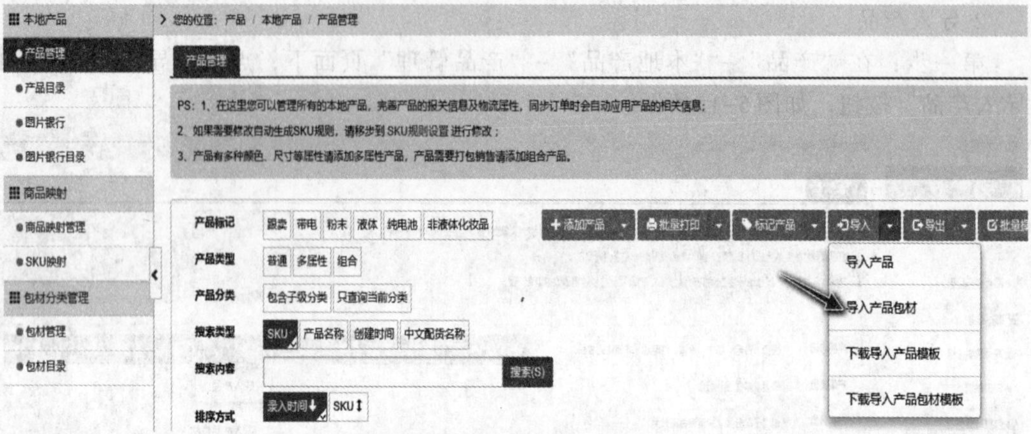

图5-17　导入产品包材页面

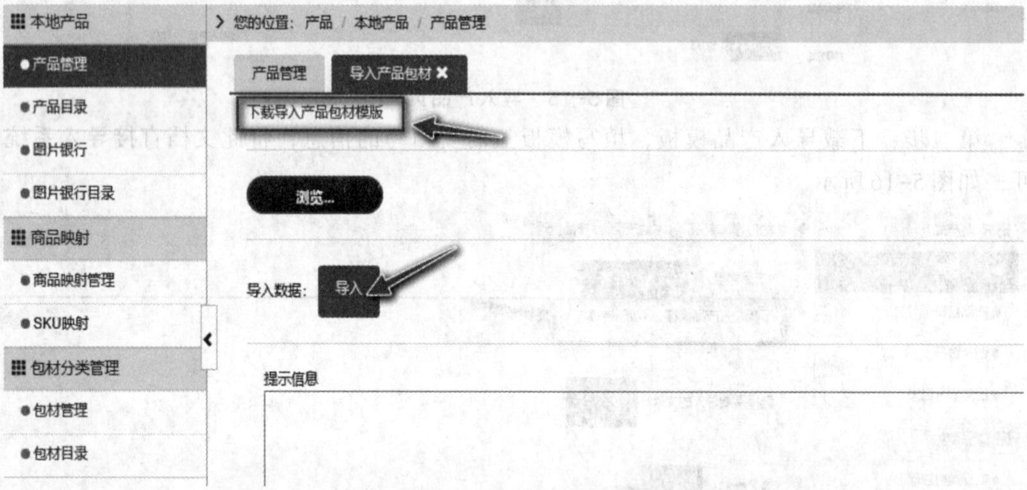

图5-18　下载导入产品包材模板页面

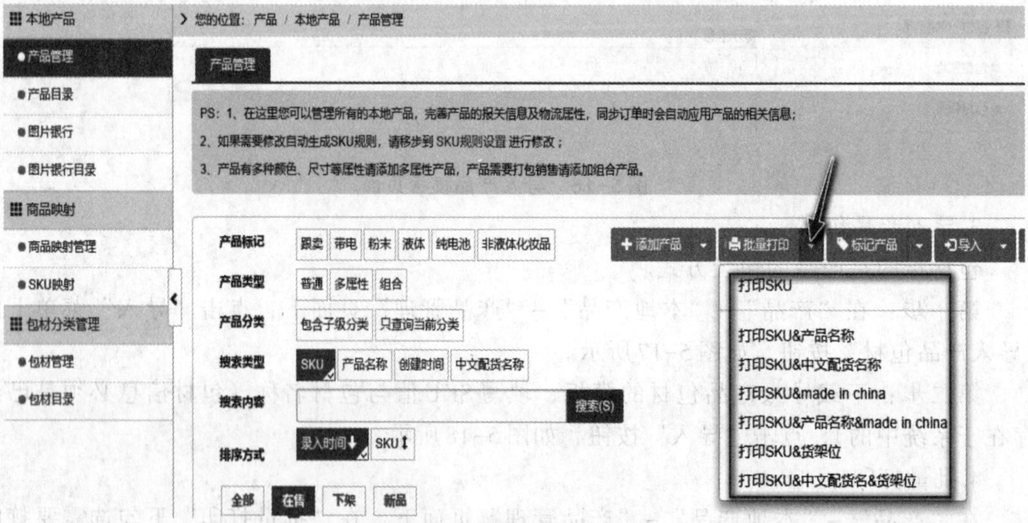

图5-19　批量打印页面

5.标记产品

标记产品是对产品进行标注，方便区分和管理产品。先勾选上要标记的产品，然后点击标记，如图5-20所示。

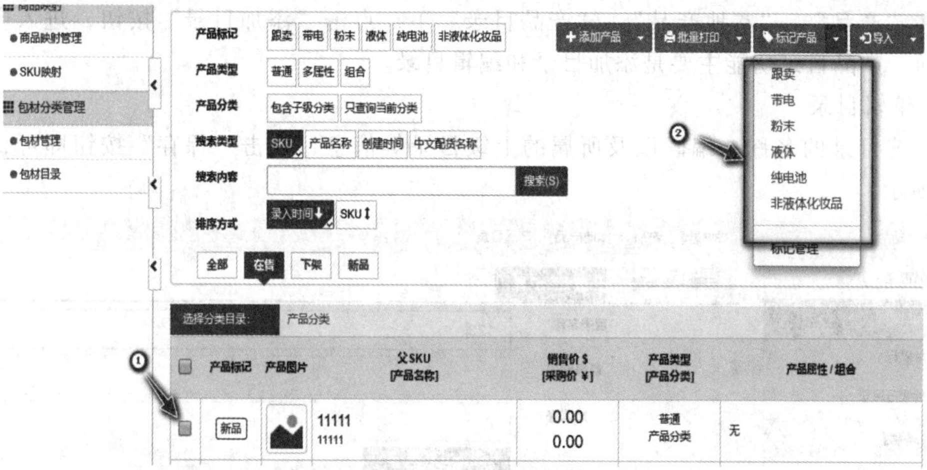

图5-20　标记产品页面

6.添加标记

点击“标记管理”进入标记设置页面，或打开“系统配置”-“系统配置”-“标记管理”菜单，对产品设置不同的标记，点击“添加标记”填写标记名称、颜色、排序，最后点击“保存”按钮，如图5-21所示。

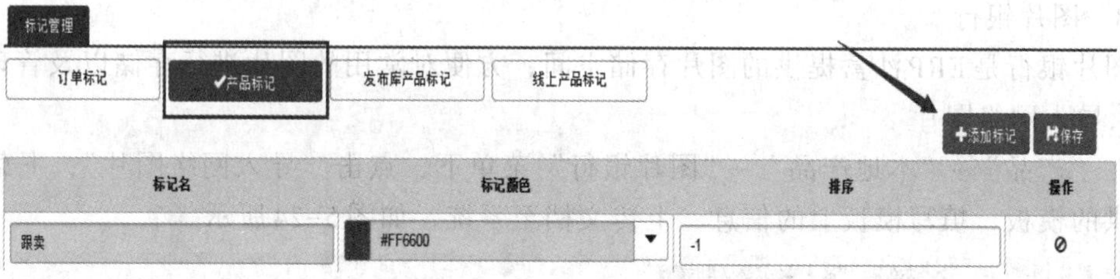

图5-21　添加标记操作页面

7.批量操作

对本地产品进行批量修改、复制以及匹配图片。勾选所要修改的产品后对其进行修改，如图5-22所示。

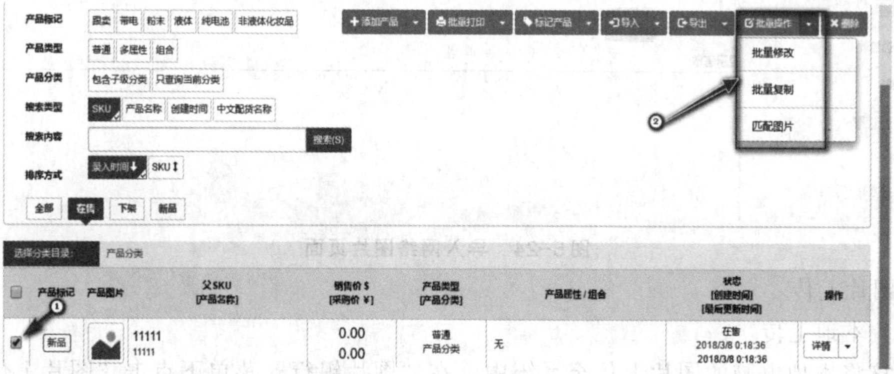

图5-22　批量操作页面

业务2 产品目录管理

产品目录是对本地产品进行分类，方便进行区分、管理。

1.添加目录

在“产品”-“本地产品”-“产品目录”下，点击“添加目录”按钮，进入产品目录页面。产品目录功能主要是添加目录和编辑目录。

2.编辑目录

完善目录的名称、编码以及所属的上级目录等信息，点击“保存”按钮即可，如图5-23所示。

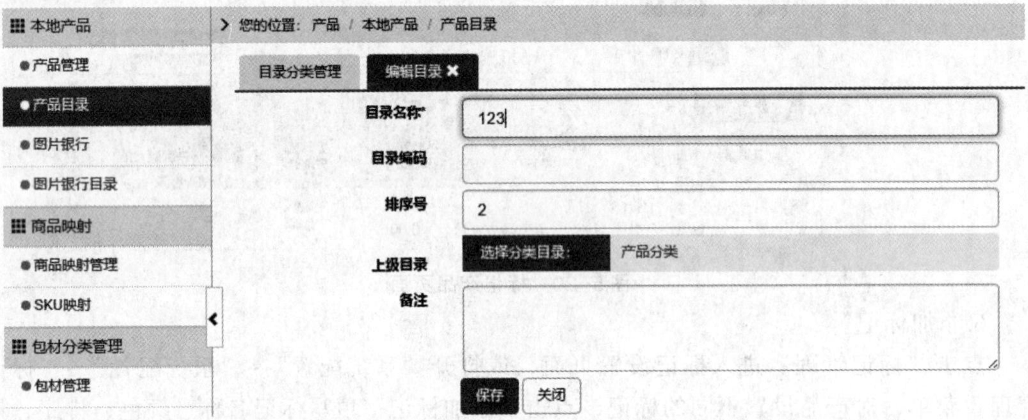

图5-23 添加目录页面

业务3 图片银行

图片银行是ERP沙盒提供的图片存储空间，方便对常用的图片进行存储以及管理。

1.导入网络图片

在“产品”-“本地产品”-“图片银行”菜单下，点击“导入网络图片”，下载系统所提供的模板，填写模板上的信息，上传文档至系统，如图5-24所示。

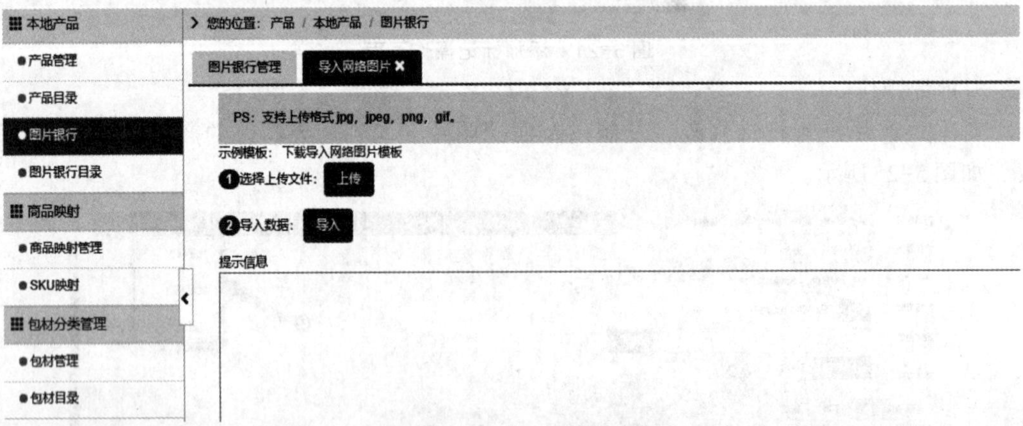

图5-24 导入网络图片页面

2.图片上传

（1）本地上传。

直接将本地电脑的图片上传至系统中，在“图片银行”菜单下点击“图片上传”，选择“本地上传”，直接将图片拖拽至此即可上传，如图5-25所示。

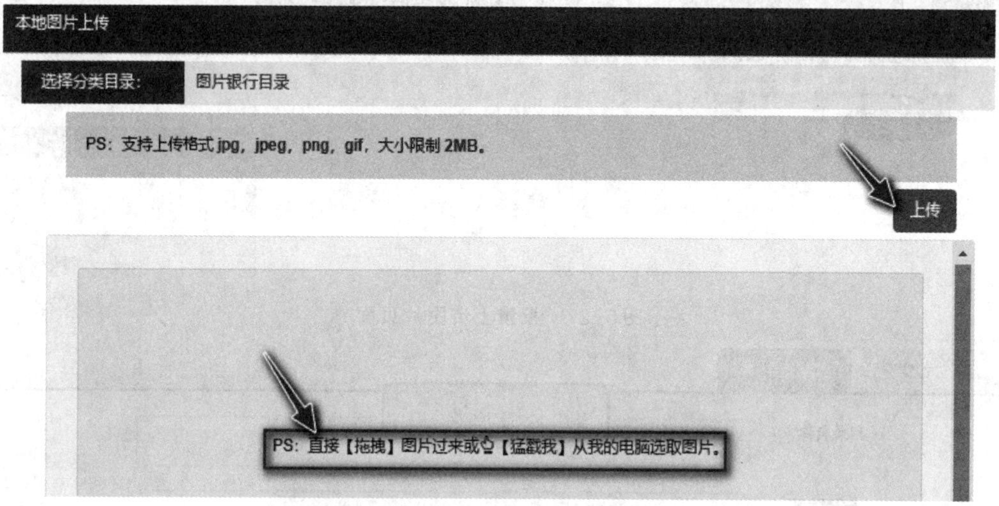

图5-25　本地图片上传操作页面

（2）网络上传。

直接输入要上传图片的网址，在“图片银行”菜单下点击“图片上传”，选择“网络上传”，如有多个地址直接用回车换行即可，如图5-26所示。

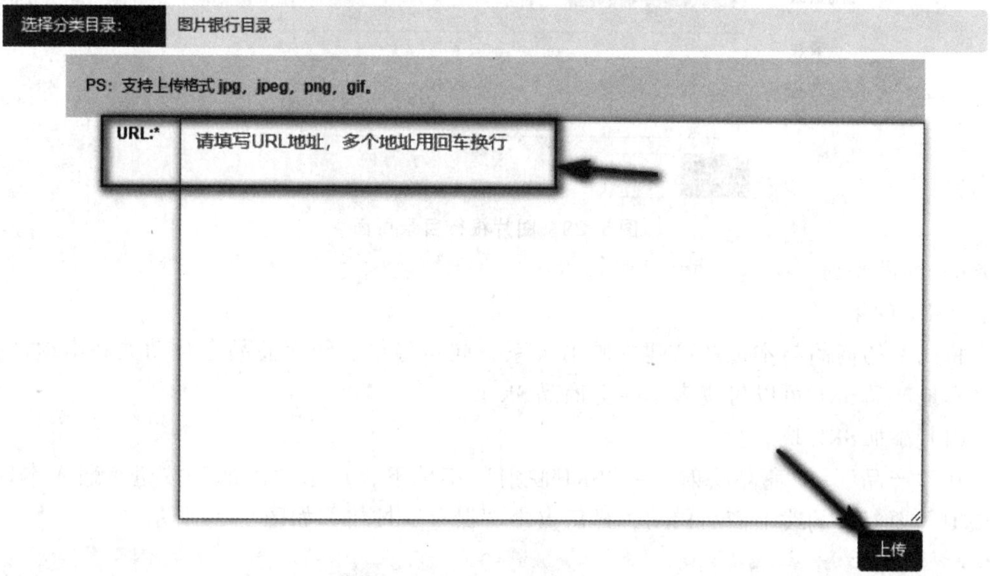

图5-26　上传网络图片页面

（3）批量上传。

将本地电脑上的图片进行压缩之后，直接上传至系统，压缩文件的大小不能超过200M，如图5-27所示。

3.图片银行目录

图片银行目录是给图片银行存储图片时选择存放目录所用，方便管理。

在“图片银行”菜单下，点击“添加目录“，完善目录的名称、编码等信息，最后“保存”，如图5-28所示。

图 5-27　批量上传图片页面

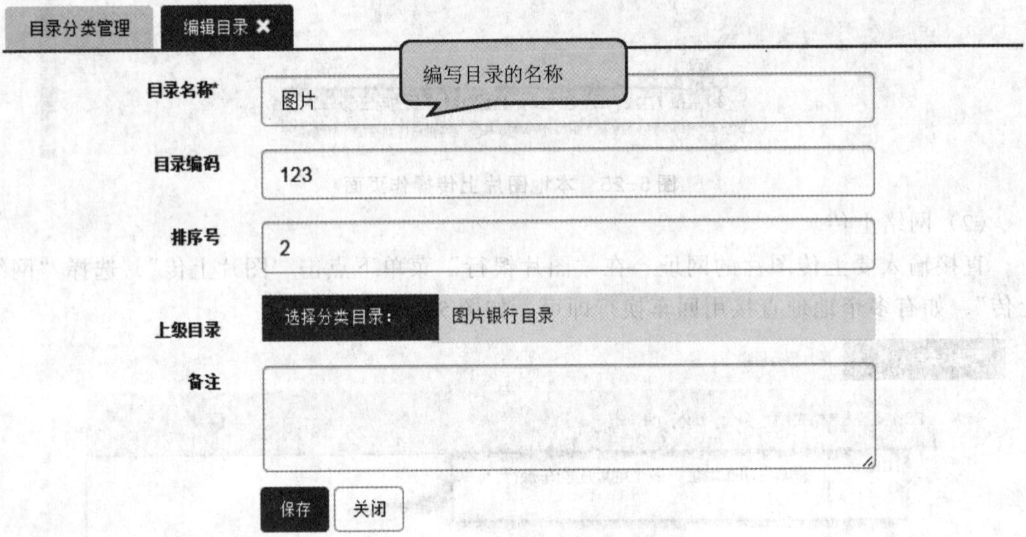

图 5-28　图片银行目录页面

业务 4　商品映射

1.SKU 映射

将线上的商品与本地产品建立映射关系，同步订单、线上商品会自动关联本地产品。一个本地产品 SKU 可以对应多个线上商品 SKU。

（1）添加 SKU 映射。

在“产品”-“商品映射”-“SKU 映射”菜单下，点击“添加”按钮，输入本地产品 SKU 与要对应的线上商品 SKU，最后点击“保存”按钮，如图 5-29 所示。

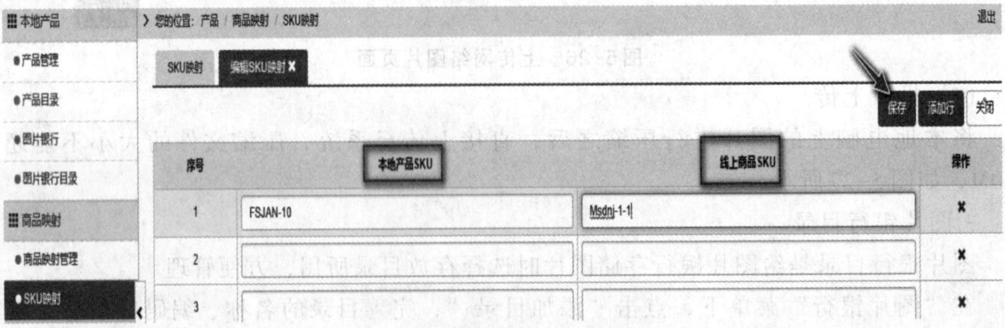

图 5-29　编辑 SKU 映射页面

（2）导入SKU映射。

下载系统所提供的模板，完善本地产品SKU与线上商品SKU信息，上传至系统，在SKU映射列表处会生成一条新的映射记录，如图5-30所示。

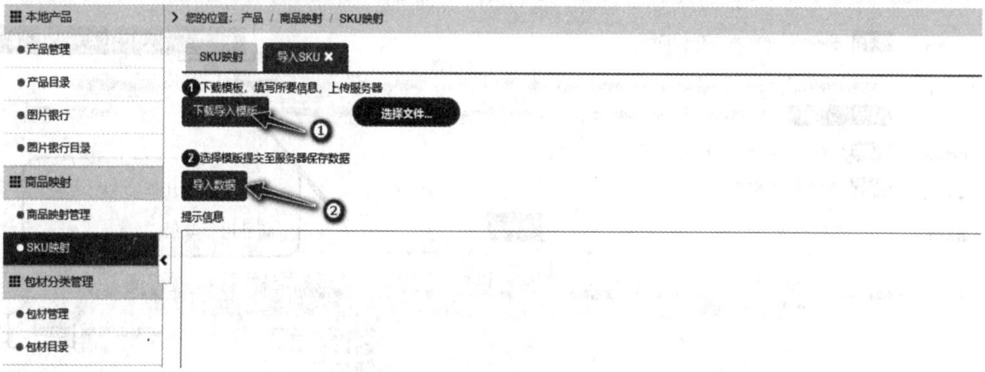

图5-30　导入SKU映射页面

2.商品映射管理

线上店铺有订单的商品会在此列表中展示，商品SKU与产品库SKU建立映射关系，订单商品会自动匹配本地产品，与本地产品建立映射关系。

（1）自动映射。

没有与本地产品库SKU建立映射关系的线上商品，可建立自动映射。在“产品”-“商品映射”-“商品映射管理”菜单下，点击“待确认”按钮筛选出没有建立映射的商品，点击“自动映射”，系统会自动匹配线上商品与本地的产品的映射关系，点击“确认映射”按钮确认本地与平台的映射，如图5-31所示。

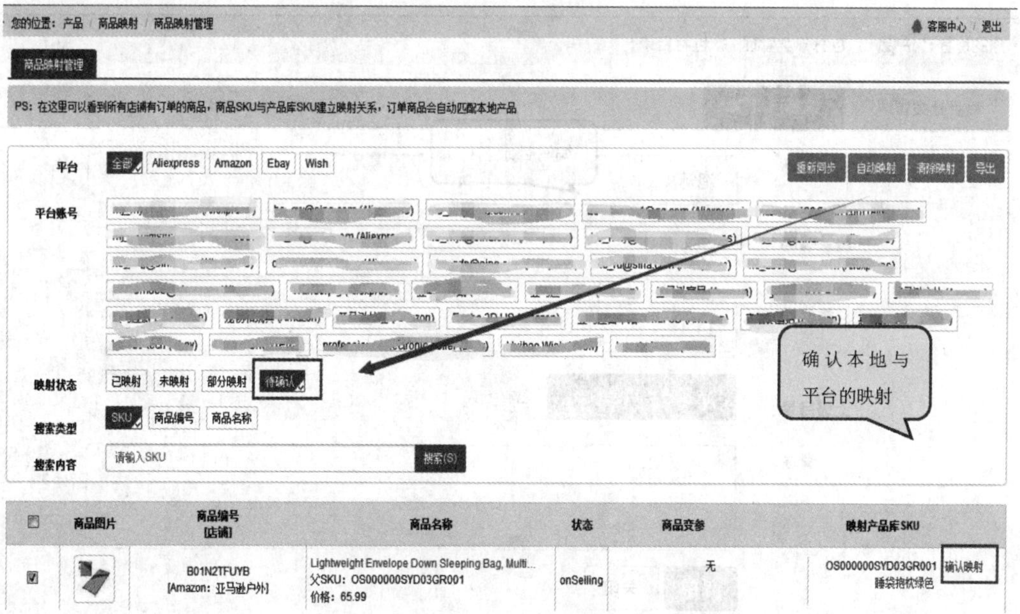

图5-31　商品映射管理页面

（2）重新同步。

要再次同步线上的商品信息，与产品库SKU建立映射，可勾选线上商品，点击“重新同步”按钮，如图5-32所示。

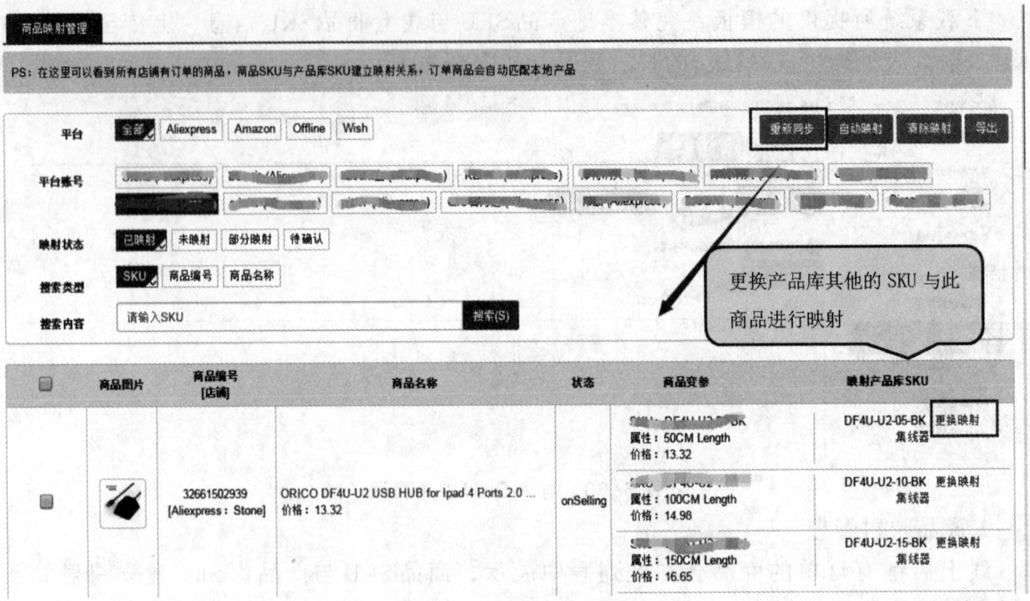

图5-32　商品映射管理页面

业务5　包材管理

1.包材目录

包材目录是给包材管理添加包材时选择存放目录所用，方便管理。添加目录的操作是在“产品”-“包材分类管理”-“包材目录”菜单下，点击“添加目录”，完善目录的名称、编码等信息，最后点击“保存”按钮，如图5-33所示。

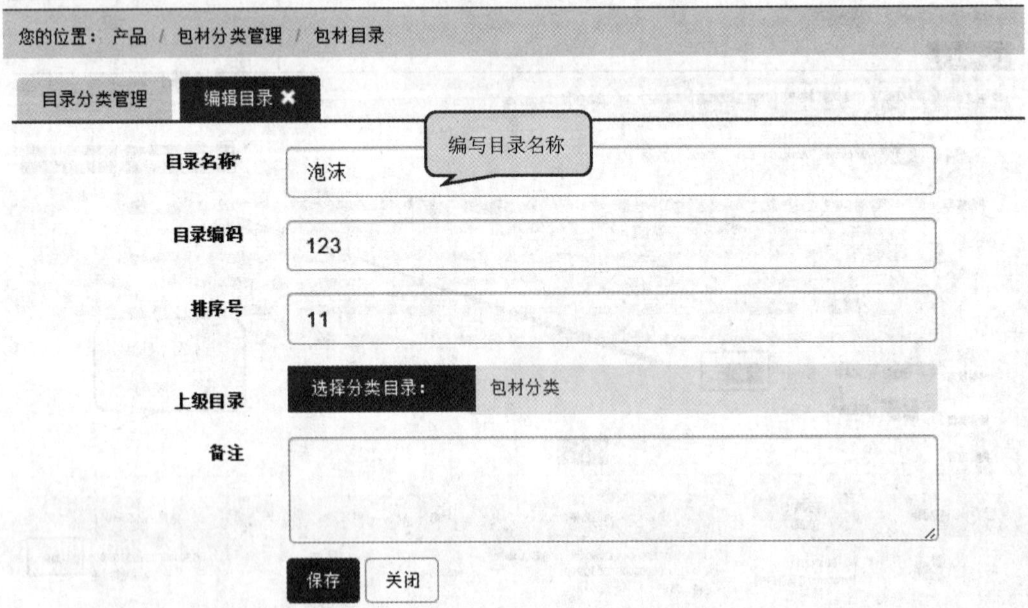

图5-33　编辑包材目录页面

2.包材管理

包材是用于产品包装的材料。在“产品”-“包材分类管理”-“包材管理”菜单下，点击“添加包材”按钮，完善包材的名称、价格、供应商等信息，最后点击“保存”按钮，如图5-34所示。

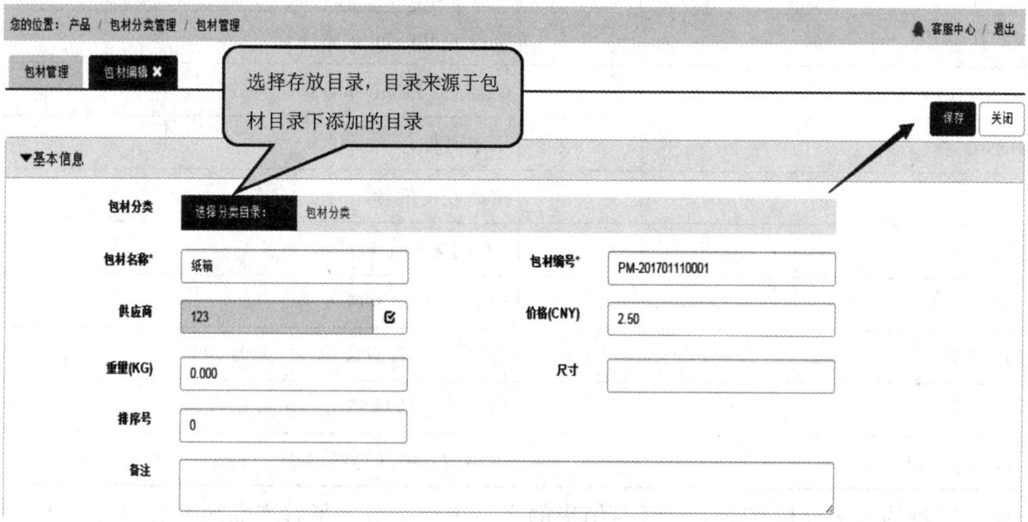

图5-34　添加包材页面

子任务二　亚马逊选品

业务6　亚马逊选品

（一）业务流程

1. 目标市场调研

当前跨境电商已经进入非常激烈的竞争时期，平台种类繁多，卖家数量巨大，买家购买心理已经成熟。要取得业务的成功，商家处理各项业务时必须有理论依据和技术手段，力争做到业务有依据、分析有工具、操作有办法。这样才能在复杂的竞争中脱颖而出，实现优秀的跨境销售业绩。目标市场调研是跨境电商销售工作的起点，我们需要根据所在企业业务特点，分析目标市场的市场规模、人口结构、文化观念、消费模式和购买行为等因素，充分了解目标市场特点，为后续选品和产品开发提供依据。例如，通过表5-1了解美国主要节假日及亚马逊促销节点，为产品营销推广做准备。

要求学生利用网络资源并结合图书馆资源，自行选定某国为自己的目标市场，分析该国市场的各项重要指标，为后续选品或产品开发做前期准备。利用多种资源搜索数据、分析整理数据；能够利用word和excel完成图文并茂的市场分析。

2. 产品分析

跨境电商行业有一个共识：七分选品，三分运营。产品是跨境电商业务的核心，这是每一个跨境电商从业人员都必须树立的核心意识。跨境电商的产品哪里来，是随便到市场上盲目采购，还是对接一个工厂定点销售其产品？市场营销的一般常识告诉我们，没有深入的市场分析和产品调研就难以开发出符合市场需求的产品，没有精心设计的营销战略和策略，营销推广效果也达不到预期效果。所以，为了使所销产品符合跨境目标市场需求，

表5-1　　美国主要节假日及亚马逊促销节点

促销节点	日期节点
1-2月	Back to Bussiness 返工季
PRIME DAY	Business Prime Day 商业会员日
LD&BD	不定时推荐
BOTD	招商经理推荐
美国劳工节	9月的第一个星期一
万圣节	11月1日 北半球入冬
黑色星期五	每年11月后的最后一个星期四
网络星期一	每年感恩节后的第一个星期一
back to school	美国的6-9月为开学季

必须在细致的市场分析基础上对平台销售的产品进行分析，了解产品属性、热卖卖点、流行元素、价格定位、技术含量等，深度把握产品各个方面特性，为选品、文案撰写、后续营销打下基础。

基于网络的市场调研，主要利用跨境电商平台进行。通过登录平台，搜集分析产品各项数据，如图5-35所示，也可以跨平台进行数据搜集和分析。

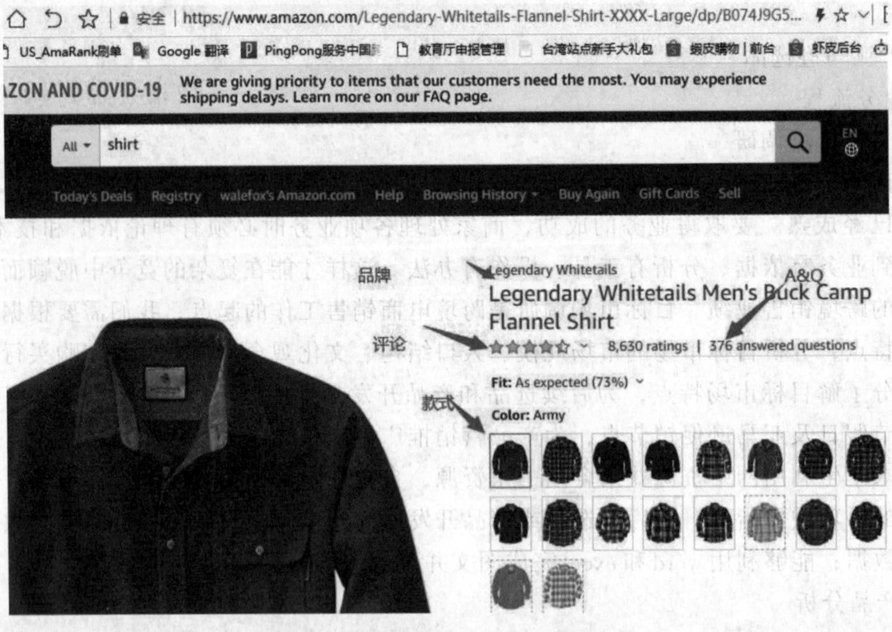

图5-35　亚马逊搜集分析产品数据

3.产品类目分析

确定产品属于跨境电商平台的产品类目的哪一个类别，还需要知道该类目对产品的具体要求，以便为产品确定一个最佳的上架类目。这是非常重要的工作，因为不同类目的平台流量是不一样的，产品营销手段也存在显著差异。一般都选择流量比较大，并且竞争不是非常激烈的类目，这样产品才更容易被买家看到，推广也比较容易。选择好的类目对后续各项业务的开展有非常重要影响。

学生要掌握基于亚马逊平台的产品类目规则、分类特性及其他要求，能够利用网络资源获取亚马逊平台类目分类，并掌握不同类目平台抽取的佣金率、上新的各项要求和规则，能准确判断产品类目并为自己的产品选择一个较佳的类目，如图5-36所示。

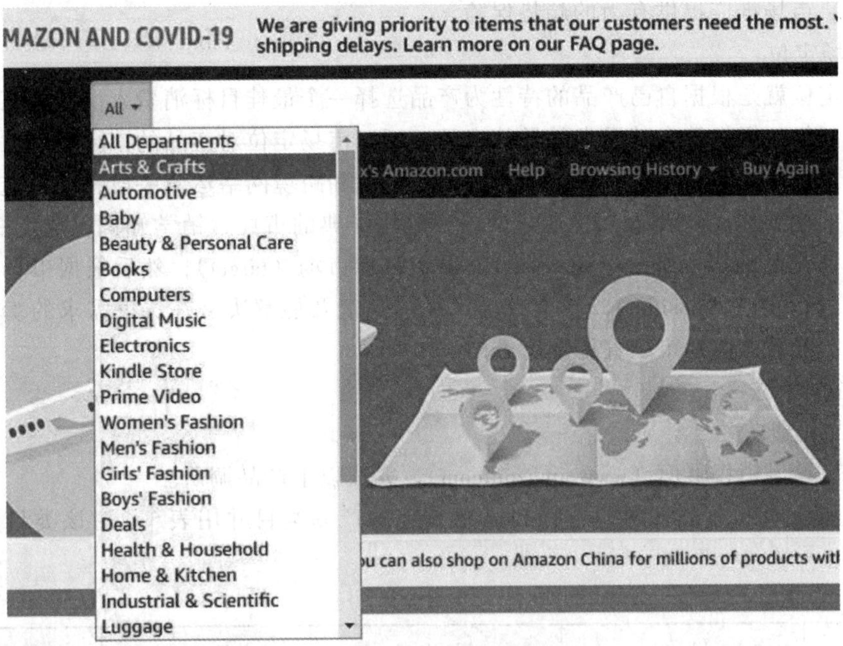

图5-36　亚马逊类目分类

在亚马逊官网，搜索栏左边有产品类目，可以通过类目进行分析，如图5-37所示，也可以利用Top100榜单进行类目分析。

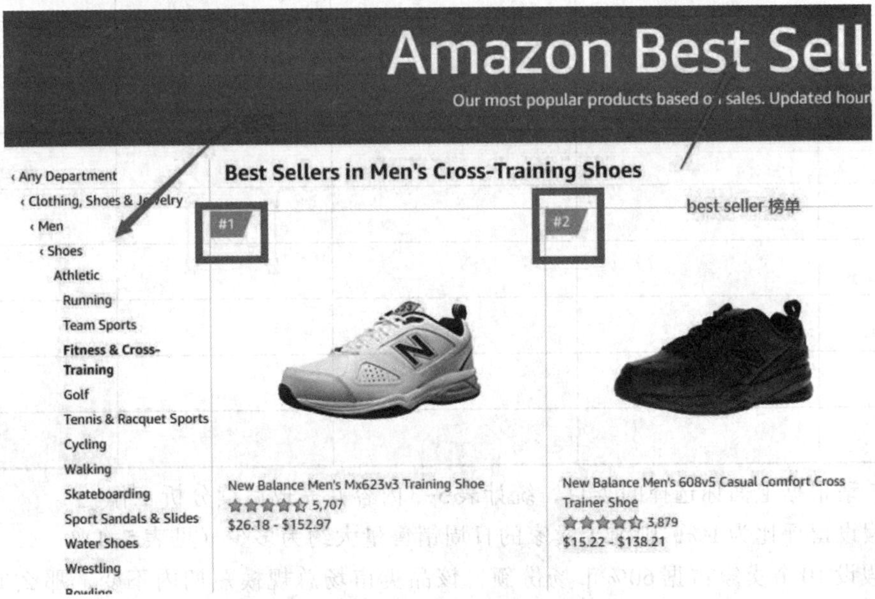

图5-37　亚马逊类目分析

4. 产品市场趋势

产品市场趋势是产品过去、现在及未来的销售趋势，是评价产品未来走向、产品生命周期的一个较好的分析方法。由于趋势分析涉及连续时间序列数据，所以能够完成市场趋势分析的工具较少。Google trend 是一个比较好的免费的趋势分析工具，Terapeak 和 Seller motor 软件也是不错的分析工具。这些软件可以分析产品的历史规律和未来发展趋势，为新品上架、市场推广提供有力的趋势保障。

5. 市场定位

市场定位就是根据自己产品的特性为产品选择一个最佳目标消费人群或为某一消费人群设计、制作、提供符合其需求的最佳产品。所以市场定位对产品的市场表现常常起决定性的作用。良好的产品定位，加上优秀的营销手段和跨境网络运营手段，是打造网红产品甚至爆款的主要途径。要求学生通过网络，利用经典的市场营销学知识，选定一个产品，通过完成该产品的市场细分（segment）、确定目标市场（target），然后根据市场需求为自己的产品进行定位（positon），找准自己产品的功能及能解决潜在买家需求的卖点，确定产品的市场开发方向和市场宣传推广方向。

（二）业务操作题

1. 选品调研

登录亚马逊销售页面（www.amazon.com），完成以下产品调研。

（1）请访问亚马逊官网，选择自己感兴趣的产品类目并用表 5-2 对该类目产品进行分析。

表 5-2 **类目分析**

Top10	优点	缺点	市场痛点	单位体积价值
1				
2				
3				
4				
5				
6				
7				
8				
9				
10				

（2）请根据上面你选择的类目，统计表 5-3 内容并完成后续分析工作。

①假设留评比为 1%，则前十卖家的日周销售量大约为多少（见表 5-4）？

②假设 10 个卖家占据 60% 市场份额，该品类市场总规模短期内不变，那么 Top10 卖家所占市场份额发生哪些变化？

表5-3　**产品市场预测周动态统计表**

Top10卖家	Reviews						
	周一	周二	周三	周四	周五	周六	周日
1							
2							
3							
4							
5							
6							
7							
8							
9							
10							

表5-4　**周动态统计表**

卖家1	卖家2	卖家3	卖家4	卖家5
卖家6	卖家7	卖家8	卖家9	卖家10

③这10个卖家的页面内容发生了哪些变化（见表5-5）?

表5-5　**页面内容变动统计表**

组别	内容
无变化组	（请填写组号）
有变化组	（请填写组号）
主要变化情况	1. 2. 3. 4. 5.

④请预测一下，如果动态跟踪30天，Top10可能会发生哪些变化?

（3）请对你感兴趣的产品基于亚马逊官网统计Top10卖家数据（见表5-6），并完成相关分析业务。

①请分析各变量是如何影响卖家销量排名的。

②你认为影响销量的前三个变量是什么，说明理由。

③您所找的Top10卖家的页面在亚马逊官网前台显示时，如果有sponsor字样，则该卖家做了广告推广，请在表5-7中总结Top10卖家的广告推广、广告位置等基本情况，并做7天跟踪。

表5-6 **Top10分析**

Top10卖家	影响变量数量								
	Reviews	Q/A	FEEDBACK	好评数	差评数	视频	A+页面	变体数	价格
1									
2									
3									
4									
5									
6									
7									
8									
9									
10									

表5-7 **Top10卖家基本情况总结**

Top10卖家	是否有sponsor字样	所在页面	展示位置
1			
2			
3			
4			
5			
6			
7			
8			
9			
10			

2.产品定位

（1）请利用亚马逊官网，选择一个服装产品品类，查找50个相关产品，并对这些产品进行市场细分，并完成表5-8。

（2）请选择一个细分市场作为新品的目标市场，并说明选择依据和理由。

3.页面撰写

（1）关键词获得与精选。

①关键词获取。

请通过软件平台数据抓取功能，分析前面所选择的服装的关键词（至少20个词组）。

表5-8　**市场细分表**

细分变量	产品数量			
功能	单一功能	2个功能	3个功能	3个功能以上
价格	10美元以下	10-20美元	20-30美元	30美元以上
性别	男	女	中性	

②关键词精选。

请对业务资料里的四个关键词做对比分析（见表5-9）。

表5-9　**关键词对比分析**

业务资料：

产品单价：12.45 美元　单位：美元

关键词	匹配度	花费	点击花费	出单金额
FOX BABY TOY	精确匹配	34.6	0.34	249
FOX TOY	精确匹配	45.2	0.32	136.95
BABY TOY	精确匹配	38.1	0.44	373.5
BOY FOX TOY	精确匹配	25.8	0.41	12.45

点击量排序：

花费排序：

单次费用排序：

价值排序：

（2）标题撰写。

①为下面标题找错（见表5-10）。

表5-10　**标题找错**

业务资料：某款男童鞋标题

Boy shoe size 17-25，best seller item，Produced by Nike OEM Factory，hot selling

错误及原因：

1.

2.

3.

②请区分以下业务资料中的两款标题的差异（见表5-11）。

表5-11 标题差异

业务资料：亚马逊两款鼠标的标题

① **Wireless Mouse, WISFOX 2.4G Full Size Computer Mouse Wireless Ergonomic Mouse 6 Buttons Laptop Mouse USB Mouse with Nano Receiver 5-Level DPI Adjustable Cordless Wireless Mice for Windows(Black)**

② Logitech G203 Prodigy RGB Wired Gaming Mouse – Black

1,013

More Buying Choices

$19.89 (77 used & new offers)

异同：

③为自己的产品撰写标题。

（3）撰写卖点。

①请分析业务资料中的卖的优缺点（见表5-12和表5-13）。

表5-12 BP资料

业务资料：亚马逊上某产品的卖点

- 【Excellent gaming performance with 7200 DPI and 4 polling rate】 PICTEK T16 gaming mouse with default 5 DPI levels available from 1200 to 7200 DPI. Easily adjust to instantly match mouse speed to different gaming scenarios. 4 polling rate is adjustable: 125Hz/250Hz/500Hz/1000Hz, polling rate ensures smooth AND high-speed movement.
- 【Chroma RGB backlit for extreme gaming experience】 upgraded version of PICTEK T7, with Chroma RGB lighting, up to 16. 8 million colors to fit your mood. Easily shut on AND off the backlight or change the color mode with the convenient switch on the bottom. Plus, adopts impressive optical gaming sensor, ensure quickly switch for different games.
- 【8 programmable buttons & fire button】 support macro editing, 8 mouse buttons can be programmed with PICTEK easy-to-program gaming software. The rapid Fire button gives you the edge you need during those intensive FPS battles. Great value FPS gaming mouse, also excellent for MOBA/ RTS games. (Driver Disk included)
- 【Ergonomic & skin-friendly design】 T16 with symmetrical & streamlined provides a comfortable claw-grip design, long-term use without fatigue. Top choice for computer game players with anti-fingerprint and sweat-resistant that can keep your grip Firmly during game play. Excellent wired PC gaming mouse for casual gamers.
- 【Reliable quality & hassle-free 】 T16 PC gaming mouse, 20 million clicks lifespan, buttons with neat rebound and good feedback. At PICTEK, not only We offer high quality products, we back them up with 18-month and a 30-day money back !

表5-13　**BP优缺点**

你的分析： 优点：   缺点：   如果你是买家，你会喜欢它吗？请说明理由：

②请站在消费者的角度，分析消费者的需求，为你前面所选择的产品撰写五条卖点。

4.图片审核

根据亚马逊对产品主图的要求，完成下面题目。

①下列图片格式不符合亚马逊能接受的格式是（　　）。

A.BMP　　B.TIFF　　C.GIF　　D.JPEG

②下面哪些图片链接在库存文件模板中是有效的（　　）。

A.https：//corset-spring-dress-vestidos-female.jpg_640*640.jpg

B.https：//nini_showm.html

C.https：//sl.ingsha.com/2018/09.30/yooRE4.JPG

D.https：//123singe.php

③以下关于主图（Main Image）的要求不正确的是（　　）。

A图中无商标Logo，无水印，无文字，无边框

B主图必须是纯白背景（RGB：255，255，255），不可以是灰白或乳白等

C主图可以出现所售商品以外的商品、配件或包装盒

D商品的显示占主图面积的85%，像素为1000×500以上

④亚马逊上的图片，只有任何一边达到（　　）像素时，显示时才具有放大效果

A.500　　B.800　　C.1000　　D.1500

⑤产品图片显示比例为（　　）时，网站显示的视觉效果最佳。

A.1∶1　　B.1∶1.3　　C.1∶1.5　　D.1∶1.64

⑥当销售单件产品时，下列图片模式不符合亚马逊主图要求的有（　　）。

A.

B.

C. 

D. 

⑦某卖家销售香水产品之图片中有如下图片，可能被亚马逊重点审核的有（　　）。

A. 

B. 

C. 

D. 

⑧某卖家卖服装，其图片不符合亚马逊要求的有（　　）。

A. 

B. 

C. 

D. 

⑨请用手机照某款服装，效果图、细节图、款式图、主图各一张，并用photoshop进行处理，以使其符合要亚马逊要求。

三、实训报告

学生实训报告表见表5-14。

表5-14　　学生实训报告表

实训课程		实训项目名称	
实训时间		实训地点	
学生姓名		学号	
实训目的与要求			
实训内容、方法和步骤			
实训结论与体会			
教师评语			
实训成绩		教师签名	

实训六

采购管理

一、实训目的

1. 通过实训操作，掌握生成采购计划、供应商选择和价格谈判、采购入库和结算等业务技巧，明确采购管理流程。

2. 通过采购管理实训，了解供应链管理基本过程。

二、实训要求

1. 事先准备好商品品种、价格、供应商等信息，根据实训情况写出实训报告。

2. 要求实训报告能记录实训的主要操作过程和实训结果，并能通过实训谈谈自己的收获、体会或建议等。

3. 该实训报告考核评价要求内容完整，包括实训的操作过程、结果和实训体会。

4. 完成业务实操。

三、实训内容与步骤

采购处理的流程可概括为以下步骤：添加供应商报价—创建采购单—提交采购单—采购单到货—结算采购单。

子任务一　ERP操作：Wish、eBay、敦煌

业务1　基础设置

1. 采购相关设置

打开跨境电商综合实训平台（http：//www.srzx100.com）页面，点击“跨境电商ERP沙盒”并登录，依次点击“系统配置”-“系统配置”-“采购模块设置”，不同的配置对采购的流程都是有影响的，如图6-1所示。

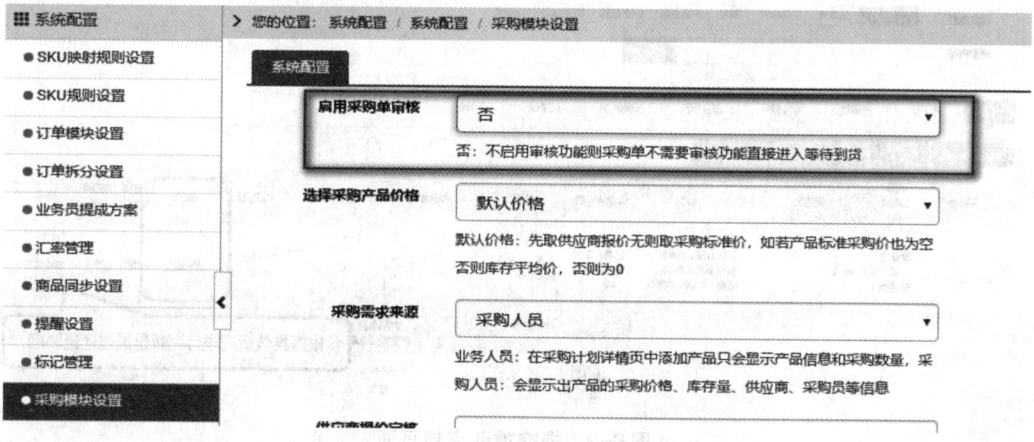

图6-1　启用采购单审核页面

2.启用采购单审核

（1）系统默认不启用采购单审核，这样在“采购”-“采购单管理”-“采购单”的页面中创建采购单成功之后，采购单状态就变为“等待到货”，如果是在“采购”-“采购单管理”-“采购计划”页面创建的采购计划，确认计划无误之后，点击“生成采购单”，采购单状态同样会变为“等待到货”。当采购状态为“等待到货”时，采购单就属于采购中的，这一状态下的采购单不能修改采购信息，只能作废，重新创建。

（2）当启用了采购单审核，在“采购”-“采购单管理”-“采购单”的页面中创建采购单并保存之后，需要先提交确认采购单，如图6-2所示，然后再审核采购单信息，无误之后直接点击“审核通过”，有问题的话，点击“驳回”并填写驳回原因，采购员可以再次修改采购单信息，然后提交重新审核，如图6-3所示。

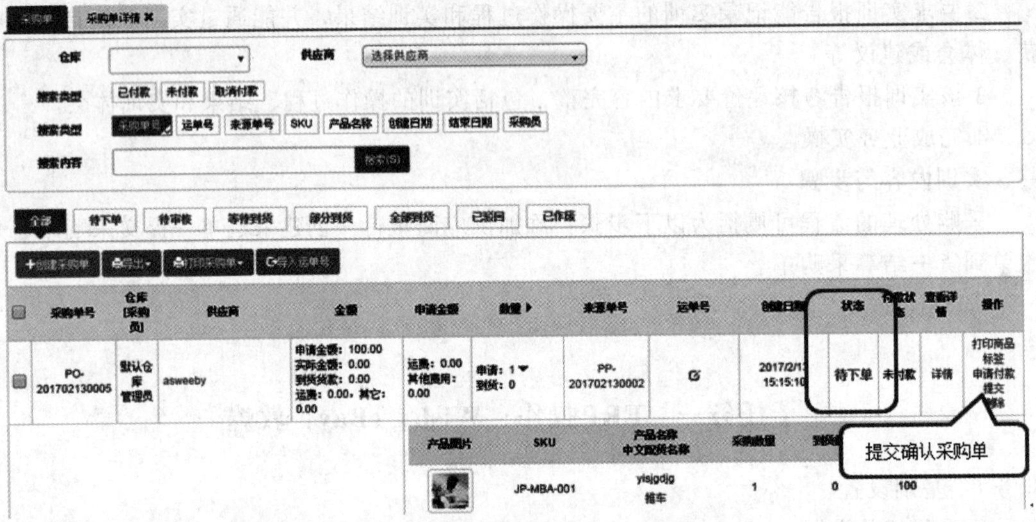

图6-2 提交确认采购单页面

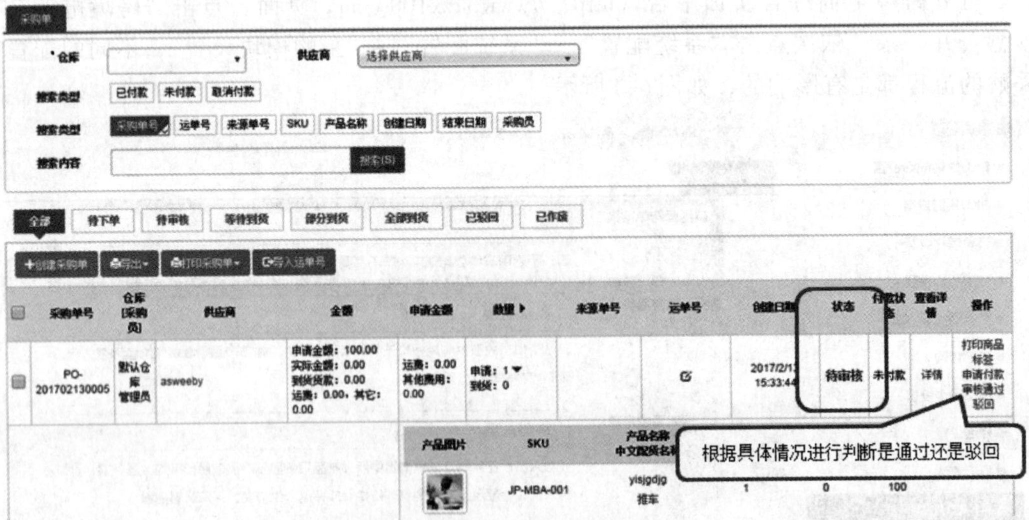

图6-3 提交重新审核页面

3.选择采购产品价格

选择采购产品价格，系统默认价格是取值供应商报价中对该产品的报价，如果没有供应商报价则取值产品管理中填写的采购价；如果产品采购价没有则取值库存平均价；以上三个都没有的话取“0”。这里设置之后，在生成采购单或是采购计划时系统会按这个设置自动给出产品的采购单价，如图6-4所示。

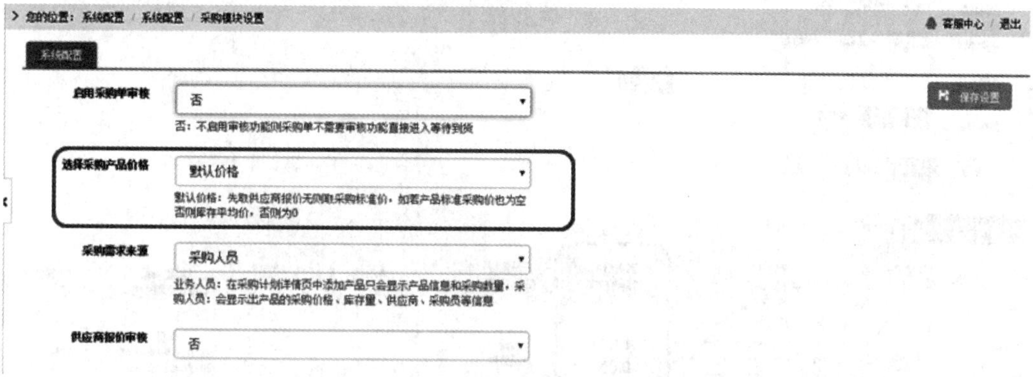

图6-4 选择采购产品价格

当采购产品价格取值为供应商价格时，系统会从“采购”-“供应商管理”-“SKU报价”的页面中找到对应这个产品的最新报价，如图6-5所示，如果在此页面中没有产品的报价，则生成的采购计划或是采购单中采购成本为“0”。

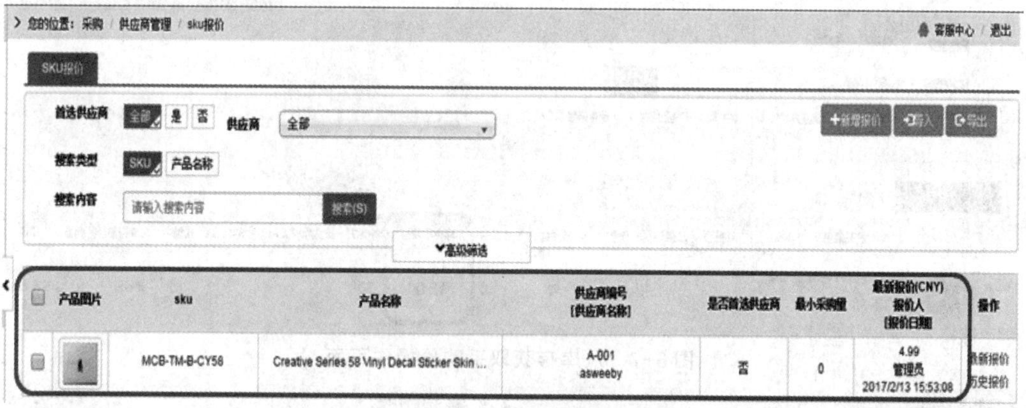

图6-5 SKU报价页面

当采购产品价格取值为标准采购价时，系统会从“产品”-“本地产品”-“采购管理”页面中取值产品的采购价，如果产品管理中没有填写采购价，则生成的采购计划或采购单中采购成本为“0”，如图6-6所示。

当采购产品价格取值为库存平均价时，系统会从“仓库”-“库存报表”-“库存清单”页面中取值产品的库存平均价；如果产品没有库存和库存平均价，则生成的采购计划或采购单中采购成本为“0”，如图6-7所示。

4.采购需求来源

依次点击“系统配置”-“系统配置”-“采购模块设置”菜单，选择“采购需求来源”，如图6-8所示。

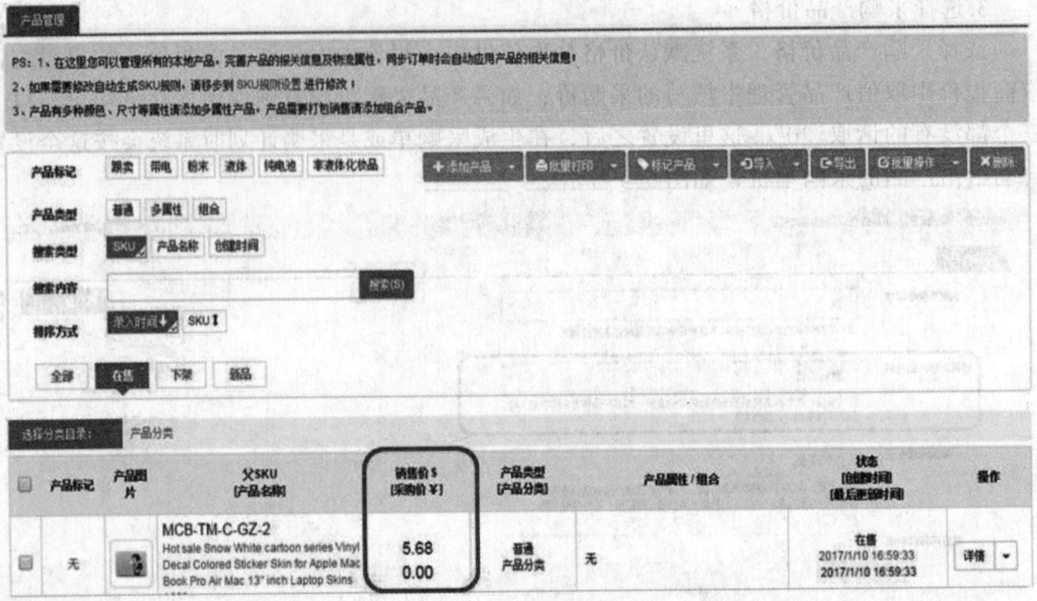

图 6–6 采购价取值页面

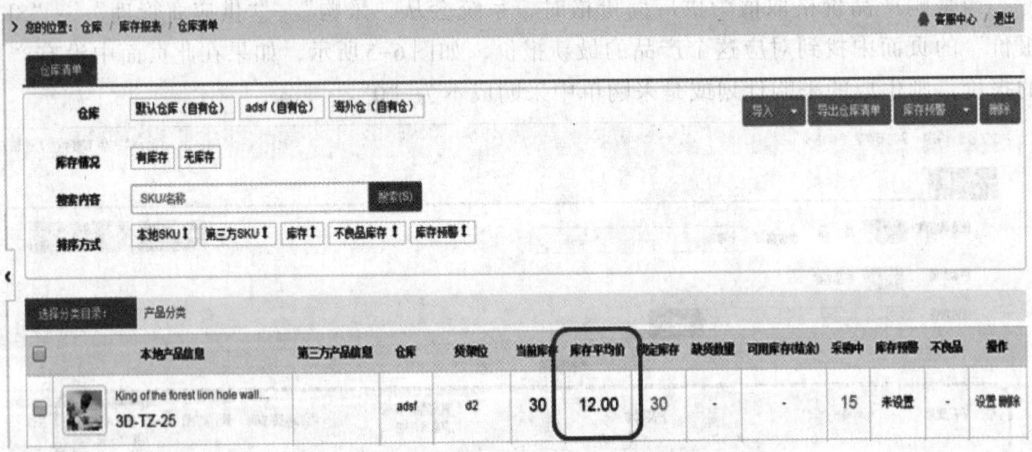

图 6–7 从库存获取采购价操作页面

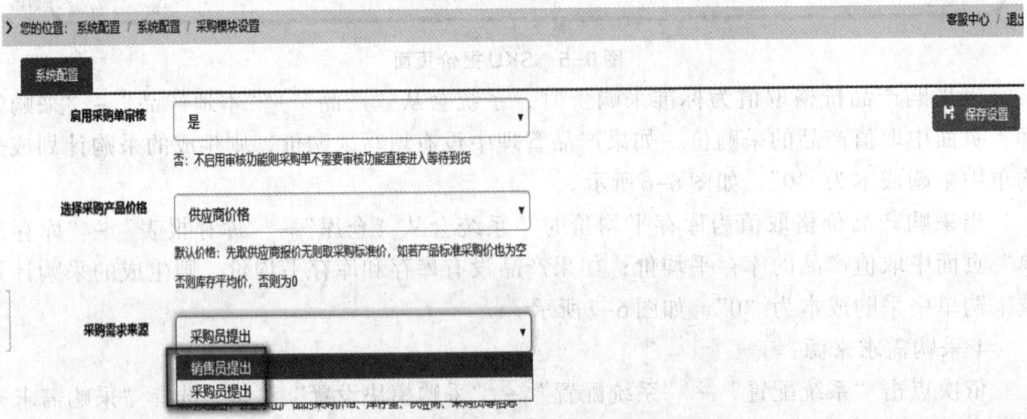

图 6–8 设置采购需求来源页面

（1）当采购需求来源选择由采购人员提出，在“采购”-“采购管理”-“采购计划”页面新增采购计划时，可以查看产品库存情况、历史报价等信息，如图6-9所示。

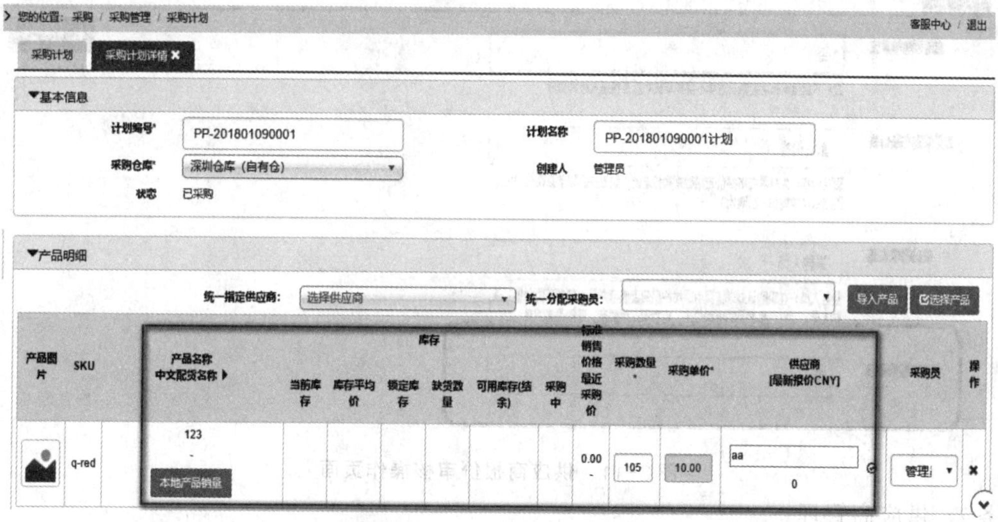

图6-9 生成采购计划页面

（2）当采购需求来源选择由业务员提出时，在“采购”-“采购管理”-“采购计划”页面新增采购计划时只能查看产品信息，如图6-10所示。

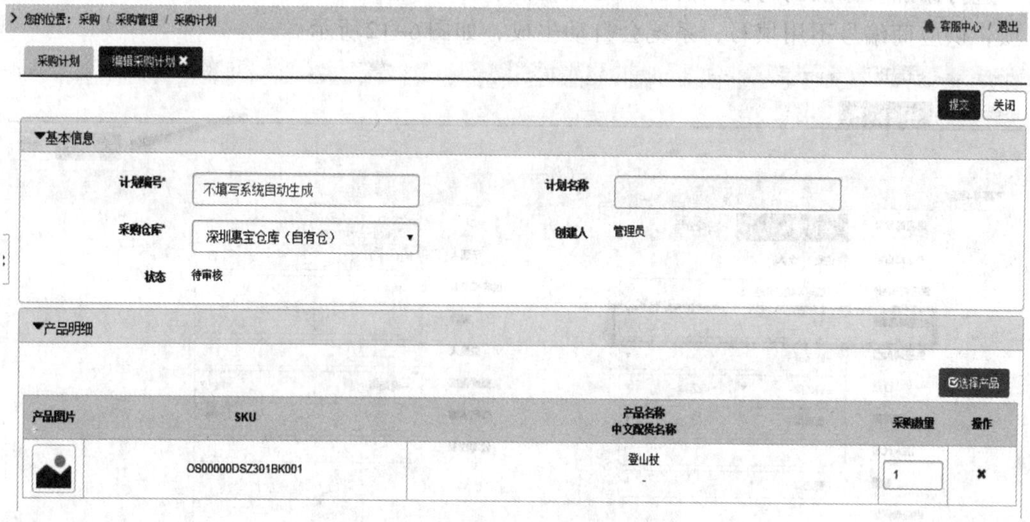

图6-10 编制采购计划页面

5.供应商报价审核

（1）系统默认是不启用供应商报价审核，如图6-11所示。这样在“采购”-“供应商管理”-“SKU报价”的页面中添加报价之后，系统会直接保存此数据。在新建采购单时修改了采购单价，入库之后修改后的数据一样会保存在报价中。

（2）当启用了供应商报价审核，在“采购”-“供应商管理”-“SKU报价”的页面中添加报价之后，数据会自动跳转到“采购”-“供应商管理”-“SKU报价审核”的页面中，审核通过之后，此数据才可以在“采购”-“供应商管理”-“SKU报价”的页面中查看。

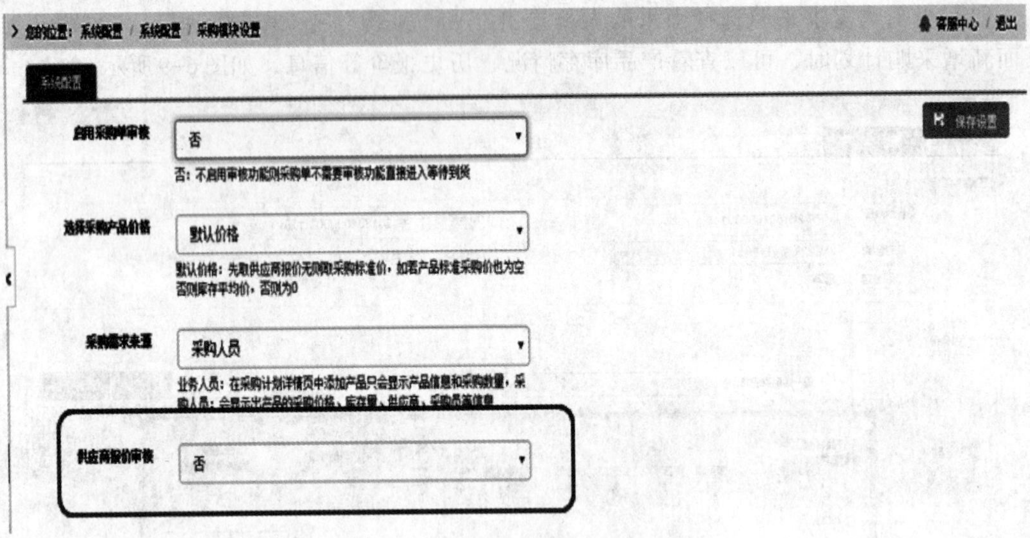

图6-11 供应商报价审核操作页面

业务2 供应商管理

1.新增供应商

（1）在“采购”–“供应商管理”–“供应商管理”的菜单中，直接点击“添加供应商”进行添加。添加的时候只需要填写供应商名称，如有网站可填写网址，其他的都是选填项，供应商编号不用填写，系统会自动生成，如图6-12所示。

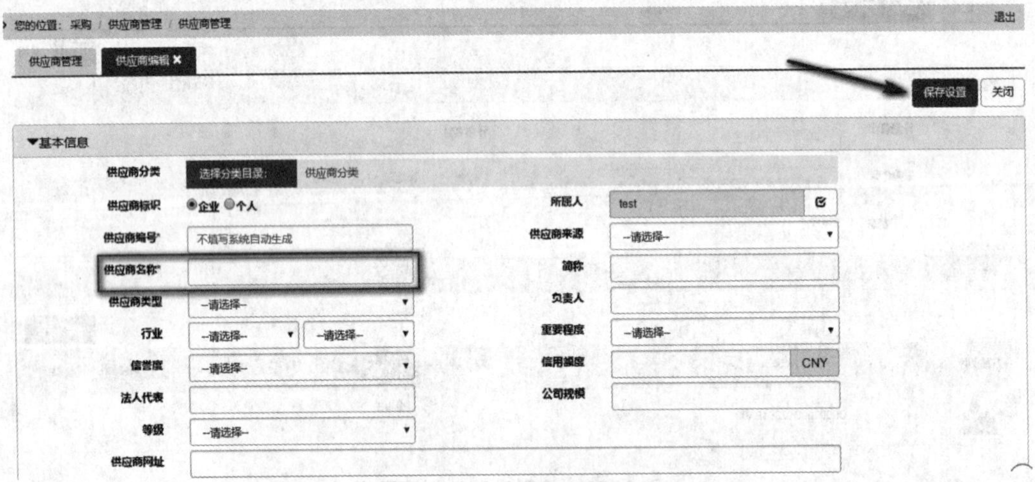

图6-12 添加供应商页面

（2）批量添加供应商的方法为，在“采购”–“供应商管理”–“供应商管理”的菜单中，首先下载导入供应商的模板，然后在Excel表格中填写好所有信息，最后点击“浏览”按钮选择填写好的表格，最后点击“导入”按钮将Excel表格导入系统中，如图6-13所示。

2.导入供货信息

（1）在“采购”–“供应商管理”–“供货信息”的菜单中选择“供应商的供货信息”，针对供应商批量导入供货的产品信息，如图6-14所示。

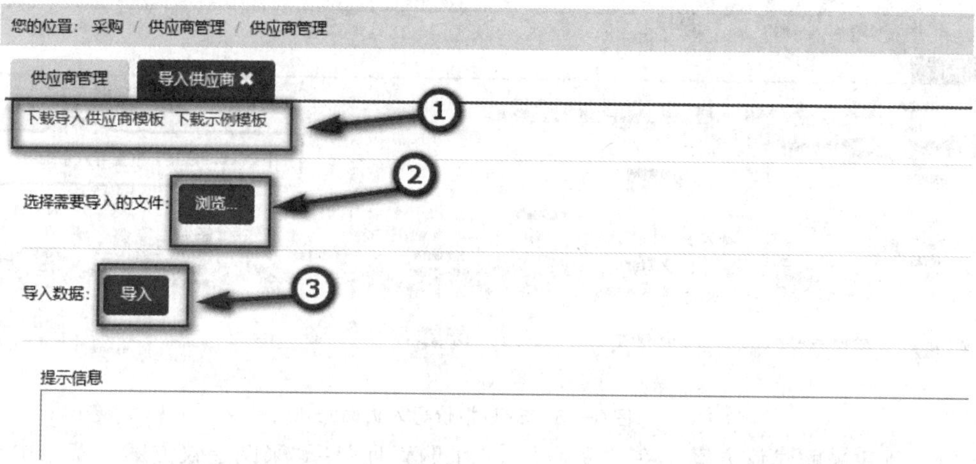

图 6-13　批量添加供应商操作页面

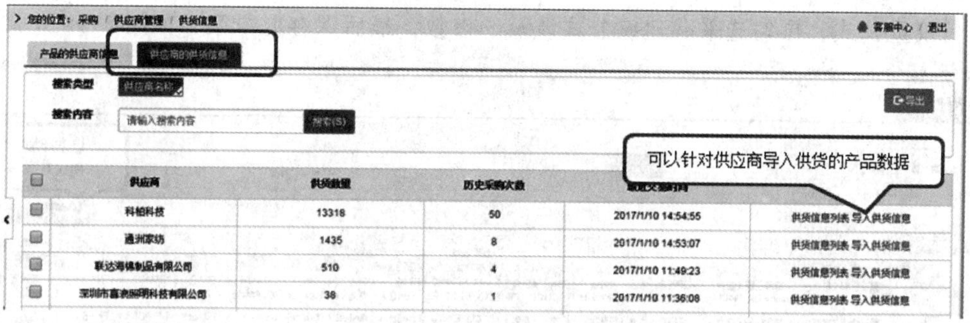

图 6-14　导入供货信息页面

（2）在“采购”-“供应商管理”-“供货信息”的菜单中直接针对产品选择对应的供应商，如图 6-15 所示。

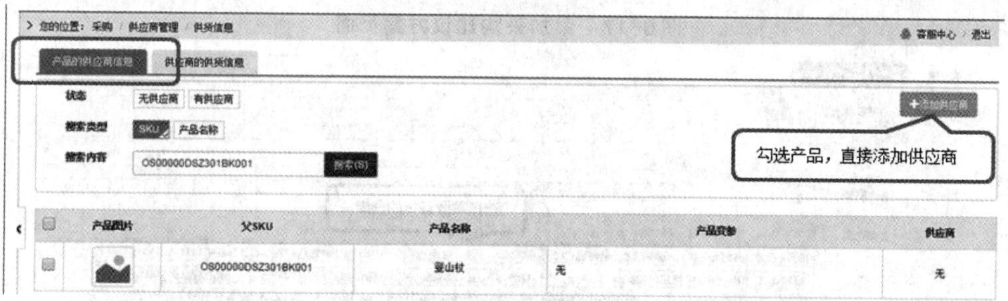

图 6-15　按产品选择供应商页面

（3）除了以上两种方式之外，可以直接在“采购”-“供应商管理”-“SKU 报价”的菜单中点击“导入”按钮，通过 Excel 表格导入到系统中，如图 6-16 所示。

业务 3　创建采购单

前期的数据录入完成之后就可以走采购流程。

1. 采购建议

采购建议是系统根据卖家店铺中商品的销量来对库存做到合理使用及管理的提示。根据卖家需求，编写备货建议公式，创建采购建议方案，系统按此方案自动生成采购单。

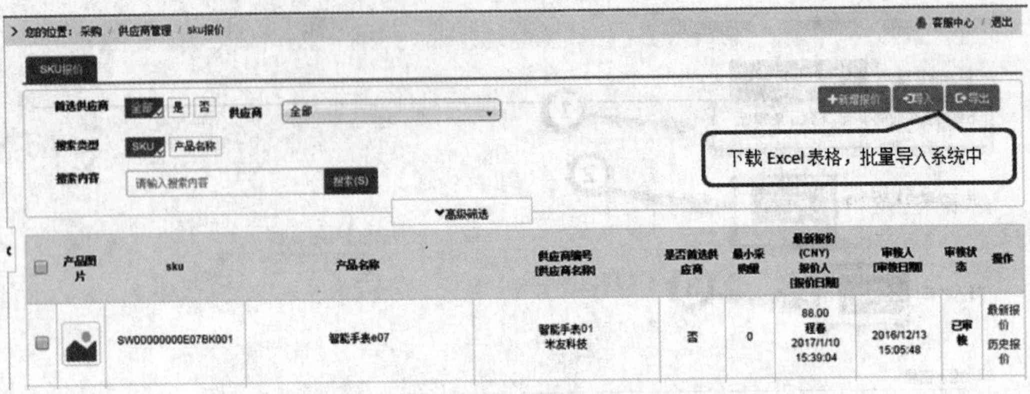

图6-16　SKU报价导入页面

（1）新建采购建议方案，在“采购”-“采购管理”-“采购建议方案”菜单中点击“添加采购建议方案”按钮，如图6-17所示；填写方案名称，选择对应仓库，然后填写日均销量权重公式，再勾选采购建议公式涉及的参数，最后保存此方案，如图6-18所示。

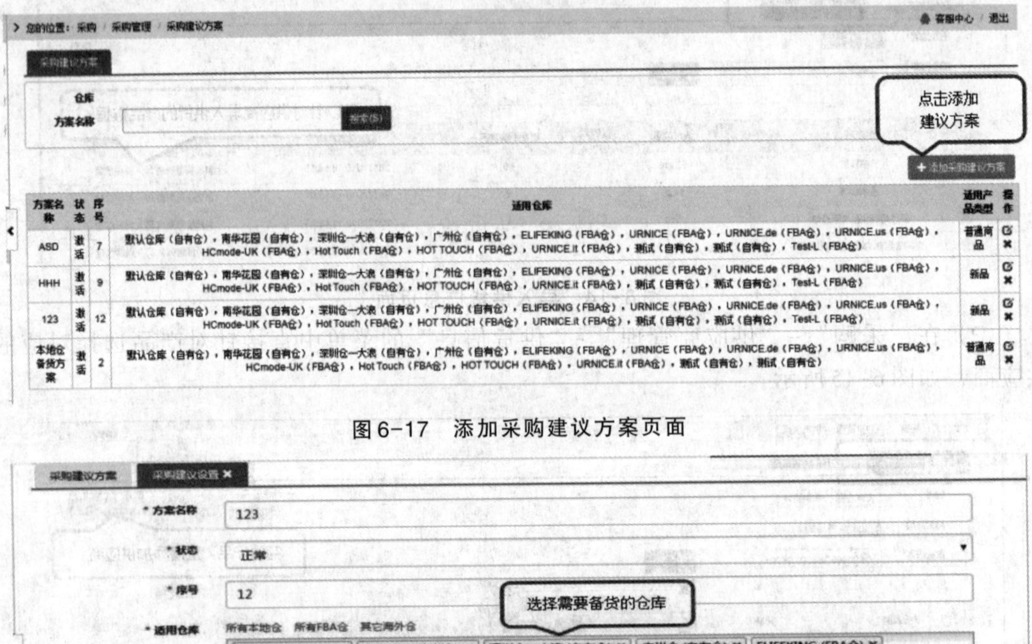

图6-17　添加采购建议方案页面

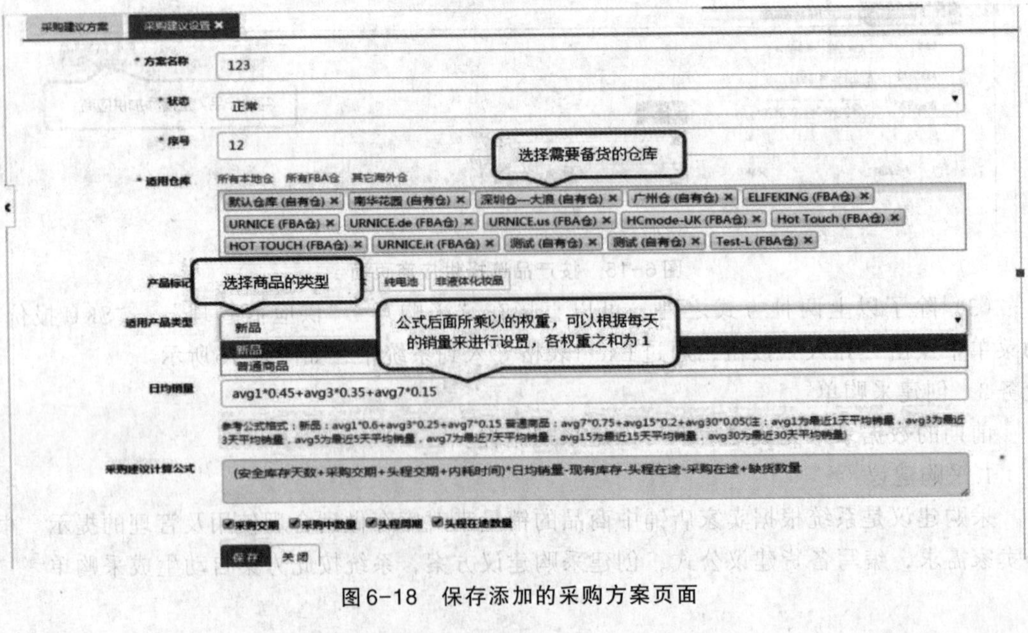

图6-18　保存添加的采购方案页面

（2）设置采购建议，在“采购”－“采购管理”－“采购建议”菜单中点击“采购建议设置”，填写默认交期（采购交期）、备货频率、预警时间、内耗时间等信息，填写完成之后点击“保存”按钮，如图6-19所示。

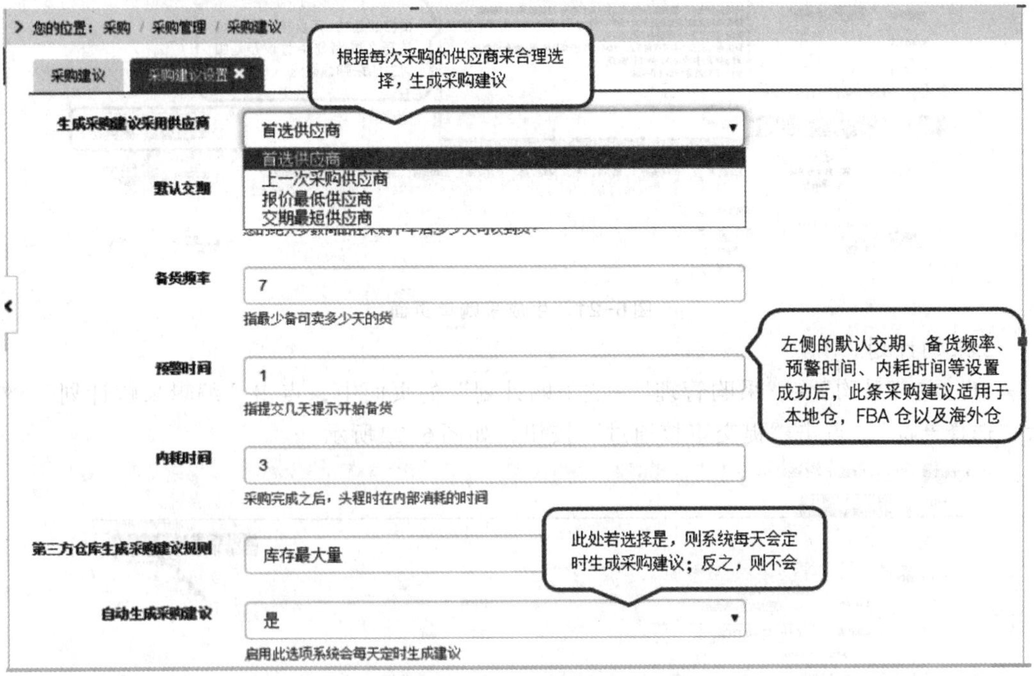

图6-19　采购建议设置页面

（3）设置库存产品信息，在“仓库”－“库存报表”－“仓库清单”菜单中为库存产品填写对应的安全库存天数及头程交期，如图6-20所示。

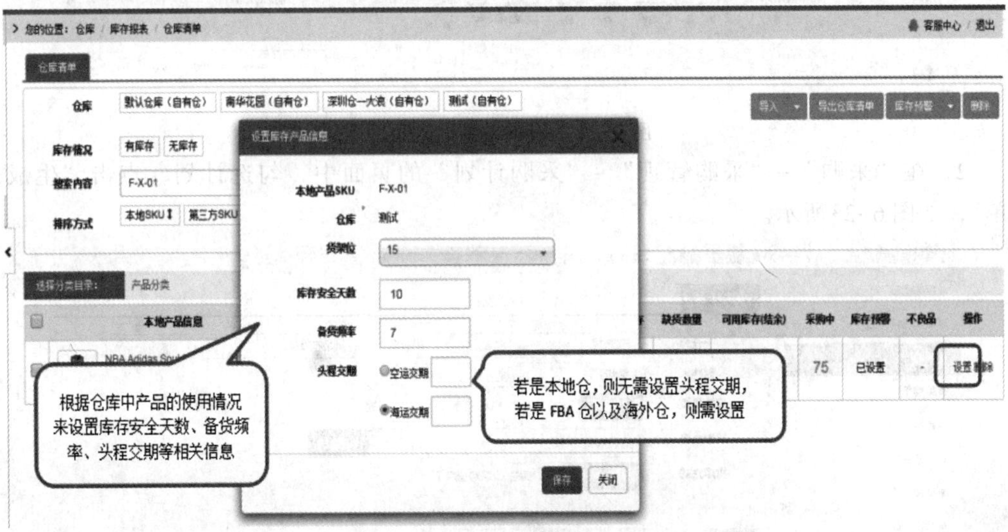

图6-20　库存产品信息的设置

（4）以上信息设置好之后直接在“采购”－“采购管理”－“采购建议”的菜单中点击“更新采购建议”，系统会根据方案中的公式自动生成采购建议，勾选产品点击“生成采购单”按钮，如图6-21所示。

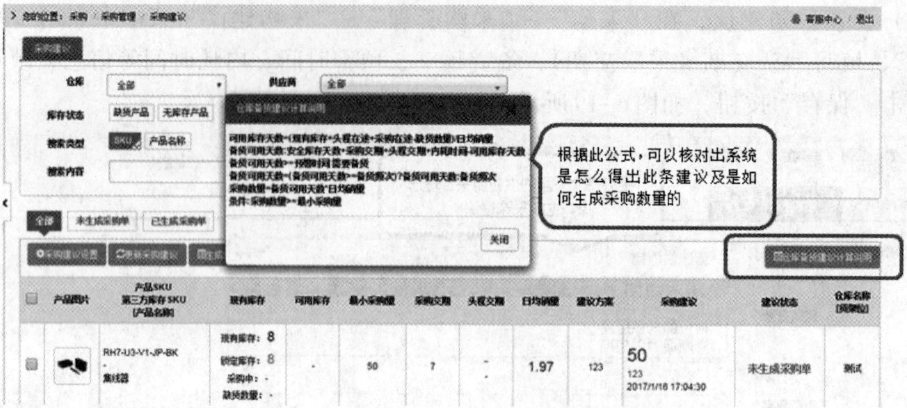

图6-21　生成采购单页面

2.采购计划

（1）在“采购”-“采购管理”-“采购计划”的页面中，点击“编辑采购计划”，然后“选择产品”，点击“提交审核通过”按钮，如图6-22所示。

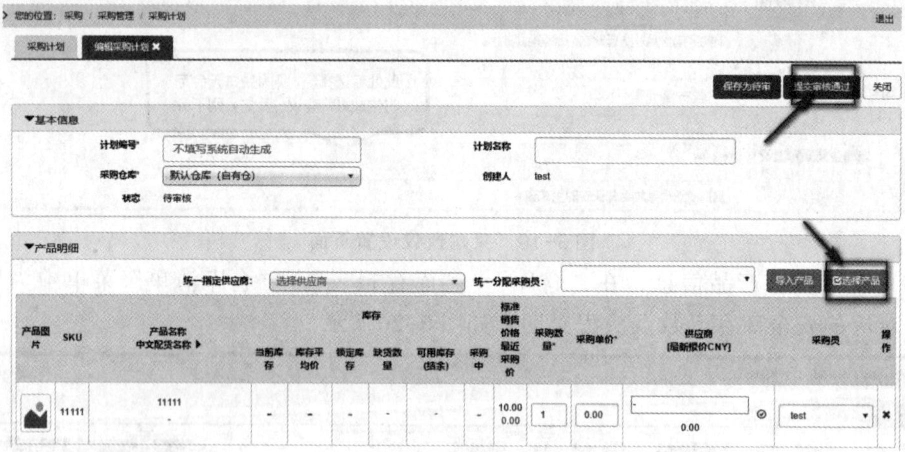

图6-22　编辑采购计划页面

（2）在“采购”-“采购管理”-“采购计划”的页面中，勾选计划，点击“生成采购单”，如图6-23所示。

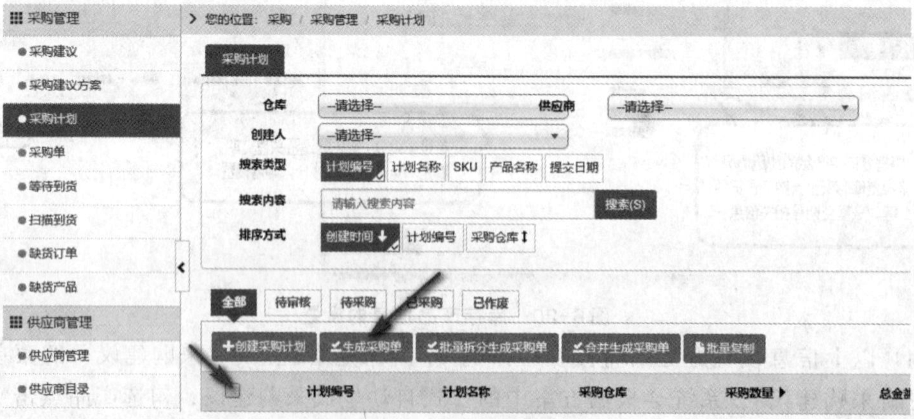

图6-23　生成采购单页面

3.采购单

在“采购”-“采购管理”-“采购单”的页面中，点击“创建采购单”按钮，然后选择供应商和产品，完善采购信息，最后点击“提交”按钮，如图6-24所示。

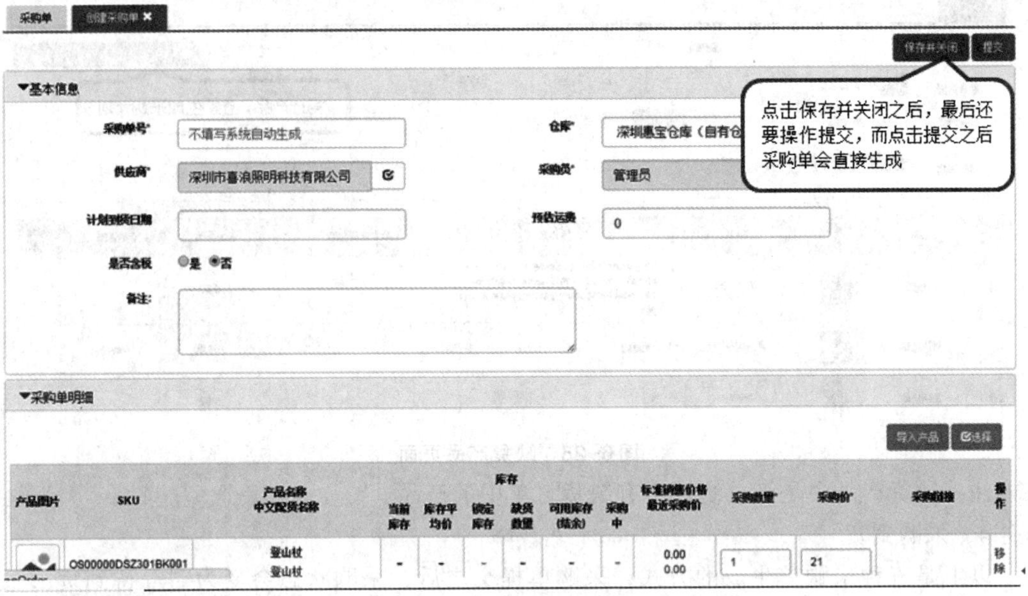

图6-24　创建采购单页面

4.缺货订单

订单配货之后，系统会根据现有的库存情况锁定订单中产品的库存，如果产品缺货，“采购”-“采购管理”-“缺货订单”中就会显示此订单，可以直接根据缺货的订单生成采购单，如图6-25所示。

要注意的是，缺货订单不是采购中的数据，即已经生成了采购单，只要还未入库，缺货订单就会显示此数据。

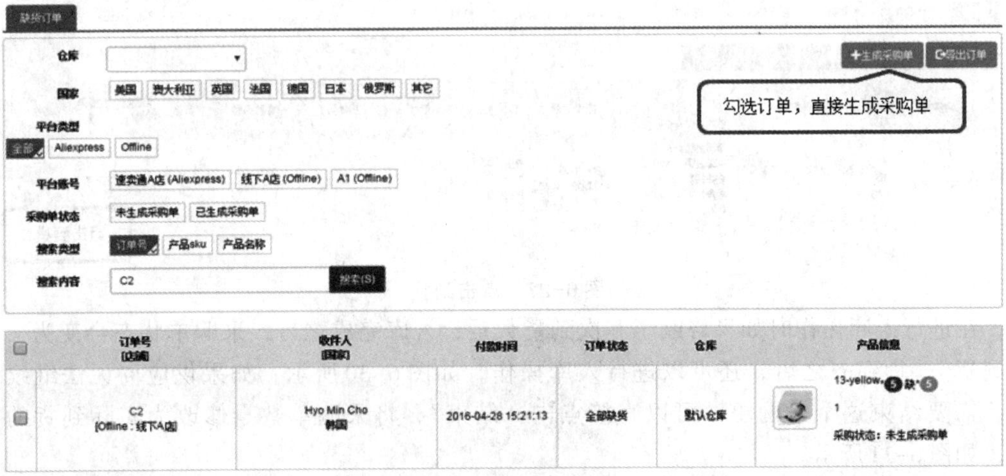

图6-25　缺货订单页面

5.缺货产品

订单配货之后，系统会根据仓库中可用库存与采购中的数据去检索订单中的产品的库存，如果产品缺货，“采购”-“采购管理”-“缺货产品”中就会显示此产品，直接勾选产品生成采购计划，如图6-26所示。

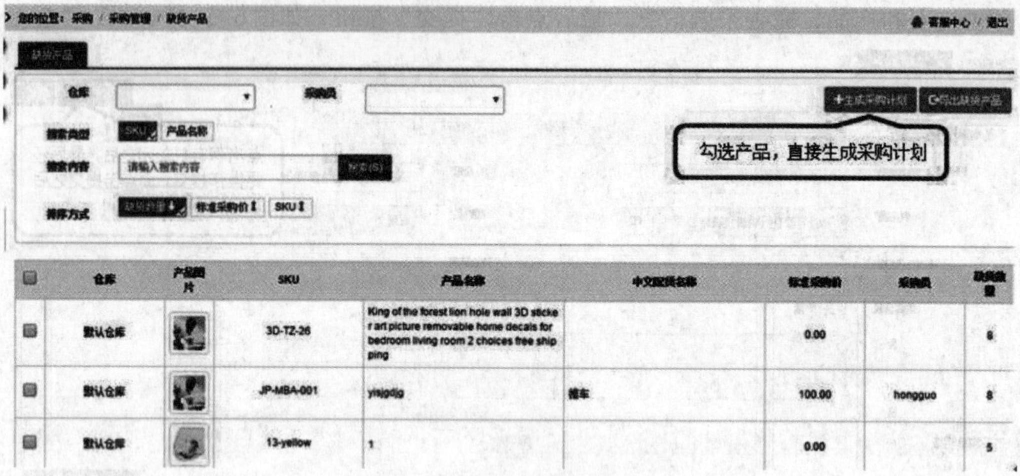

图6-26　缺货产品页面

注：缺货产品中是汇总统计所有缺货订单中的产品。

业务4　采购到货

以上是五种采购单生成的方式，采购单提交之后，采购状态会变为“等待到货”，这种状态下产品才会被统计为采购中，产品到货之后，点击“到货”按钮，将数据录入系统，如图6-27、图6-28、图6-29所示。

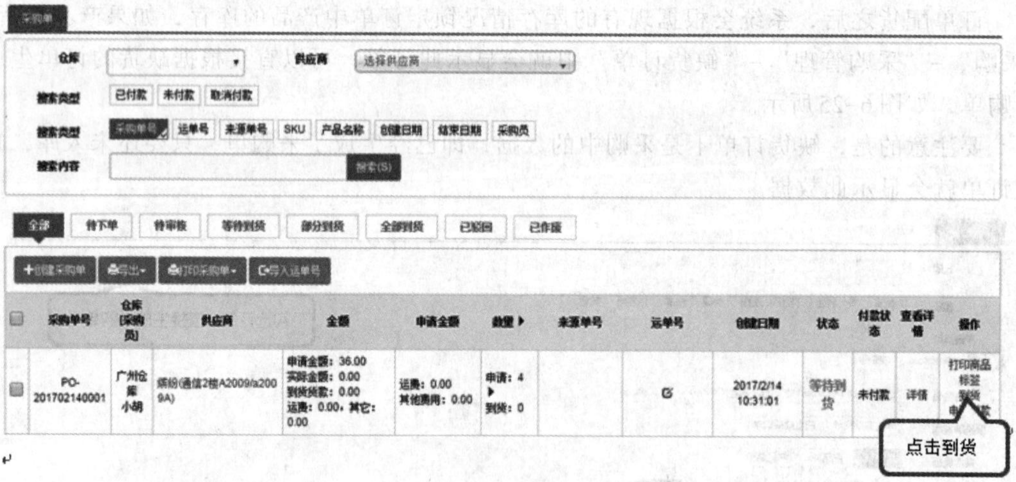

图6-27　点击到货

在进行入库操作时如果修改了本次到货数量，入库完成之后，采购单状态会变为“部分到货”，货到齐之后，还可以进行入库操作，如图6-30所示；如果供应商无法继续供货，需要结束这个采购单，可以直接点击“结束”，将采购单数量修改为实际到货的数量，如图6-31所示。

业务5　采购结算

在“采购”-“采购管理”-“采购单”的菜单中，点击“申请付款”按钮，填写金额后确认，采购单付款状态就会变更为“已付款”状态，如图6-32所示。

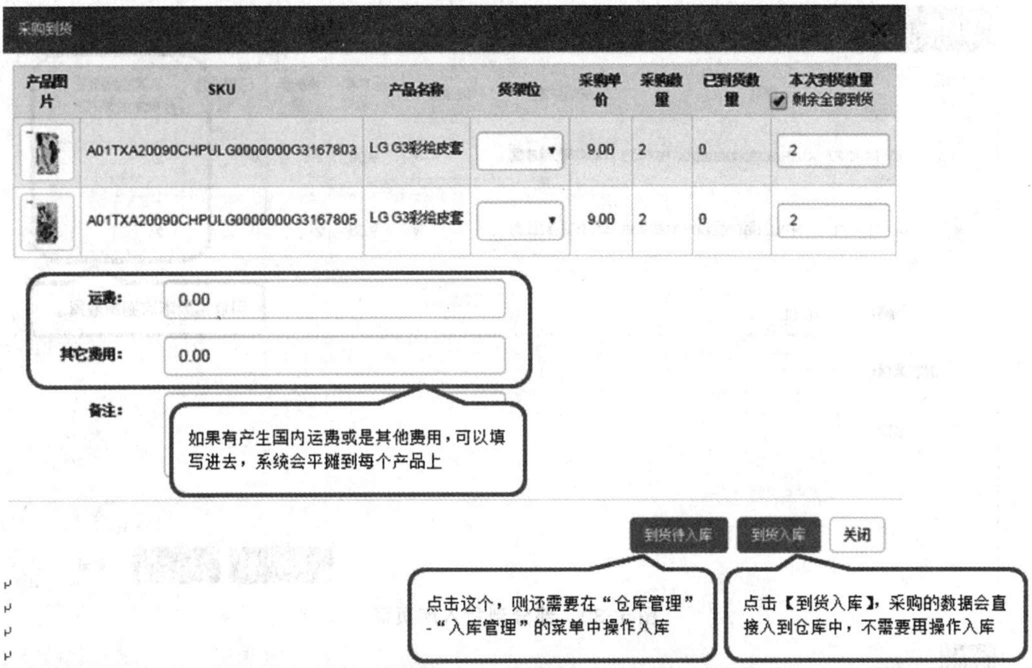

图6-28　"到货"操作页面

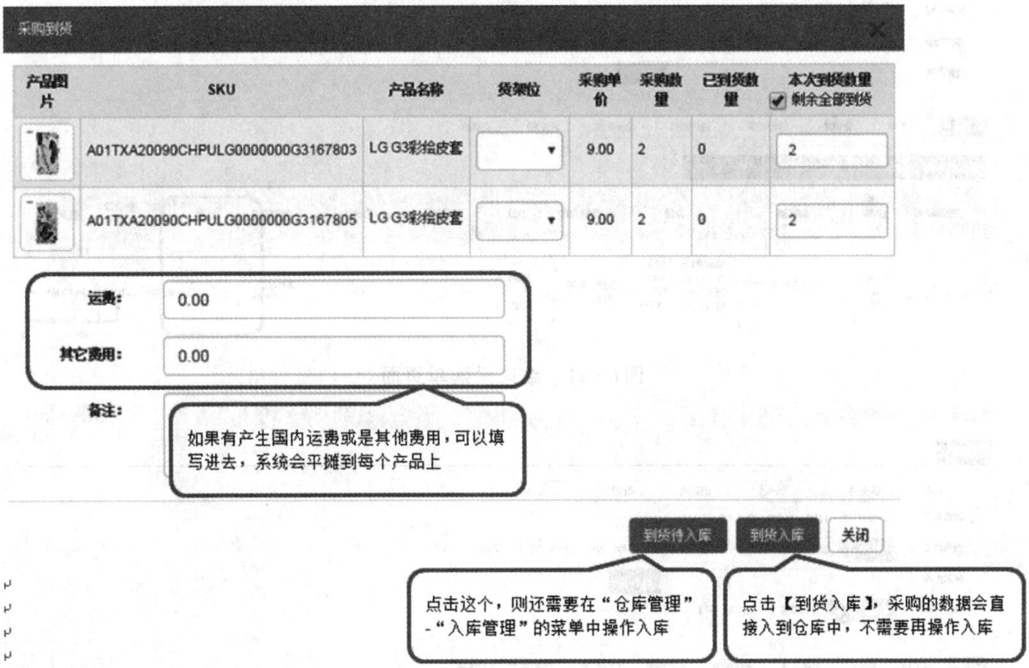

图6-29　采购到货页面

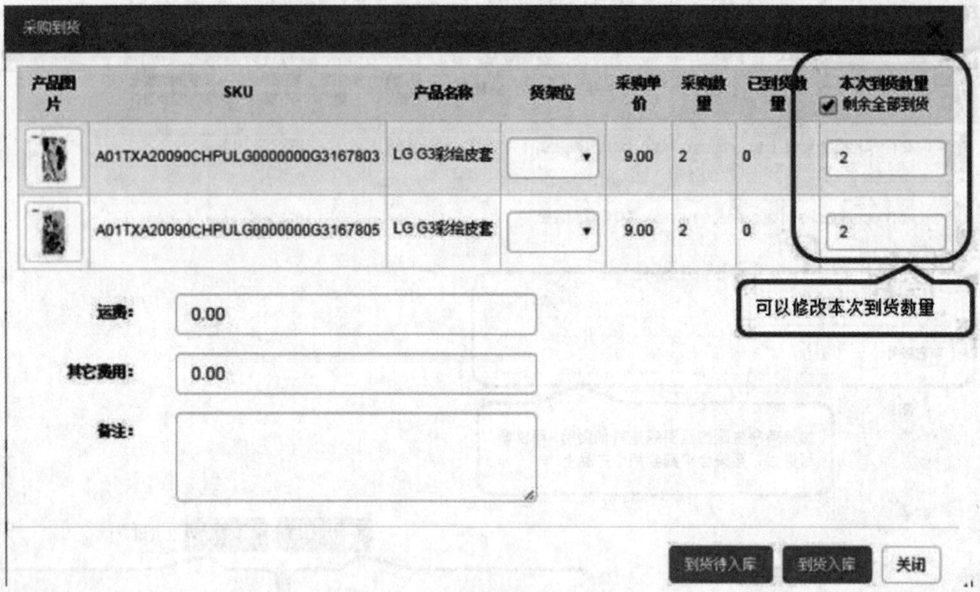

图6-30 部分到货入库页面

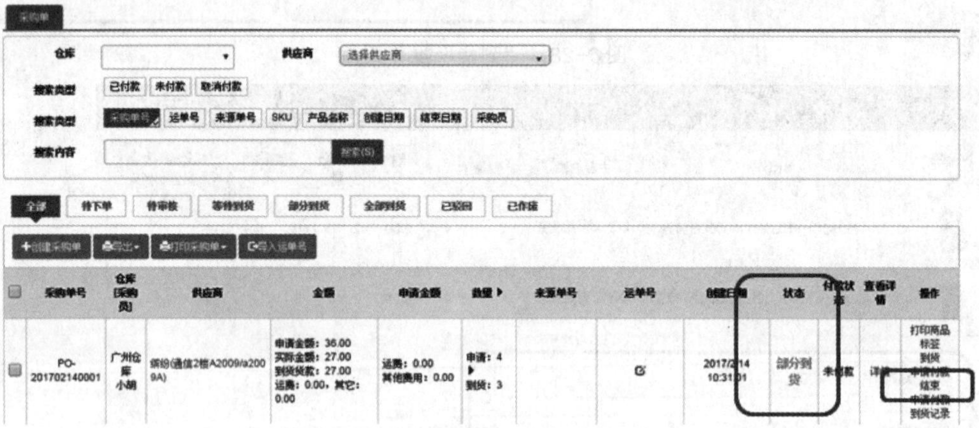

图6-31 结束采购单页面

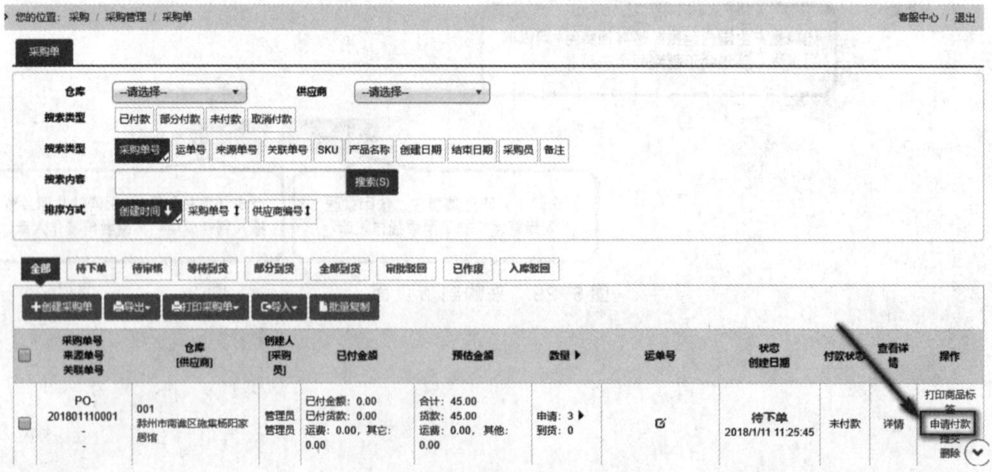

图6-32 采购结算页面

子任务二　亚马逊FBA管理

业务6　亚马逊FBA管理

（一）业务流程

1.国内货源调查

在前期对目标海外市场调研的基础上，发现有市场价值的蓝海产品后，企业需要从生产端出发进一步调研并分析产品的生产是否可行，货源是否可控、量本利是否有空间。只有充分了解和掌握生产端，才能从根本上确保产品的质量、产量和利润。随着越来越多的工厂型企业从事跨境电商业务，商贸型跨境电商企业尤其要把握好、管控好自身的生产渠道，通过精细化管理，确保货源优质高效。否则货源的任何瑕疵都会给跨境电商业务致命打击。

2.货源调研报告

学生通过网络，利用国内主流的从事批发业务的电商平台，对前期选择的产品进行货源调研和分析，掌握相关产品的生产模式、采购批量、质价比、生产周期等一系列信息，为分析产品是否适合在平台销售、如何销售提供依据。要求学生掌握国内主流批发为主的电商平台；了解所需搜寻的相关产品的中英文术语；会用搜索引擎寻找供货商或工厂；能够熟练地与供货商进行业务交流；能够对不同供货商进行对比分析；能够对所调研产品的属性、质价比、生产工艺、订货要求等方面做综合分析，并撰写产品货源调研报告。

（二）业务操作

1.请利用1688网站，选择一款自己感兴趣的产品，做货源调查。

（1）选择的产品是：中文名：＿＿＿＿＿＿；英文名：＿＿＿＿＿＿。

（2）将你找到的四家供货商的基本信息填入表6-1。

表6-1　供应商信息表

供货商	1	2	3	4
名字				
库存实力				
产品品类数				
公司地点				
信用等级				
产品价格				
供货周期				

注：供货周期采取虚拟调研的形式，利用网络，询问对方下单2 000个产品需要几天交货。

（3）请分析产品的构成：

核心部件或面料：＿＿＿＿＿＿＿＿＿＿＿＿＿＿＿＿＿＿＿＿

单位消耗多少：____

其各部件或面料成本是：____

2.请根据下面数据并利用根特图法，统筹几款产品的业务进度（见表6-2）。

要求：每次出货在100千克以上，可以混装出货；每次下单每款至少1 000个；头程运输有10%延迟的概率。

表6-2　　**业务进度**

产品	重量（公斤）	生产周期（天）			物流周期（天）			平台销售情况
		下生产任务	生产	标签	工厂交货	头程运输	上架	
A	0.2	2	5	1	2	15	3	每天销售10个，现有库存380个
B	0.4	2	5	1	2	15	4	每天销售20个，现有库存700个
C	0.5	2	5	1	2	15	4	每天销售10个，现有库存320个
D	1	2	5	1	2	15	5	每天销售20个，现有库存800个

（1）如果各环节没有任何延迟，请做业务规划如下：

A产品规划：

日	1-5	6-10	11-15	16-20	21-25	26-30	31-34

B产品规划：

日	1-5	6-10	11-15	16-20	21-25	26-30	31-34

C产品规划：

日	1-5	6-10	11-15	16-20	21-25	26-30	31-34

（2）如果必须确保平台销售不断货，您可以采取哪些手段：

A：____

B：____

C：____

D：____

四、实训报告

学生实训报告表见表6-3。

表6-3　**学生实训报告表**

实训课程		实训项目名称	
实训时间		实训地点	
学生姓名		学号	
实训目的与要求			
实训内容、方法和步骤			
实训结论与体会			
教师评语			
实训成绩		教师签名	

实训七
仓库管理

一、实训目的

通过仓库管理实训，学习了解仓库管理的基本理论和主要业务流程，学会根据订单安排出入库操作、生成库存报表等基本操作。

二、实训要求

1.根据实训情况写出实训报告。要求实训报告能记录实训的主要操作过程和实训结果，并能通过实训谈谈自己的收获、体会或建议等。

2.该实训报告考核评价要求内容完整，包括实训的操作过程、结果和实训体会。

3.完成仿真业务实操练习。

子任务一　ERP沙盒操作：Wish、eBay、敦煌

业务1　库存管理

库存管理也就是管理系统中所有订单的库存、出入库以及库存调拨的详细信息。

1.入库管理

入库单的来源，包括采购入库、盘盈入库、调拨入库以及其他入库。

（1）采购入库。

采购商品时，到货入库后，在入库管理处会生成一条入库单。

打开跨境电商综合实训平台（http://www.srzx100.com）页面，点击“跨境电商ERP沙盒”并登录，依次点击“采购”－“采购管理”－“采购单”菜单，创建采购单，完善采购单的基本信息，最后点击“保存”按钮，如图7-1所示。

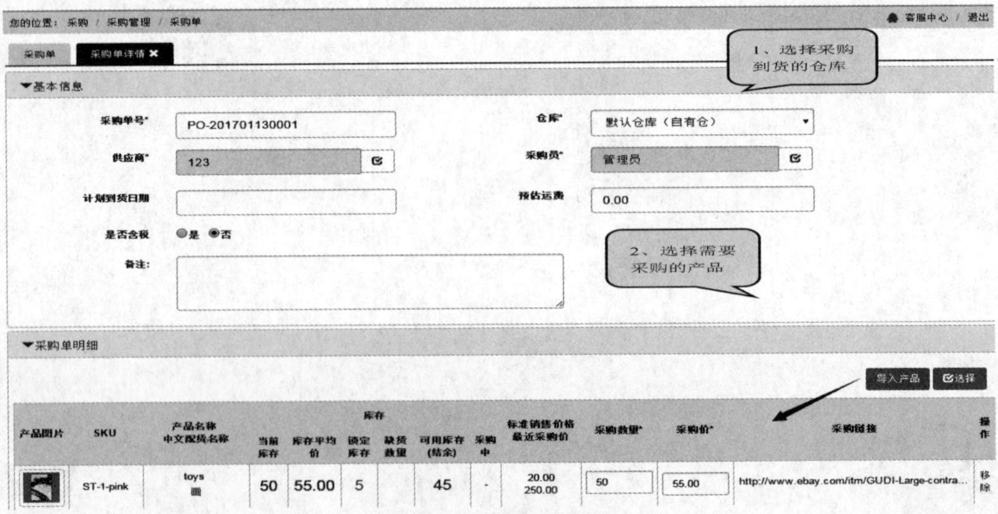

图7-1　创建采购单页面

（2）盘盈入库。

来源于“库存盘点”下新增加的盘点单，盘盈入库的产品会显示在此列表中，如图7-2所示。

图7-2　盘盈入库页面

（3）调拨入库。

调拨入库来源于“库存调拨”下增加的调拨单，调拨入库的产品会显示在此列表中，如图7-3所示。

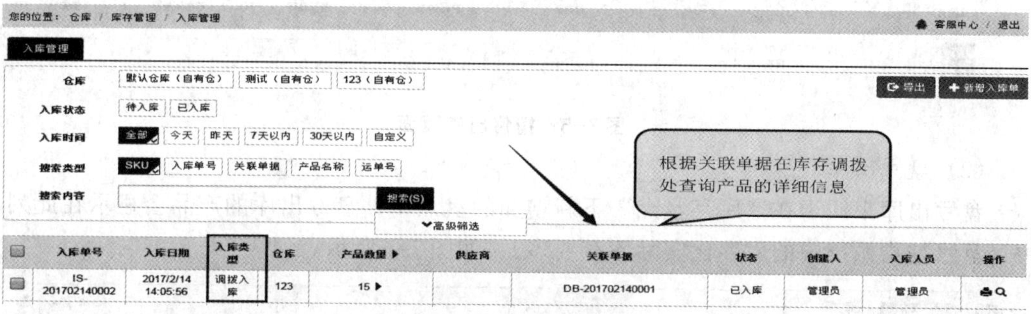

图7-3　调拨入库页面

（4）其他入库。

其他入库也就是新添加的入库单。在“仓库”-“库存管理”-“入库管理”菜单下，点击“新增入库单”，完善入库单基本信息，选择要入库的产品，最后点击“入库”按钮，即可完成添加入库单操作，如图7-4所示。

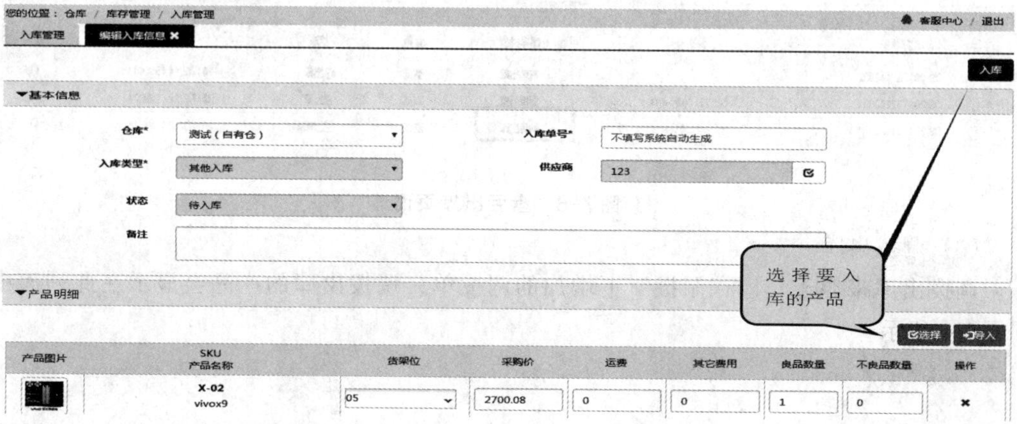

图7-4　其他入库页面

2. 出库管理

出库单的来源，包括销售出库、盘亏出库、调拨出库以及其他出库。

（1）销售出库。

出库单的信息来源于订单的产生，当订单配货成功后，系统会自动扣减库存，在此列表会显示订单的出库信息，如图7-5所示。

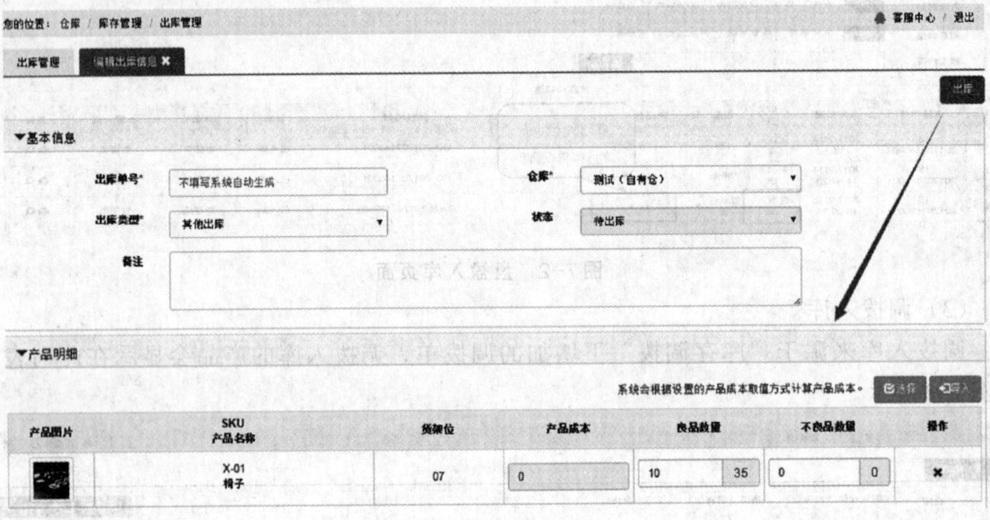

图7-5 销售出库页面

（2）盘亏出库。

盘亏出库来源于在“库存盘点”下新增加的盘点单，盘亏出库的产品会显示在此列表中（盘亏是指系统中的库存比实际库存要多），如图7-6所示。

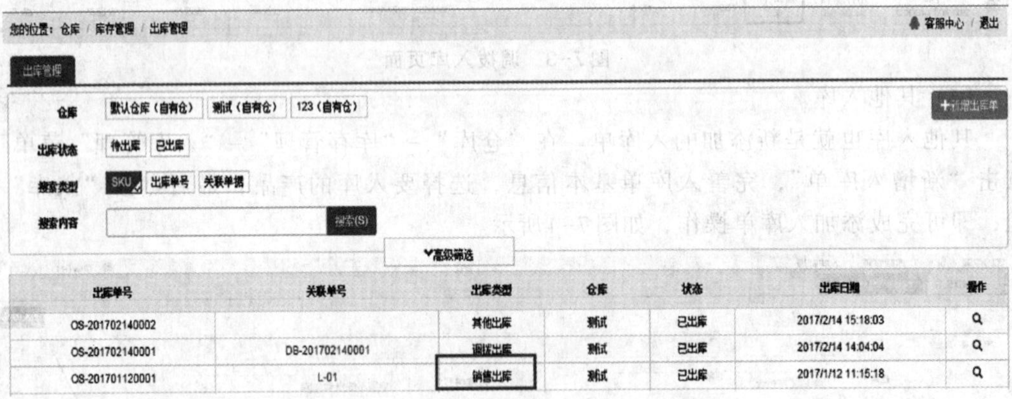

图7-6 盘亏出库页面

（3）调拨出库。

调拨出库来源于“库存调拨”下增加的调拨单，调拨出库的产品会显示在此列表中，如图7-7所示。

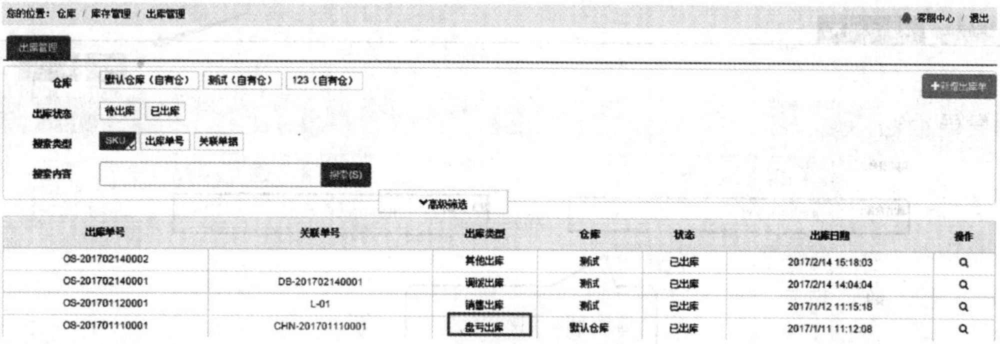

图7-7　调拨出库页面

（4）其他出库。

其他出库指新增加的出库单。在“仓库”-“库存管理”-“出库管理”菜单下，点击“新增出库单”，完善出库单基本信息，选择要出库的产品，最后点击“出库”按钮完成添加出库单操作，如图7-8所示。

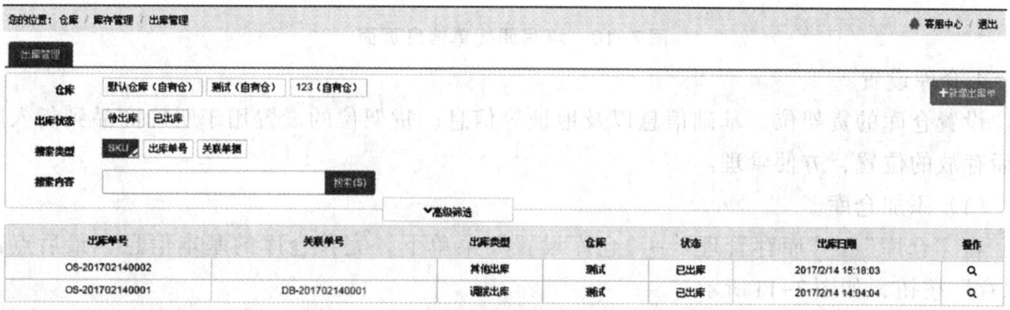

图7-8　其他出库页面

3.库存调拨

库存调拨指将A仓库的产品调入到B仓库中。

（1）在“仓库”-“库存管理”-“库存调拨”菜单下，点击“新增调拨”，如图7-9所示。

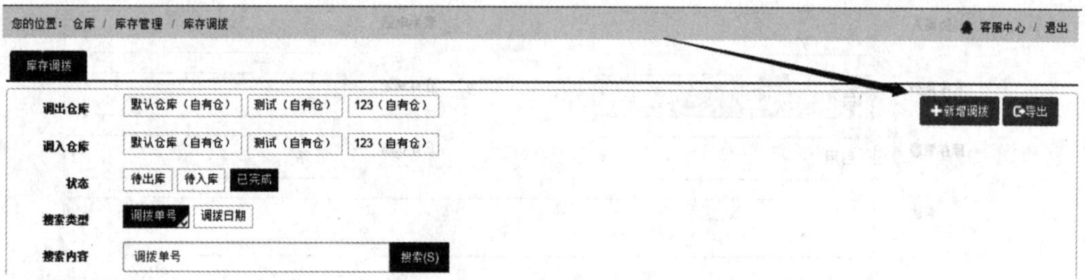

图7-9　新增库存调拨页面

（2）完善调拨单的基本信息，选择调入、调出的仓库以及调拨的数量，点击“确认出库”按钮，如图7-10所示。

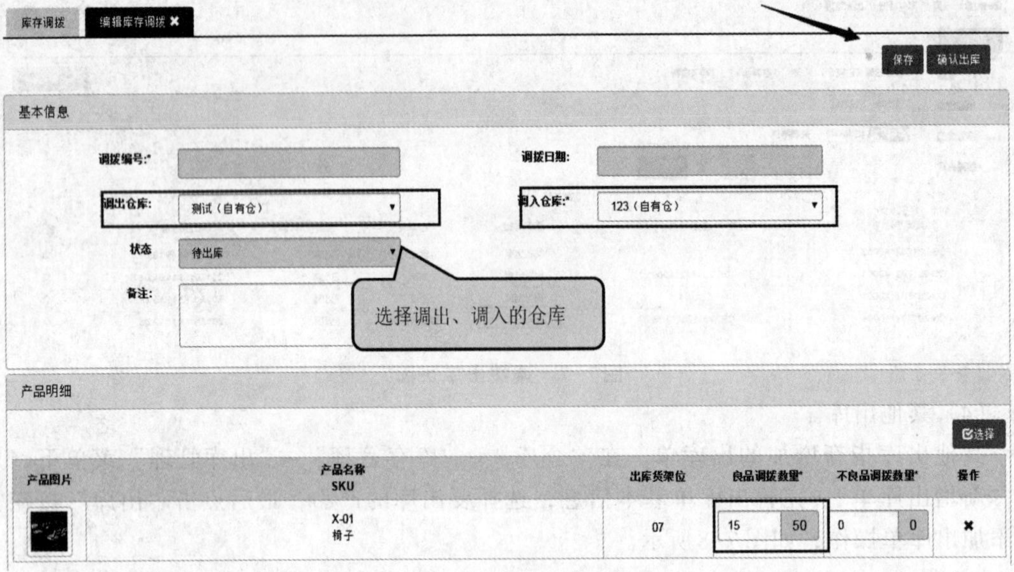

图7-10　填写调拨单信息页面

4.仓库设置

设置仓库的货架位、基础信息以及地址等信息。货架位的设置用于明确商品到货入库之后存放的位置，方便管理。

（1）添加仓库。

在“仓库”－“库存管理”－“仓库设置”菜单下，完善仓库的基本信息，最后点击“保存”按钮，如图7-11所示。

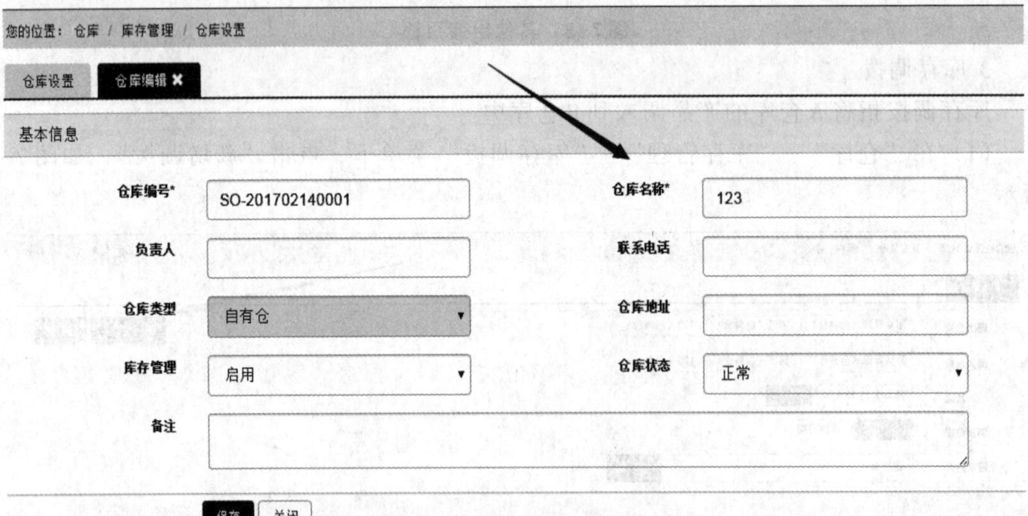

图7-11　完善仓库基本信息页面

（2）地址设置。

点击“仓库”－“库存管理”－“仓库设置”－“仓库地址设置”，如图7-12所示；填写揽件地址以及收件地址（中英文），如图7-13所示。

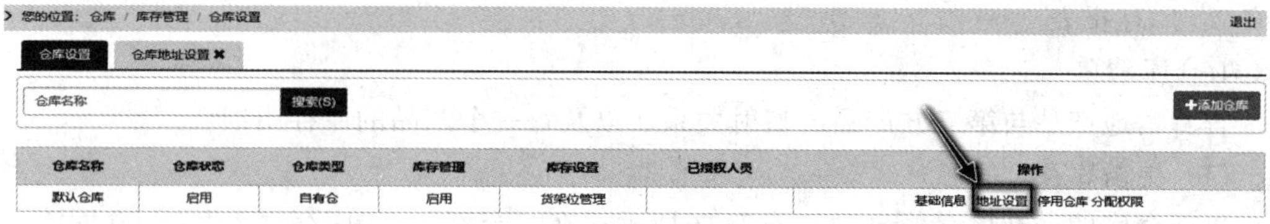

图7-12　仓库地址设置页面

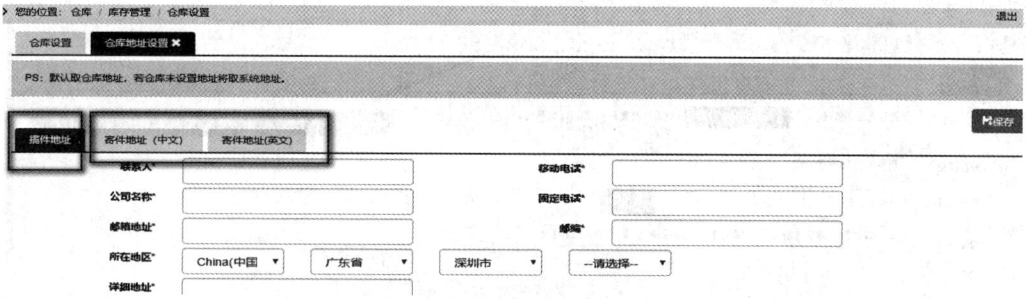

图7-13　收揽件地址设置页面

5.库存盘点

对库存进行盘点，查看库存的盘盈、盘亏以及盘平等情况。

（1）在“仓库”–“库存管理”–“库存盘点”菜单下，点击“新增盘点”按钮，如图7-14所示。

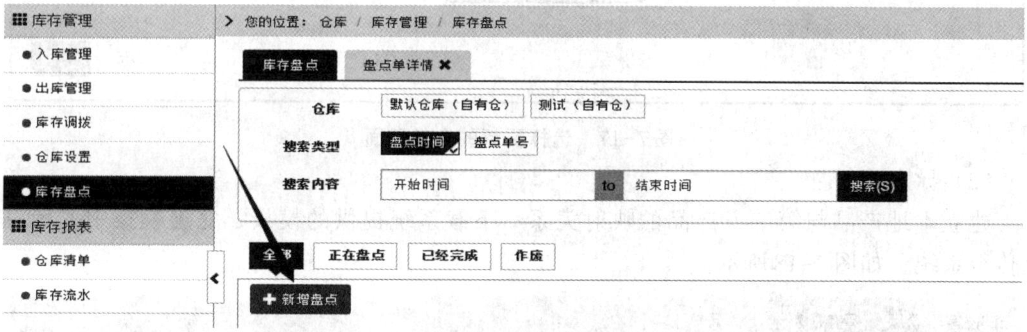

图7-14　新增盘点页面

（2）选择需要进行盘点的产品的SKU，最后点击“完成盘点”按钮，如图7-15所示。

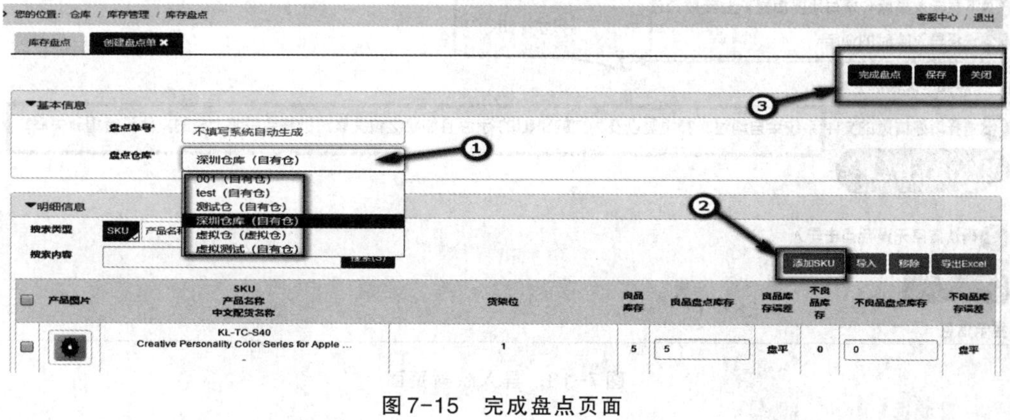

图7-15　完成盘点页面

业务2 库存报表

1.仓库清单

查看本地产品与第三方产品的映射关系，以及每一个产品的库存明细。

（1）更新库存。

更新仓库的最新库存信息，如图7-16所示；在“仓库”-“库存报表”-“仓库清单”菜单下，点击“更新库存”按钮，选择要更新库存的仓库，如图7-17所示。

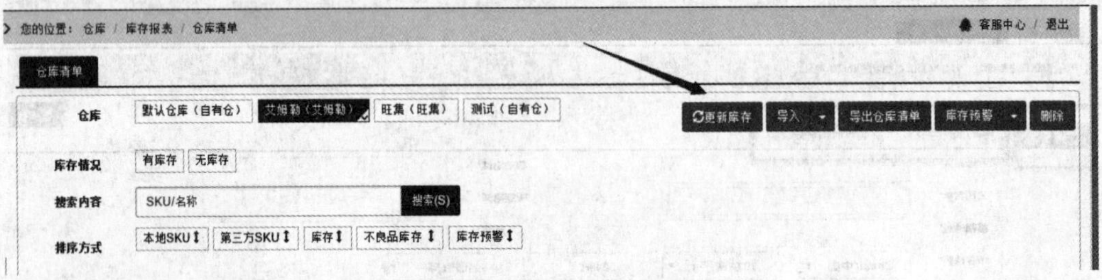

图7-16 更新库存信息页面

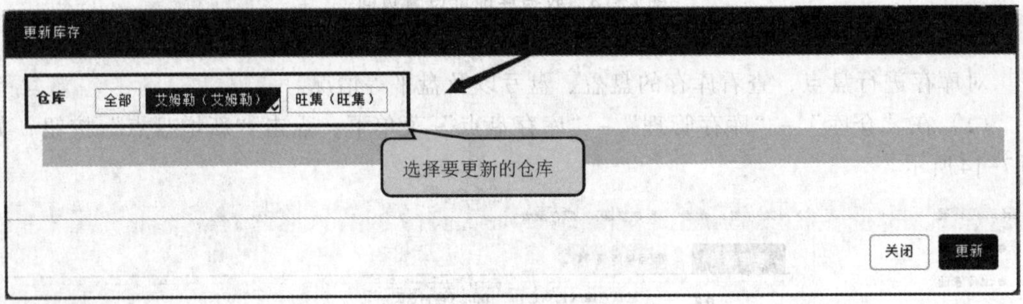

图7-17 选择更新的仓库页面

（2）导入映射。

建立本地产品与第三方产品的映射关系；下载系统提供的模板，完善模板中的信息，上传至系统，如图7-18所示。

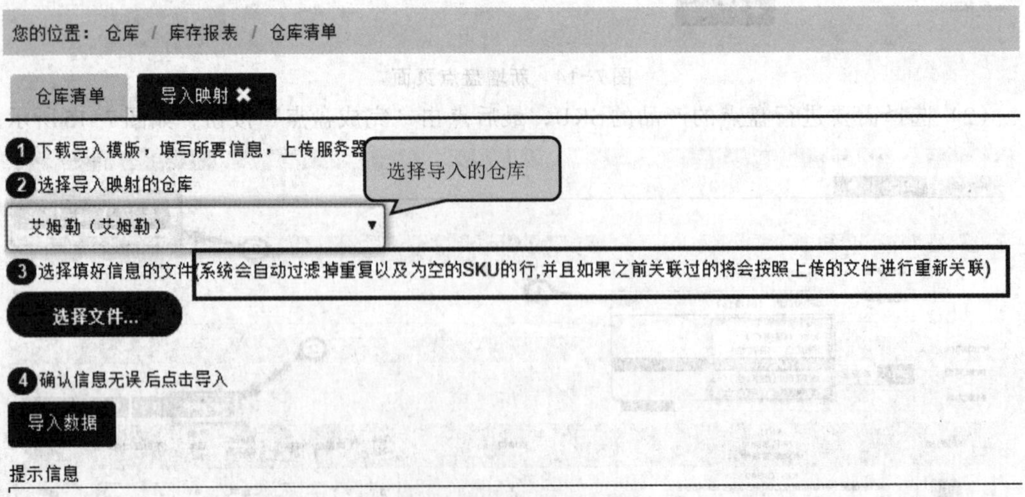

图7-18 导入映射页面

（3）导入货架位。

设置货架位，是为了方便区分产品，进行管理；下载系统提供的模板，完善模板中的信息，上传至系统，如图7-19所示。

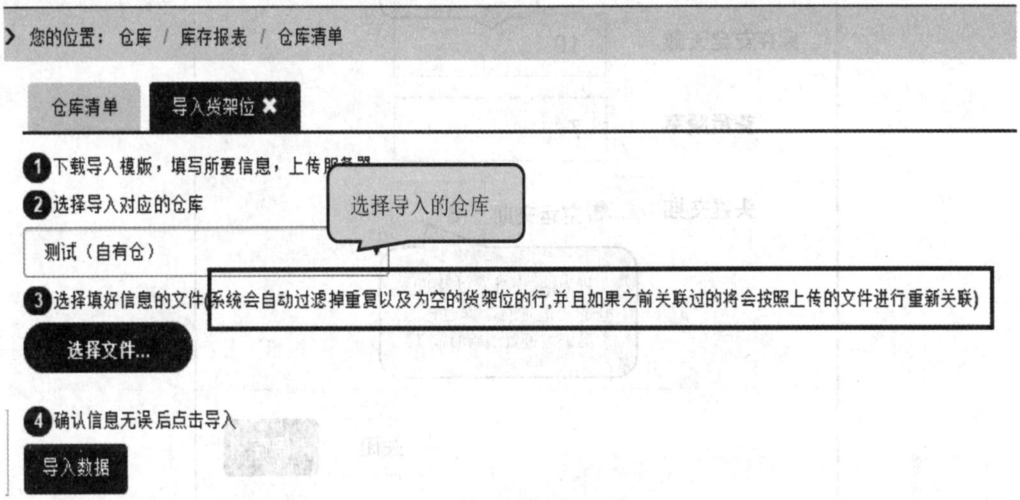

图7-19　导入货架位页面

（4）设置库存预警。

库存预警可以为仓库设置安全天数、备货频率以及头程交期，当商品的库存不足时，会触发报警，系统会提前备货，从而不影响商品的销售。在“仓库”-“库存报表”-“仓库清单”菜单下，点击“库存预警”按钮，勾选要设置库存预警的商品，点击“保存”按钮，如图7-20所示。

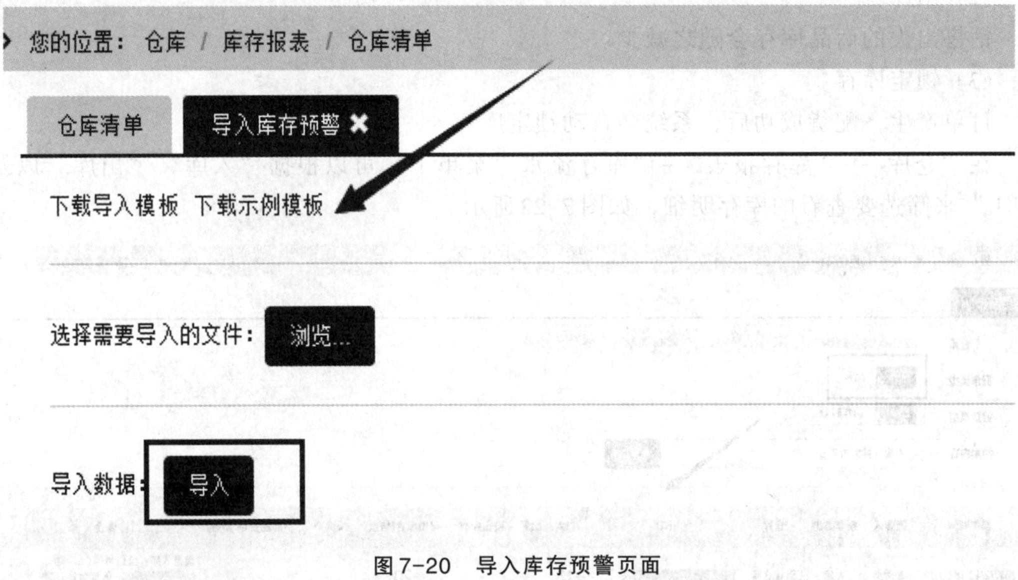

图7-20　导入库存预警页面

（5）导入库存预警。

与设置库存预警类似，导入库存预警可以通过Excel表格直接上传至系统，设置安全库存天数、备货频率以及头程交期时间，如图7-21所示。

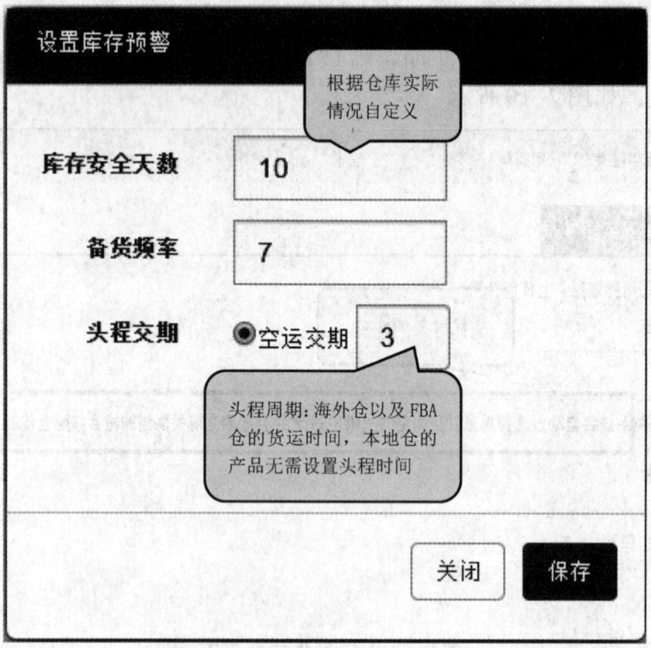

图7-21　设置库存预警页面

2.库存流水

库存流水即详细记录出入库、锁定库存、可用库存等明细的操作。

（1）入库。

采购到货数量以及盘盈增加的库存，会在此处显示。

（2）出库。

销售出去的商品库存会随之减少。

（3）锁定库存。

订单产生，配货成功后，系统会自动锁定库存。

在“仓库”-“库存报表”-“库存流水”菜单下，可以根据“入库”、“出库”以及“SKU”来筛选要查看的库存明细，如图7-22所示。

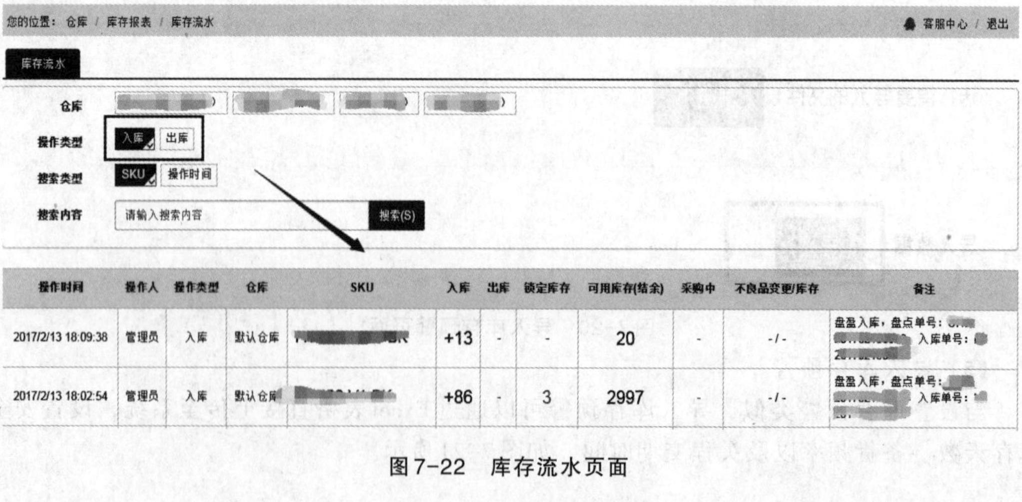

图7-22　库存流水页面

子任务二　亚马逊FBA货物移仓管理

业务3　亚马逊FBA货物移仓管理

（一）业务流程

1.各类海外仓对比分析

跨境电商最大的业务瓶颈之一是跨境物流问题。在货物销往全球的跨境贸易模式下，以自发货的形式，直接从卖家发货给买家，需要经由出口国物流、报关报检出口、进口国报检报关、进口国内物流等多个物流环节。期间可能因为国别贸易政策、国家间贸易关系甚至政治关系、物流基础设施等各种因素，导致物流时间难以准确估算，进而导致买家收货延迟，引起差评、退货、投诉等不良后果。为了解决跨境物流时效瓶颈，满足买家短时间内收取货物的需要，优化买家购物体验，以亚马逊为首的跨境电商平台，通过自建仓库的形式，为卖家提供货物存储服务，实现本土下单、本土派送、及时送达的物流效率。甚至可以实现当日达、次日达等高时效派送，缩短买家等待时间，提高“最后一公里”配送效率。同时第三方物流企业也提供海外仓储服务，为跨境电商卖家解决相关难题。

要求学生通过网络查询亚马逊物流（FBA）、速卖通海外仓（官方）以及第三方海外仓相关信息，通过完成对三类海外仓储服务的对比分析，掌握海外仓知识，为跨境电商业务做相应知识准备。要求学生能够区分不同海外仓储形式，掌握海外仓储费用构成，具备微观分析能力，能够根据业务需要合理选择海外仓储方式。

2.FBA发货/补货

亚马逊提供的海外物流配送业务（FBA）是为卖家提供的一项系统性配送服务。当卖家选择亚马逊FBA时，需要根据亚马逊仓库货物的销售进度和库存数量及时安排发货/补货，保证亚马逊仓库有合理的库存，防止发生断货情况。对跨境电商业务而言，断货是一个非常严重的问题，断货会导致产品流量、销售排名等急剧下降，严重影响产品页面表现和产品销售。

（1）选择发货/补货。

第1步，在亚马逊后台界面点击“库存”-“管理库存”，进入发货界面，如图7-23所示。

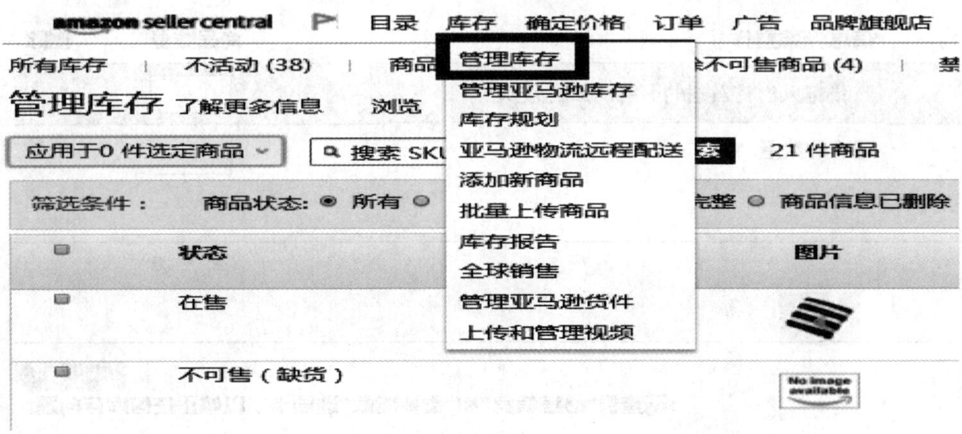

图7-23　亚马逊管理库存

第2步，选择需发货产品，并选“发货/补货”，如图7-24所示。

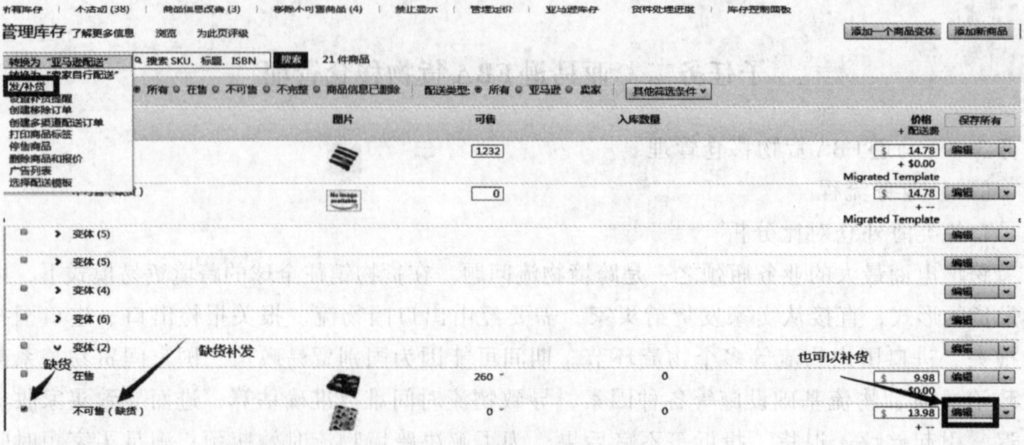

图7-24 亚马逊发货/补货（1）

第3步，选择包装方式。如果每箱货物均为单一SKU，可选原厂包装，也可选混装；如果每箱货物有多个SKU则必须选择混装，如图7-25所示。

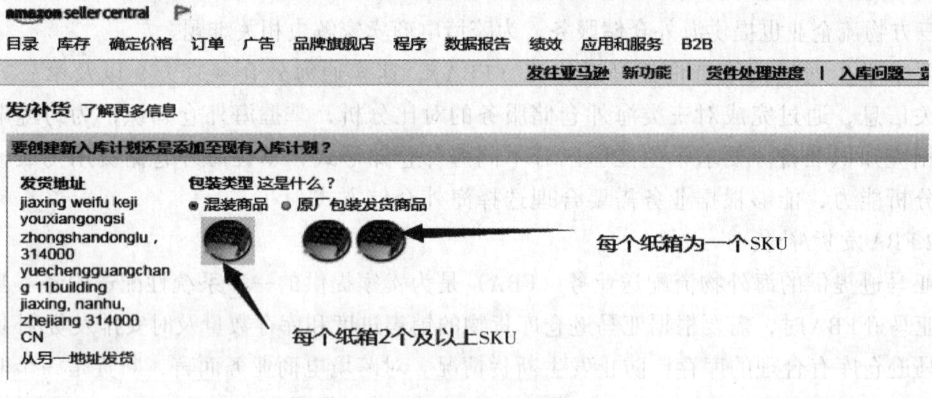

图7-25 亚马逊发货/补货（2）

第4步，填写发货数量。根据业务需要填写发货数量，填好后点击“继续”。亚马逊也会给予发货数量建议，如图7-26所示。

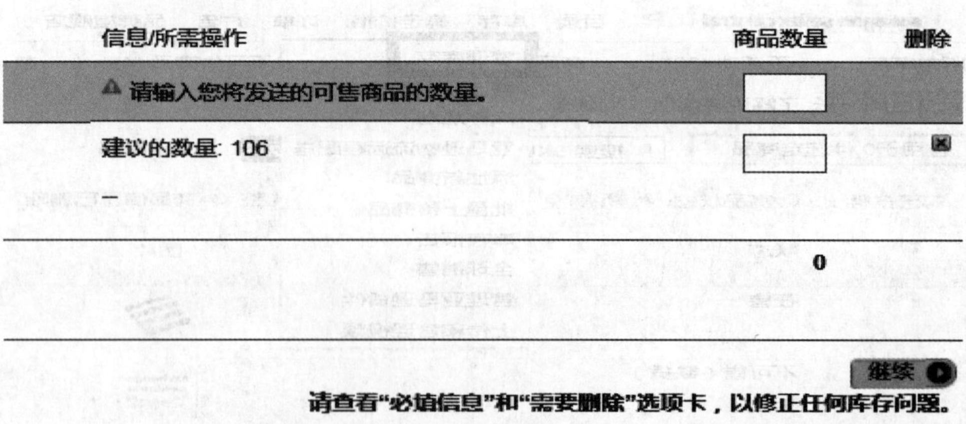

图7-26 亚马逊发货数量

第5步，填写货件调查（如图7-27所示）和货物预处理方式（如图7-28所示）。

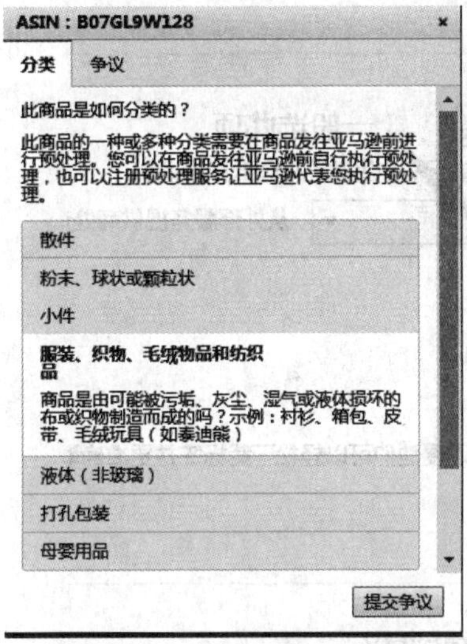

图7-27　亚马逊货件调查

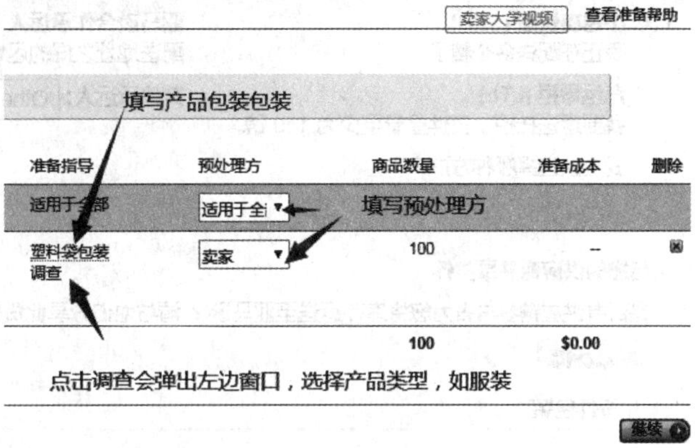

图7-28　亚马逊货物预处理

第6步，打印产品条码（如图7-29所示）并批准货件。

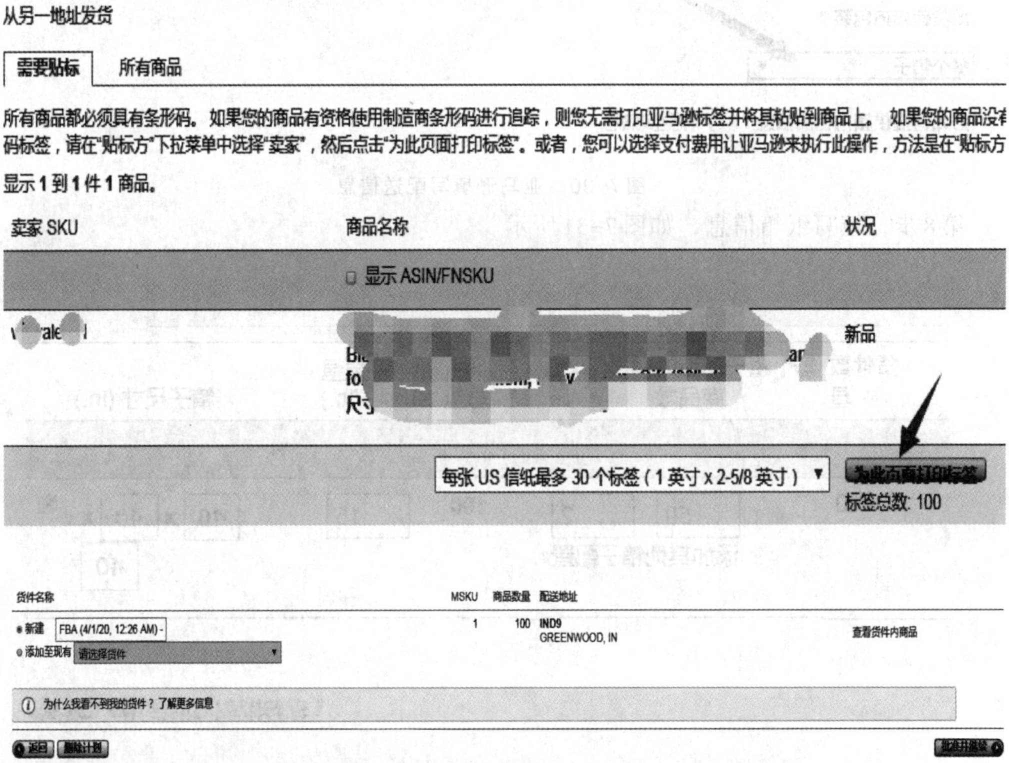

图7-29　亚马逊打印条形码

第7步，填写配送信息，如图7-30所示。

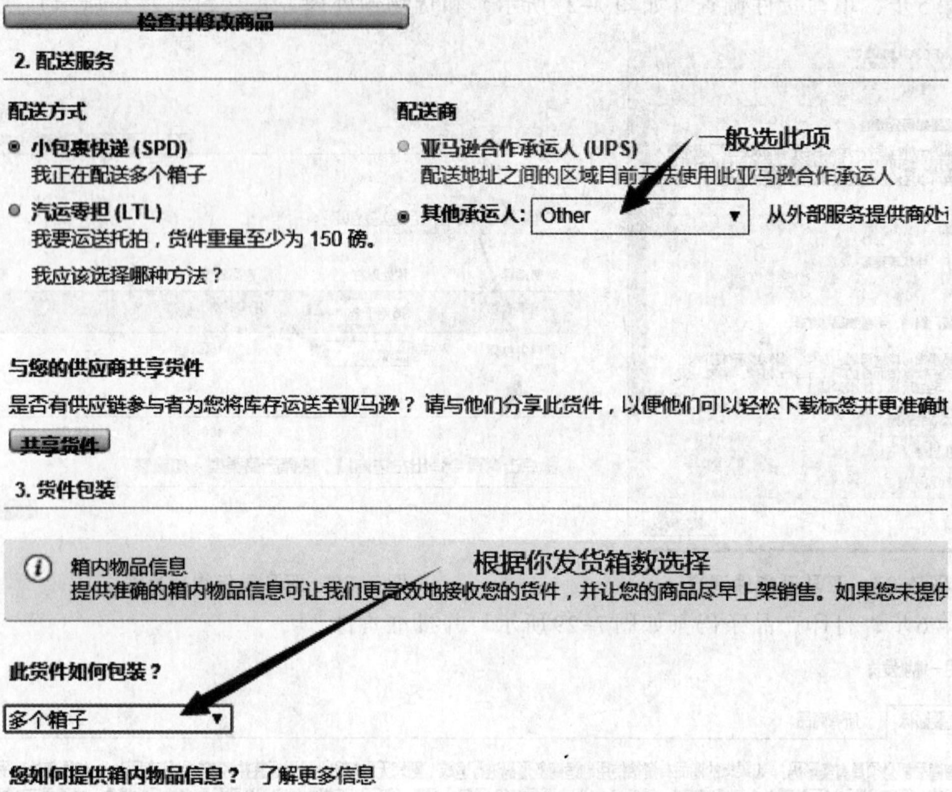

图7-30 亚马逊填写配送信息

第8步，填写纸箱信息，如图7-31所示。

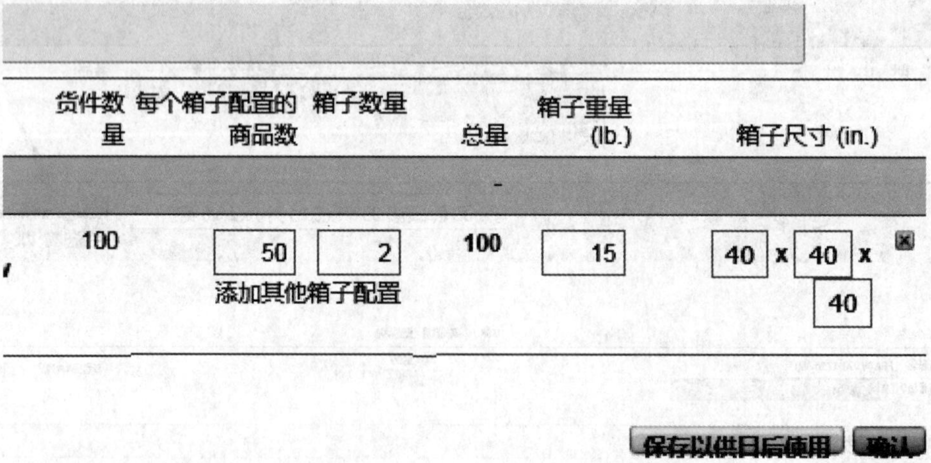

图7-31 亚马逊填写纸箱信息

第9步，打印箱贴并完成货件，如图7-32所示。

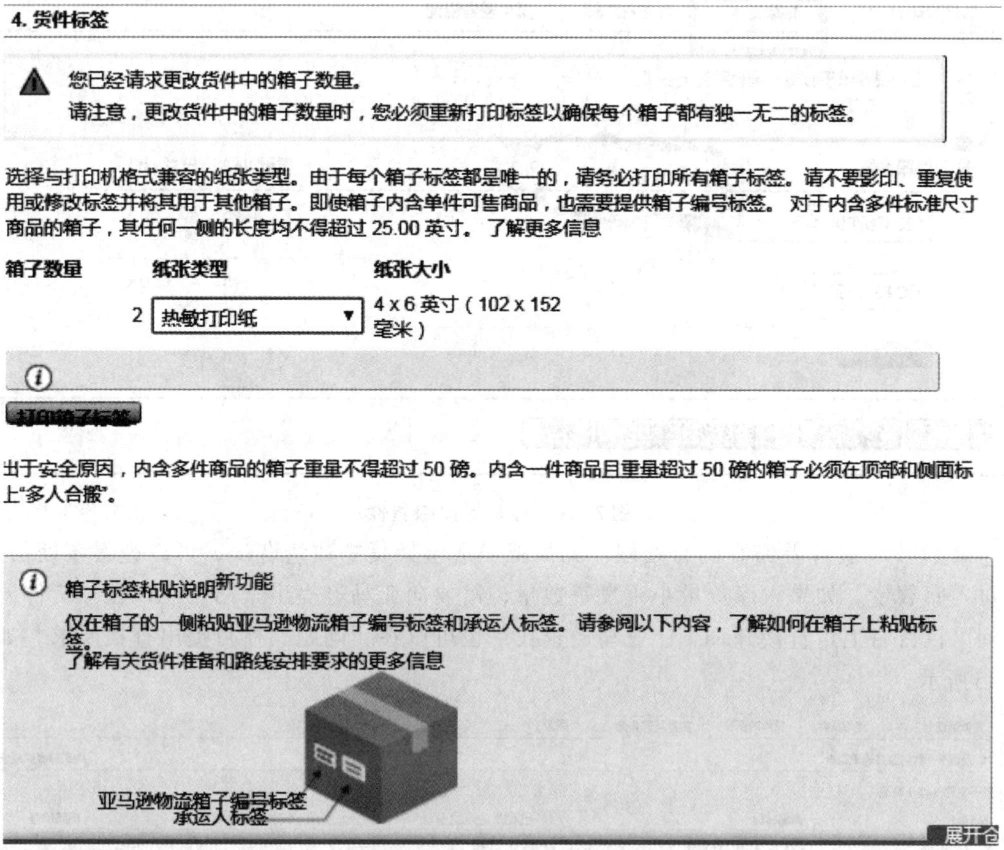

图7-32　亚马逊打印箱贴

第10步，货件追踪。发出货件后进入货件处理进度页面，如图7-33所示，填写物流单号。如果还没发货，则等发货完毕取得单号后，再录入物流追踪号码，如图7-34所示，进入方式为“库存”-“管理库存”-“货件处理进度”。

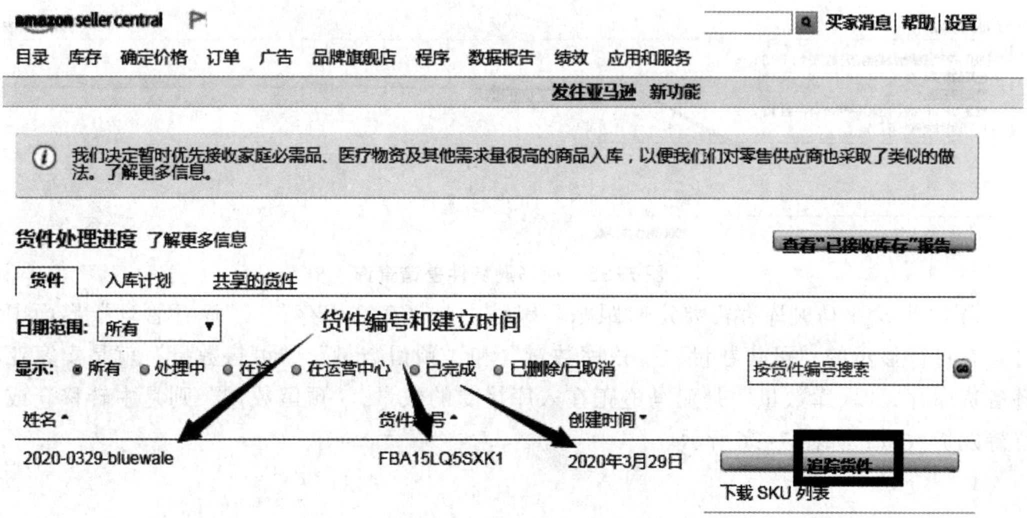

图7-33　亚马逊物流单号

图7-34　亚马逊追踪货件

第11步，货件差错查询与处理。如果亚马逊上架货物数量有误，可以查看该处信息，核对入库数量。如果入库数量小于发货数量，需要向亚马逊提出索赔。可以在“货件差异查询”栏目右上角直接开case让亚马逊查找，也可以在“问题”栏目提出查找要求，如图7-35所示。

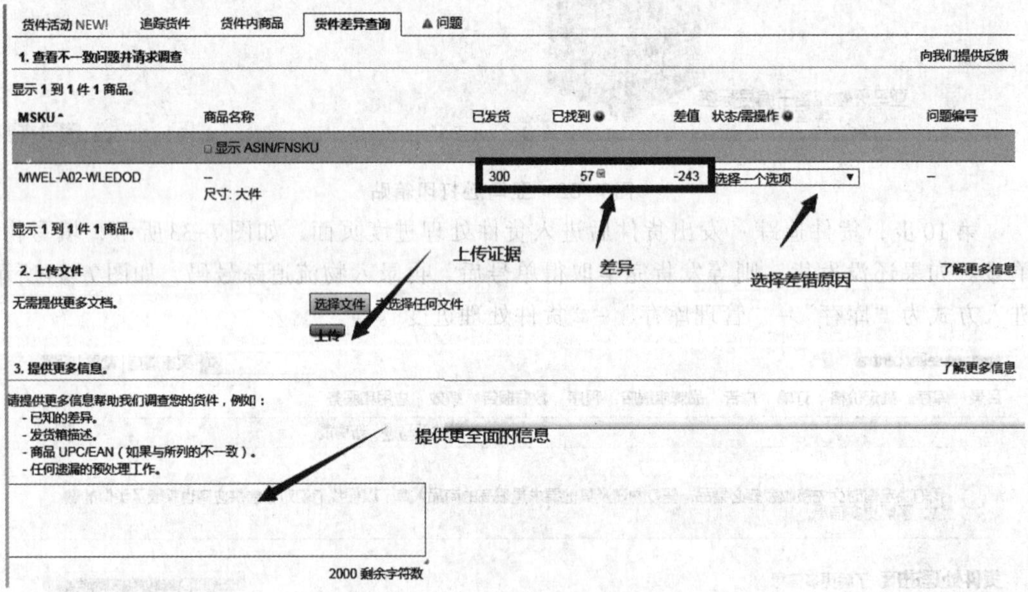

图7-35　亚马逊货件差错查询

第12步，亚马逊库存需要定时跟踪。跟踪主要是在“库存”-“库存管理”界面中定时查看每行显示的“可售数量”、“入库数量”和“预留数量”，“可售数量”就是卖家亚马逊备货库存，“入库数量”是亚马逊正在入库接受的数量，“预留数量”则是中转移仓或预留待发货数量，如图7-36所示。

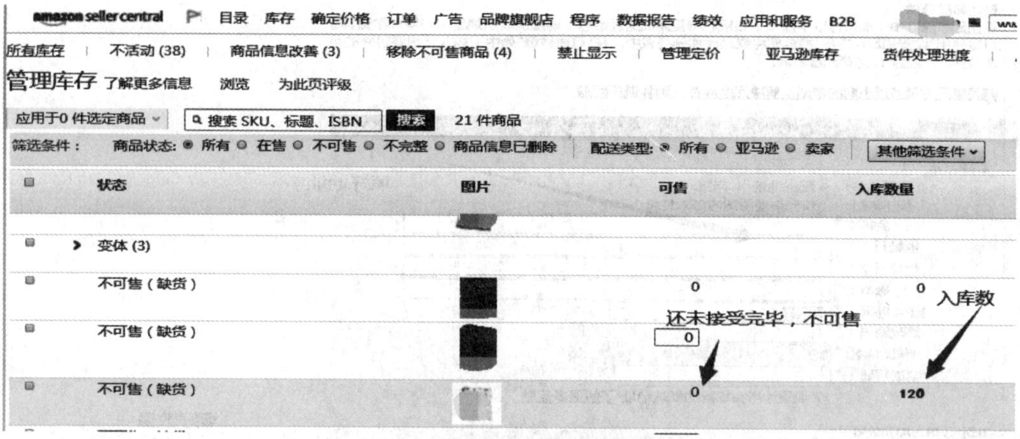

图 7-36　亚马逊货件入库、预留查询

（2）FBA仓不可售货物处理。亚马逊FBA物流提供完善的退货换货服务。被买家退回的货物常常因为包装被损坏（甚至产品被损坏）而成为“不可售货物”。不可售货物既无法再次销售，又会占库存并产生库存费用，影响库存绩效。所以卖家需要定期核查不可售货物数量，采取合理的措施及时处置这部分货物，以降低库存成本，提高库存绩效。学生学会多种方法处置亚马逊FBA库存中的不可售货物。

第1步，移除。对于不可售产品，我们需要及时进行处置。如果采取发往第三方海外仓重新整理并销售的，可以在后台“管理库存”界面找到需要移除的货件，如图7-37所示，然后进入移除界面进行处置，如图7-38和图7-39所示。

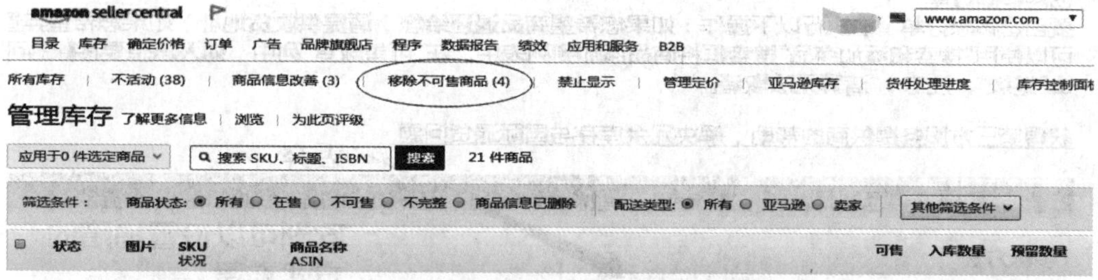

图 7-37　亚马逊移除货件找寻

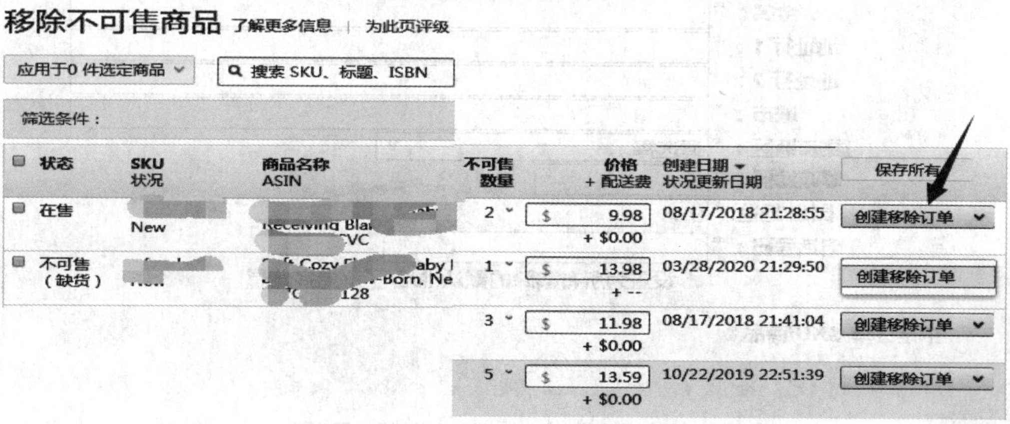

图 7-38　亚马逊货件移除界面

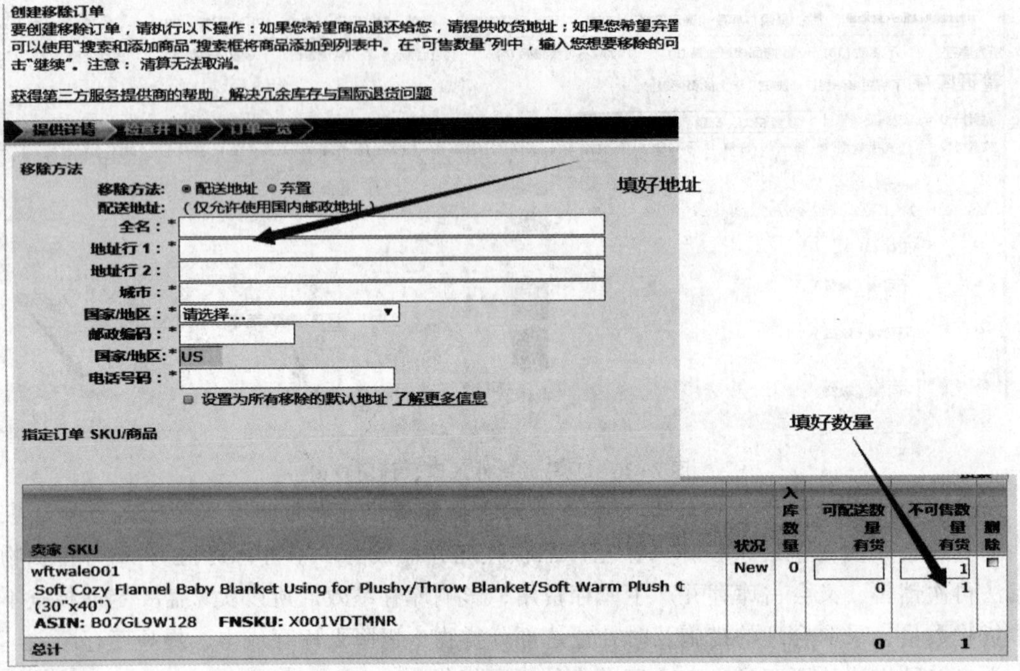

图7-39 亚马逊货件移除订单

第2步，弃置。对于价值较低的、数量很少的产品，直接选择弃置更符合业务要求，如图7-40所示。

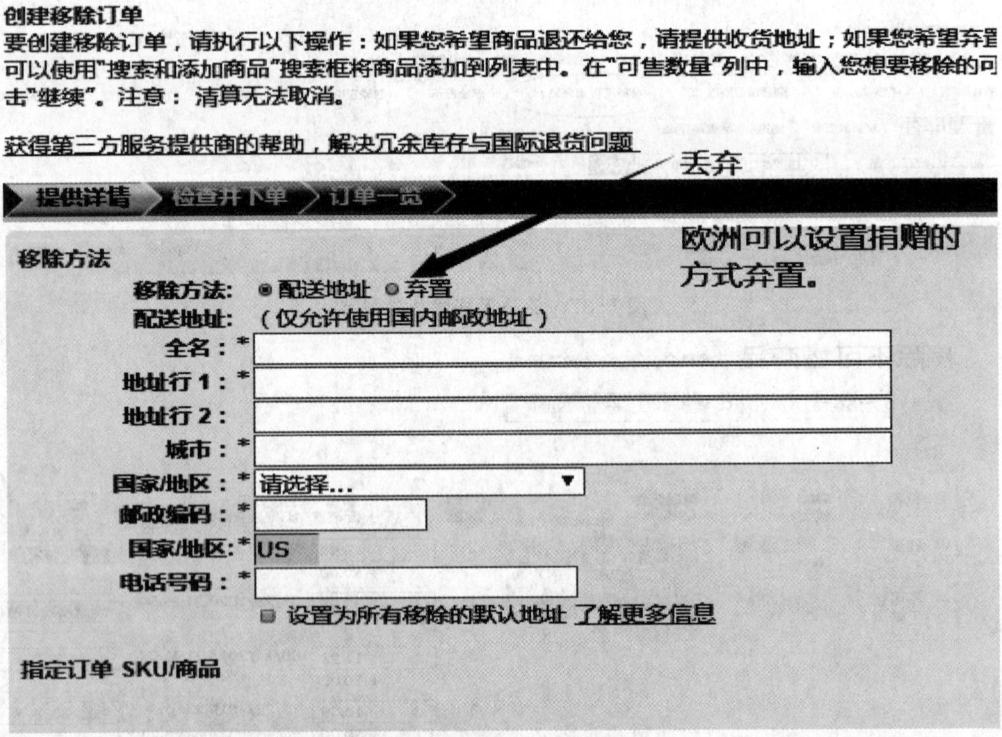

图7-40 亚马逊货件弃置

（二）仿真业务操作

1.计算亚马逊FBA库存费用

请根据表7-1中相关信息计算上年度货物存储费用（亚马逊会根据业务需要进行调整）。

表7-1　**亚马逊阅读库存仓储费率**

时间	标准尺寸商品	大件商品尺寸
1月~9月	0.64美元/cub. inch	0.43美元/cub. inch
10月~12月	2.35美元/cub. inch	1.15美元/cub. inch

假设亚马逊平台上某款FBA产品有200件从1月1日起滞销，公司决定11月30日将该批产品做弃置处理。产品单件尺寸为：10in×8in×5in。请计算滞销期间支付的存储费。

（1）判断是否属于标准尺寸产品。

（2）确定总体积。

（3）计算仓储费。

2.亚马逊不可售库存管理方法

（1）请分析亚马逊FBA仓库中不可售货物产生的原因及负面影响。

（2）请分析处置不可售货物时，采取“丢弃”和采取“对接海外仓”两种模式的利弊，并分析哪种模式更佳？（无标准答案，视产品价格、重量而定）

3.亚马逊FBA仓不可售货物处置

（1）弃置设置利弊分析。

（2）移除设置（见表7-2）。

表7-2　**移除设置业务资料**

业务资料：

（1）海外仓资料

收 货 人：David Hoopson

联系电话：102 341 886

收货地址：400B washington st. Somersworth ME，03908（虚拟地址，教学需要）

（2）产品资料

Sku：wale-blue-09V C

品名：鲸鱼形状蓝色9V充电台灯（whale style 9V chargeable blue desk lamp）

不可售数量：共105个

单位重量：340g

纸箱尺寸：40cm×40cm×30cm，每箱50个

损坏程度：损坏55个

产品成本：25元人民币，销售15美元

入仓操作费	贴标操作费	包装费	出仓操作费	发亚马逊仓物流费
0.2usd/pc	0.1usd/pc	0.2usd/pc	0.2usd/pc	2/BL

根据上述资料，将亚马逊不可售库存移除至海外仓：

①进入移仓界路径。

②移除地址。

③如果海外仓费用如资料所示，请分析移除成本。

④这种移除是否经济可行，说明理由。

三、实训报告

学生实训报告表见表7-3。

表7-3 学生实训报告表

实训课程		实训项目名称	
实训时间		实训地点	
学生姓名		学号	
实训目的与要求			
实训内容、方法和步骤			
实训结论与体会			
教师评语			
实训成绩		教师签名	

实训八
物流渠道管理

一、实训目的

1.通过本实训操作，体验订单的物流商选择、揽件地址信息、报送信息设置、面单编辑等操作过程。

2.通过在线发货操作，掌握系统物流中心管理的基本应用。

二、实训要求

1.根据实训情况写出实训报告。

2.要求实训报告能记录实训的主要操作过程和实训结果，并能通过实训谈谈自己的收获、体会或建议等。

3.实训报告考核评价要求内容完整，包括实训的操作过程、结果和实训体会。

4.完成仿真业务操作。

三、实训内容与步骤

ERP沙盒目前已经成功对接了160多家物流商，例如：中国邮政、Wish邮、速卖通线上、4PX、燕文、顺丰、E邮宝、三态、出口易、互联易、顺友、华翰等，并将持续完善。

子任务一　ERP沙盒操作：Wish、eBay、敦煌

业务1　物流商设置

第一步，打开跨境电商综合实训平台（http://www.srzx100.com）页面，点击“跨境电商ERP沙盒”并登录，在“物流”-“物流设置”-“物流商”菜单，点击“添加物流商”按钮进入“思睿智训物流中心”，查找并添加物流商；添加物流商之后，点击“状态：ON”按钮启用物流商，并进行编辑，如图8-1所示。

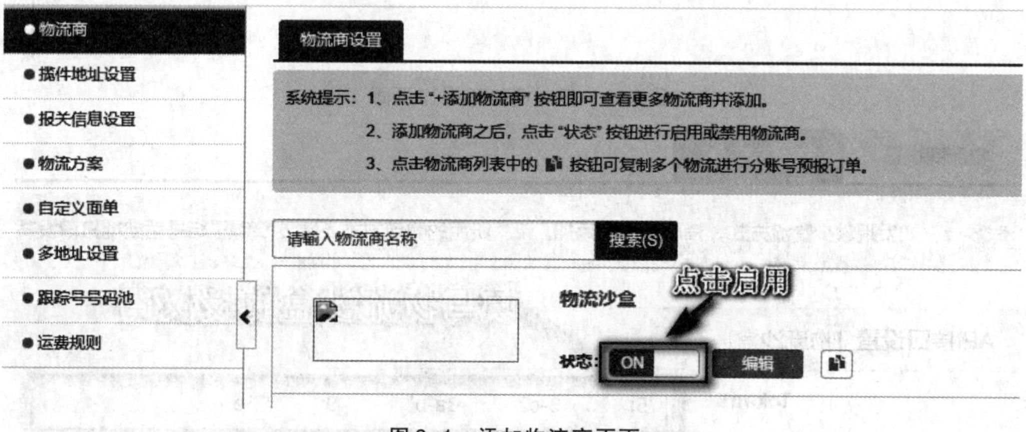

图8-1　添加物流商页面

第二步，打开跨境电商综合实训平台（http://www.srzx100.com）页面，点击“跨境电

商物流沙盒”并登录，点击“授权信息”，如图8-2所示，复制授权码，粘贴到物流商的“ToKen”中，如图8-3所示，然后点击“保存”，如图8-4所示。

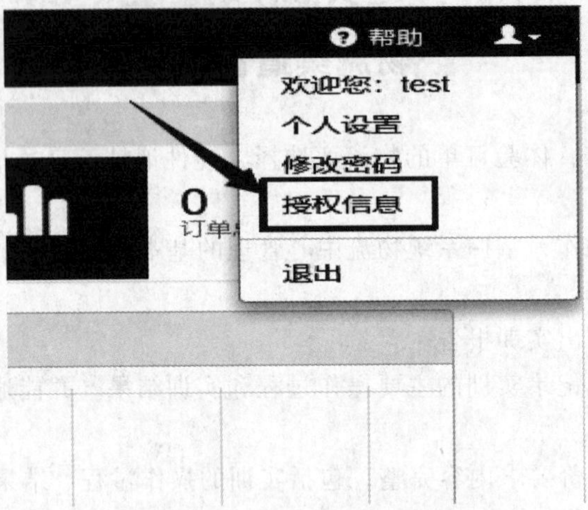

图8-2　物流授权信息页面

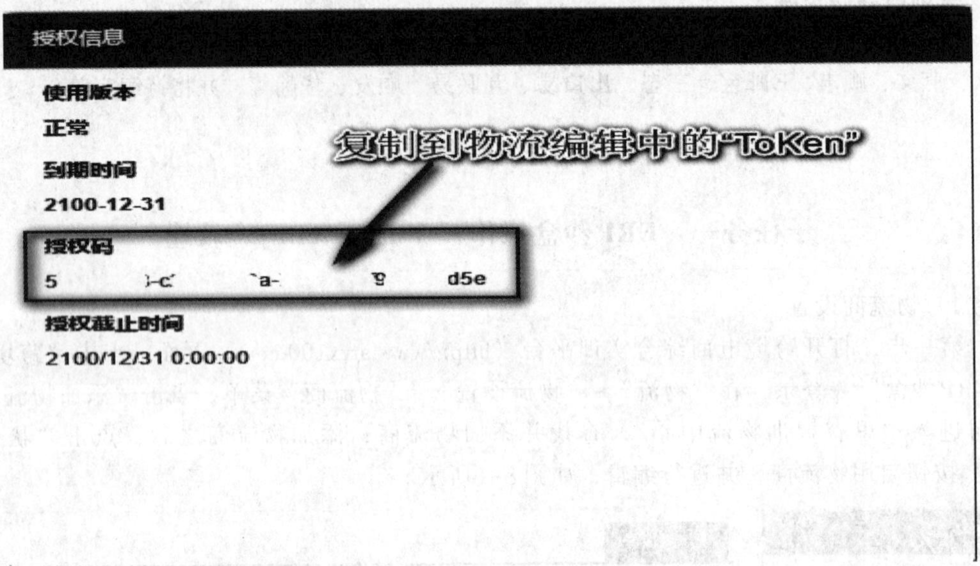

图8-3　复制授权码操作页面

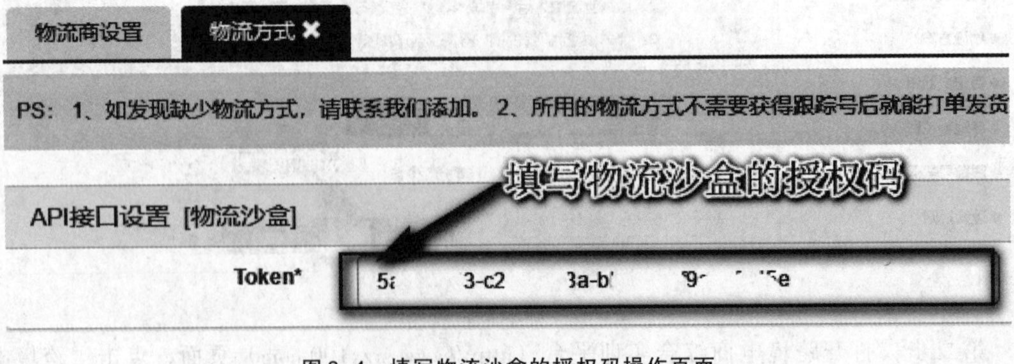

图8-4　填写物流沙盒的授权码操作页面

第三步，回到图8-1界面，在“物流方式”中，启用所需要的物流渠道，点击“操作”图标进入编辑，如图8-5所示。

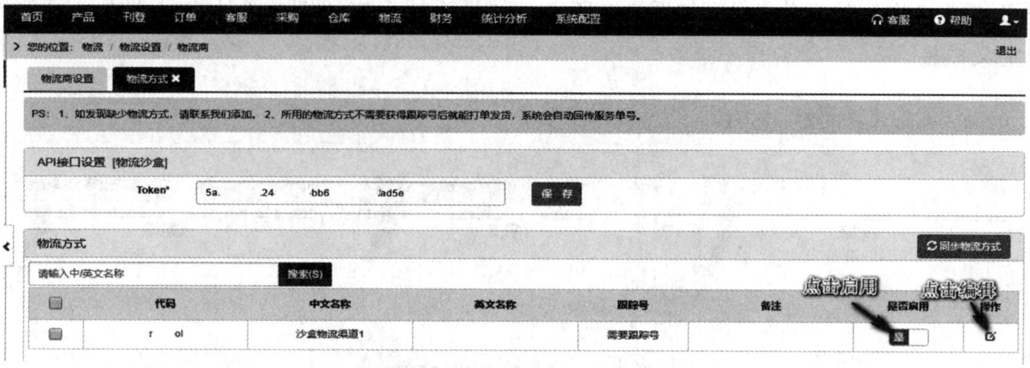

图8-5　启用物流渠道页面

第四步，编辑物流方式，并根据实际业务情况进行配置，正确填写基本信息和对应的平台映射，发货时系统会将平台映射中的物流方式上传到平台，如图8-6所示。

图8-6　启用物流方式页面

第五步，设置物流方式对应的地址标签，包括面单、报关单、拣货单，点击“选择模板”按钮进入模板市场，如图8-7所示。卖家根据业务需要选择适合自己的模板，此处可选择“物流沙盒模板”，如图8-8所示，如果系统现有的模板无法满足需求，可选择自定义模板。

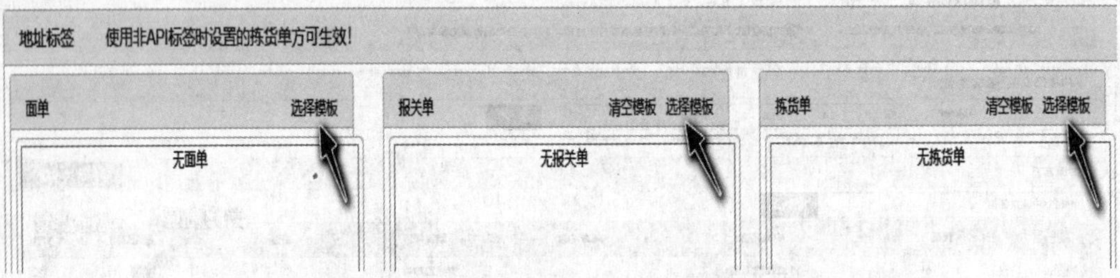

图8-7 选择物流模板页面

图8-8 物流沙盒模板页面

业务2 信息填写

1.设置揽件地址信息

在“物流”-“物流设置”-“揽件地址设置”菜单填写揽件地址信息，包括揽件地址、寄件地址（中文）、寄件地址（英文），最后点击“保存”按钮，如图8-9所示。

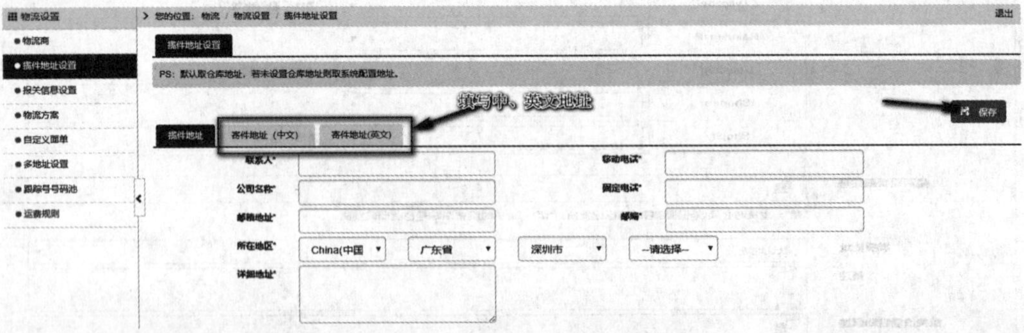

图8-9 揽件地址设置页面

2. 报关信息设置

设置报关的申报商品、申报价值、申报国家、申报重量等报关信息，并设置默认报关信息。在“物流”-“物流设置”-“报关信息设置”菜单进行具体操作，如图8-10所示。

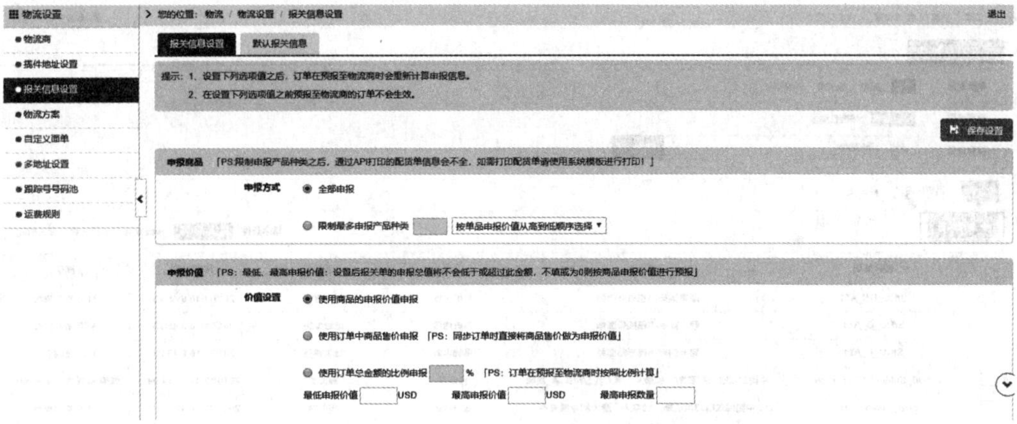

图 8-10　报关信息设置页面

3. 制订个性化物流方案

系统自动分配物流需要先制订方案，根据具体的条件设定对应的规则自动进行匹配。在“物流”-“物流设置”-“物流方案”菜单，设置店铺、订单金额、预估重量、收件人国家（地区）、指定物流方式、商品数量、商品SKU、产品标记等条件，添加物流方案，如图 8-11 所示。

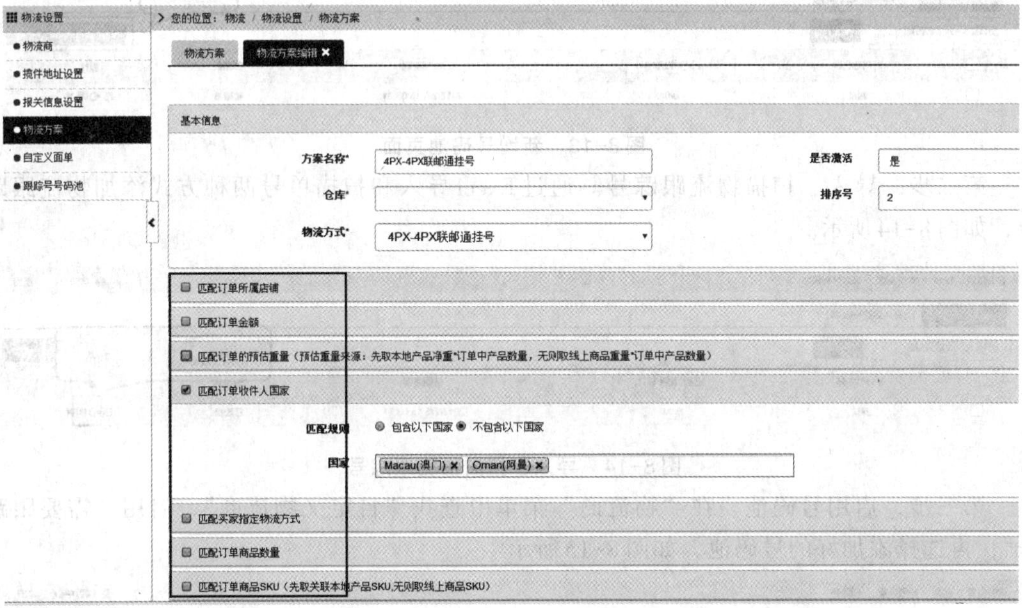

图 8-11　物流方案页面

4. 自定义面单

卖家根据业务需要制定打单模板，如果系统现有的模板无法满足需求，可进行自定义模板，包括面单、报关单、拣货单等类型，在“自定义物流模板”菜单点击“新增模板”按钮进行自定义，如图 8-12 所示，或者找到现有模板中比较接近的，通过“复制模板”功能复制后，再进行修改。

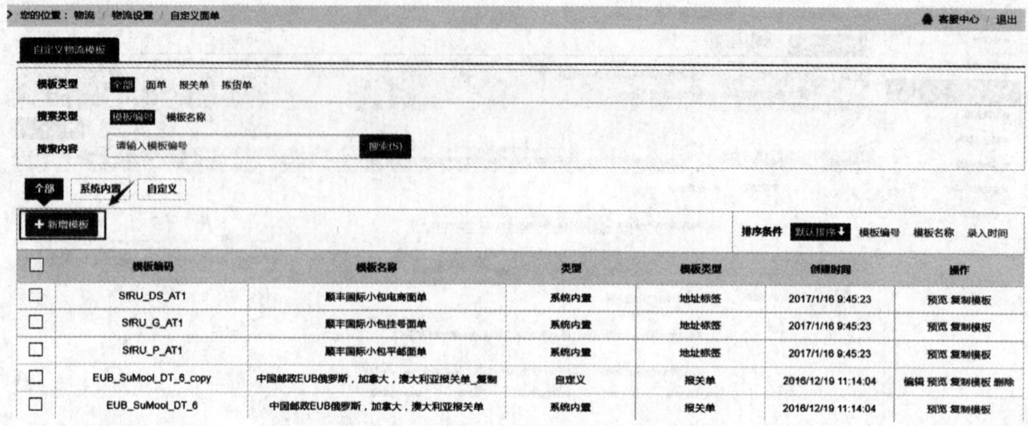

图 8-12 自定义物流模板页面

5. 跟踪号码池

卖家对接的物流商没有启用API对接时，可设置号码池进行自动分配物流。

第一步，新增号码池。点击“新增号码池”按钮，进入编辑号码池页面，填写号码池名称、备注，点击“保存”按钮，如图8-13所示。

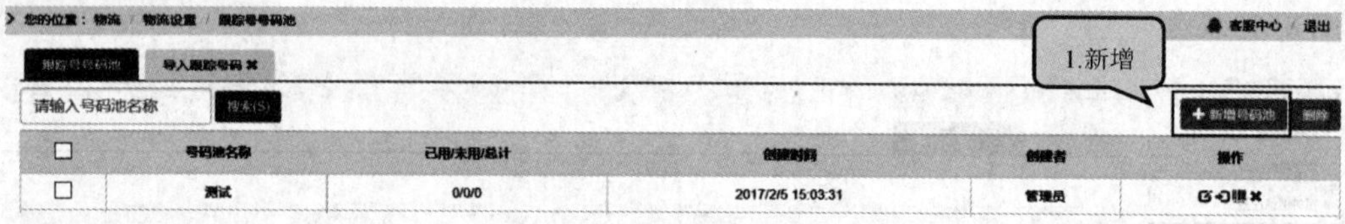

图 8-13 新增号码池页面

第二步，导入、扫描物流跟踪号。通过Excel导入和扫描单号两种方式添加物流跟踪号，如图8-14所示。

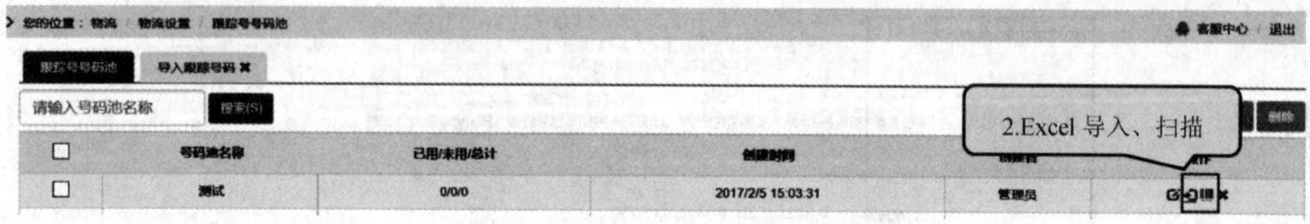

图 8-14 导入、扫描物流跟踪号

第三步，启用号码池。在“物流商”菜单中查找“自定义物流商”，启用“需要跟踪号”，再选择添加好的号码池，如图8-15所示。

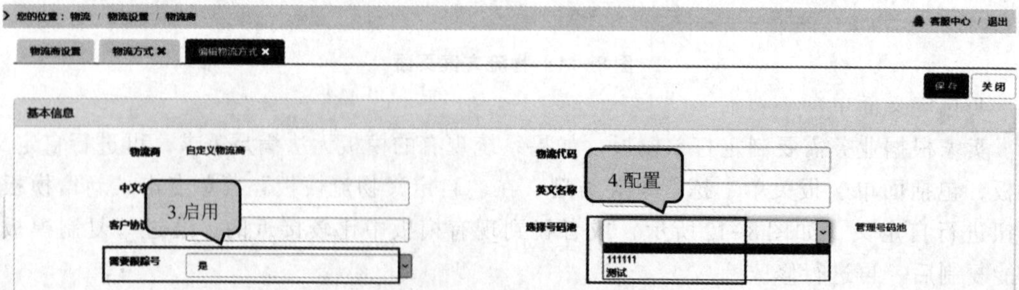

图 8-15 启用号码池页面

子任务二　亚马逊自发货及报关报检要求

业务3　亚马逊自发货及报关报检要求

（一）业务流程

1.自发货

在亚马逊平台，卖家可以采取自发货形式进行跨境销售。买家下单后，平台会在“订单”功能模块及后台初始界面显示卖家相关订单信息，并提醒卖家发货。卖家获得自发货订单后，需要在48小时内（工作日）发出订单，否则会造成迟发。亚马逊会统计订单迟发率，并规定订单迟发率不得高于4%。及时发货既是提升买家购买体验的重要保证，也是保持良好的店铺绩效必做之事。要求学生完成虚拟的自发货业务，利用店小秘ERP软件和中国邮政物流等平台，完成自发货并追踪。具体操作如下：

（1）点击Orders—Manage Orders（管理订单），进入自发货界面，如图8-16所示。

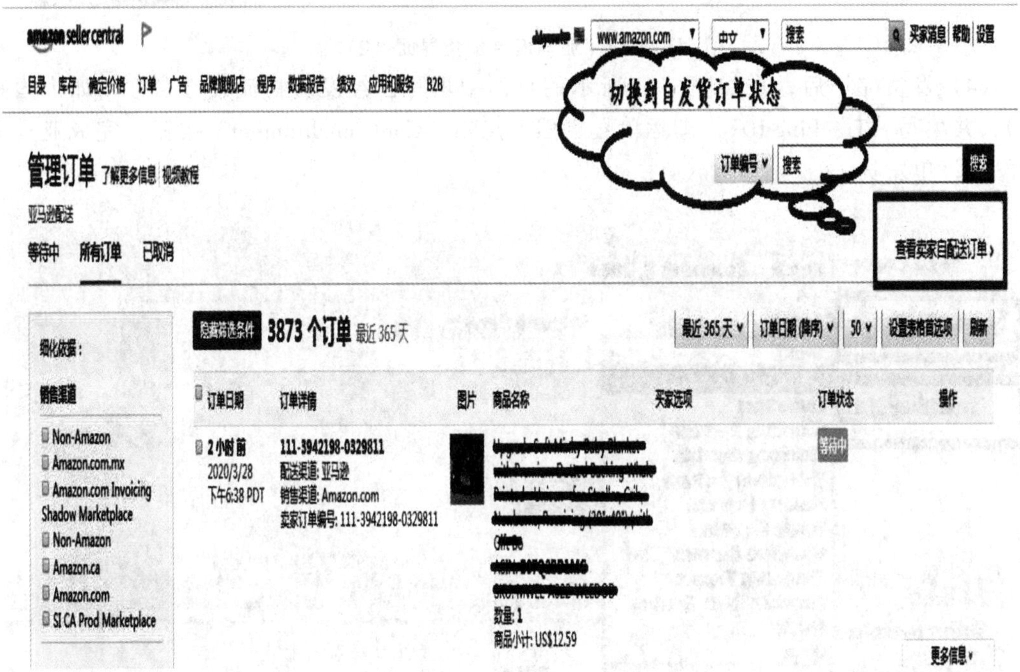

图8-16　亚马逊自发货界面（1）

（2）对订单进行发货操作。

以中国邮政小包为例，在邮政账号中完成下单，打单后打印标签（获得面单单号）并包装货物，交邮政局发货。

（3）登录亚马逊发货界面，如图8-17所示，点击左边方块选择某未发货订单，点击右侧“Confirm shipment”进入发货界面。

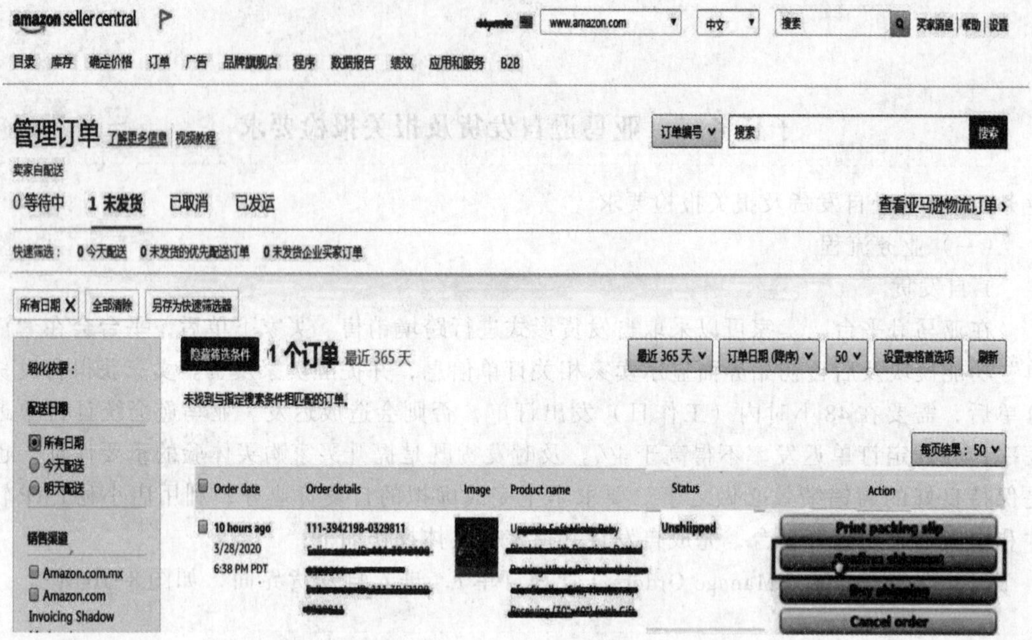

图 8-17 亚马逊自发货界面（2）

（4）发货完毕后，在如图 8-18 所示的页面中填写已经发货物流渠道名称（如中国邮政），并填写“Tracking ID”，即运单号，然后点击“Confirm shipment”按钮，完成亚马逊自发货订单发货。

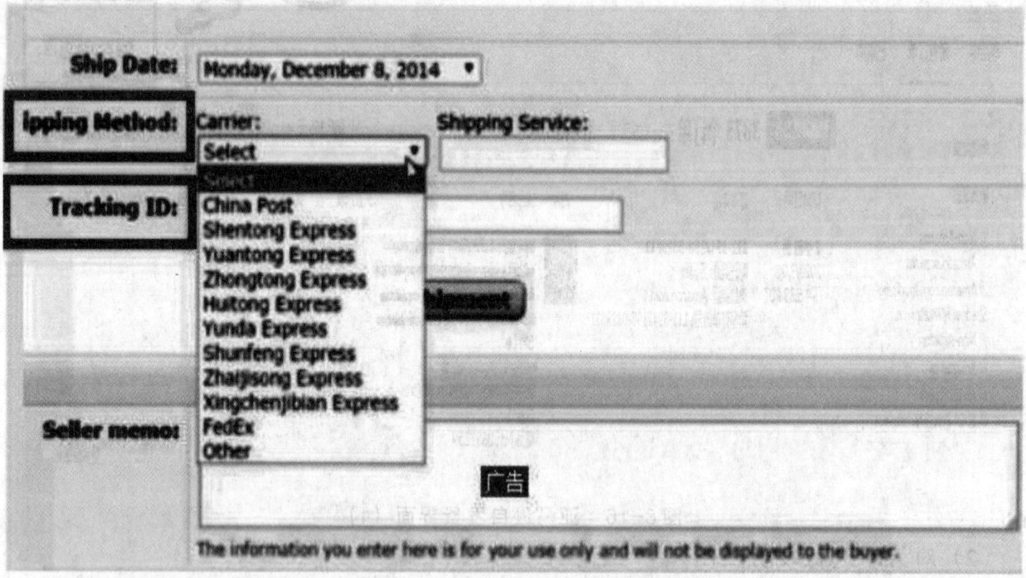

图 8-18 亚马逊自发货界面（3）

2. 其他物流设置

亚马逊平台为卖家提供了多种物流设置，包括退货地址、多渠道发货、配送设置、FBA 设置等。这些设置均在“设置”栏目中，如图 8-19 所示，在下拉菜单中选择需要设置的物流信息，进入相应界面进行设置。

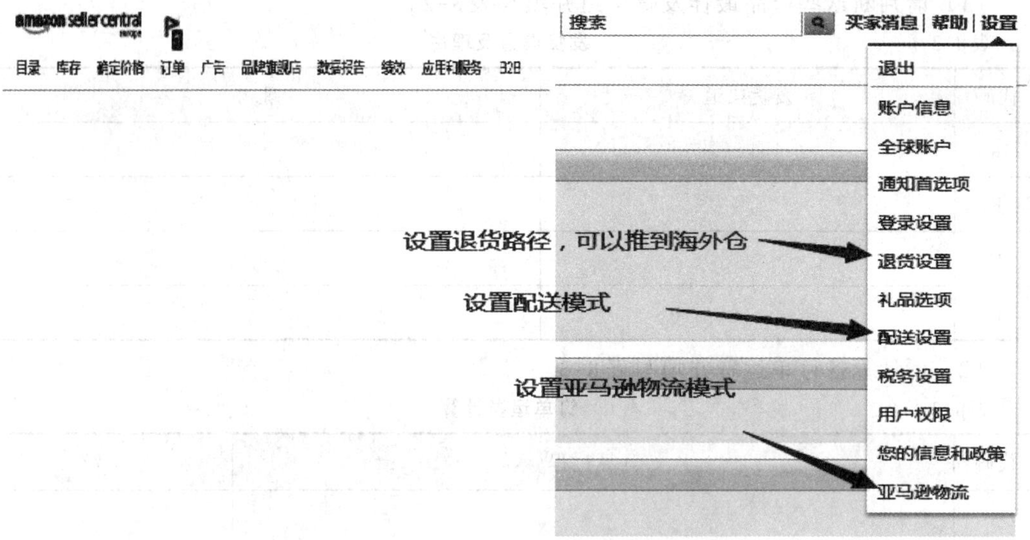

图 8-19　亚马逊其他物流设置

3. 跨境电商货物报关报检要求

跨境电商业务是国际贸易的一种形式，其基本特性是跨境交付。通过跨境电商成交的货物，需要通过中国海关和买家收货地海关。尽管跨境电商货物交付存在小批量、高频次的特点，报关便利化程度较高，但是所售货物仍需要符合贸易双方国家海关监管的要求。我们需要对跨境电商货物报关、报检方式、途径、监管要求有充分了解。

学生要充分了解我国海关对跨境电商业务的监管要求，了解目标市场国家海关对跨境电商项下货物的监管方式和要求，能够据此选择适合的物流及通关方式，防止货物滞留、被扣押等事件的发生；能够判定货物监管模式；能够判定跨境货物能够通过邮政、快递渠道寄送；能够办理相应货物的通关手续。

在实际操作中，一般申报交由货代负责，卖家只需提供货物出货单即可，出货单信息要确保真实准确，产品报价适合，避免产生高额关税。

（二）仿真业务操作

1. 根据表 8-1 的资料判断自发货渠道。

表 8-1　自发货渠道资料

资料：

美国站订单之商品信息如下：货物净重 1.5kg，体积为

代码	货物品名	净重	体积
A	睡袋	1.5kg	45cm×20cm×15cm
B	鼠标	50g	10cm×5cm×5cm
C	充电台灯（电池密封在台灯内）	1.2kg	20cm×20cm×35cm
D	充电宝	300g	10cm×10cm×3cm

备选发货渠道或方式有：

E 邮宝、邮政小包、燕文特货、邮政包裹

（1）请判断这些产品最佳发货渠道并填写表8-2。

表8-2 发货渠道及理由

代码	发货渠道	理由
A		
B		
C		
D		

（2）请计算各订单运费并填写表8-3。

表8-3 订单运费计算

代码	计算过程	运费
A		
B		
C		
D		

2.计算不同模式下自发货的运费。

（1）计算国际e邮宝的运费。

一副太阳镜的包装重量为0.15kg，若选择国际e邮宝运输，请计算运费。中国邮政速递物流有限公司向国际e邮宝的报价见表8-4。

表8-4 国际e邮宝的报价

处理费/件	9元/件	
包裹运费/克	80元/kg（200g以上75元/kg），首重70g	
上门揽收费/次	少于5件	5件及以上
	5元	免收
挂号费/件	免	
退还费/件	免	

（2）计算运费。

某跨境电商卖家要发送一件货物到德国，选择中邮挂号小包。到德国的运区是第3组资费区，单价为81元/kg）。他从货代那里拿到的运费折扣为9折，包裹的重量为0.5kg，长、宽、高为30cm×20cm×10cm，请判断此件货物是否符合中邮小包的体积和重量限制要求？如符合，则该跨境电商卖家需支付多少运费？

四、实训报告

学生实训报告表见表8-5。

表 8-5　**学生实训报告表**

实训课程		实训项目名称	
实训时间		实训地点	
学生姓名		学号	
实训目的与要求			
实训内容、方法和步骤			
实训结论与体会			
教师评语			
实训成绩		教师签名	

实训九

客服管理

一、实训目的

通过客服管理实训，熟悉客户服务流程，掌握客户沟通技巧，明确客户管理、售后服务等的重要性。

二、实训要求

1.根据实训情况写出实训报告，内容包括实训的操作过程、结果和实训体会。

2.要求实训报告能记录实训的主要操作过程和实训结果，并能通过实训谈谈自己的收获或体会、建议等。

3.完成仿真业务操作练习。

子任务一　ERP沙盒操作：Wish、eBay、敦煌

业务1　相关设置

打开跨境电商综合实训平台（http://www.srzx100.com）页面，点击“跨境电商ERP沙盒”并登录，依次点击“系统配置”-“系统配置”-“提醒设置”菜单，可以启用并设置启运通知、自动催付、自动评价和收货提醒，如图9-1所示，让系统每天自动发送信息通知客户。

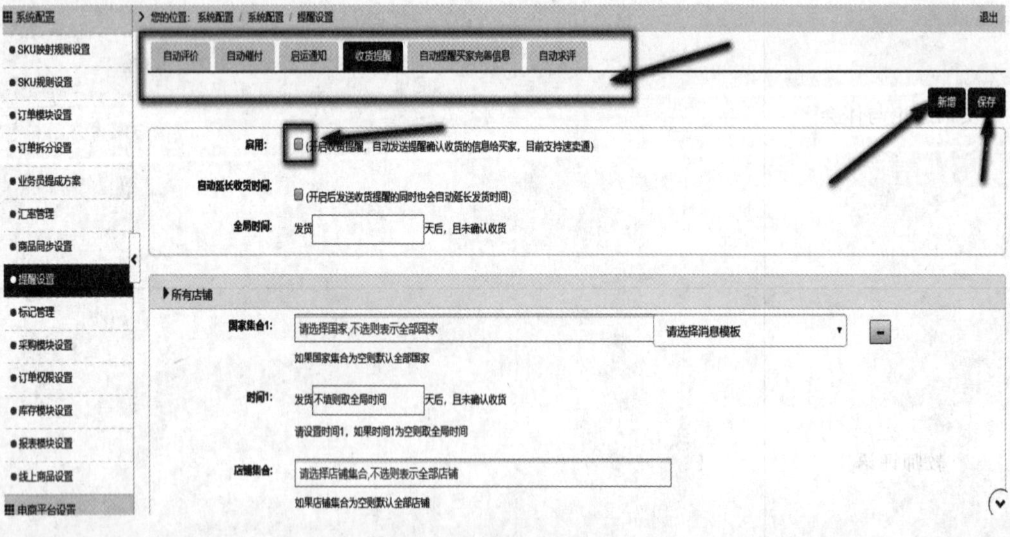

图9-1　提醒设置页面

在“系统配置”-“电商平台设置”-“信息模板设置”菜单中可以修改或新增回复的模板，如图9-2所示。

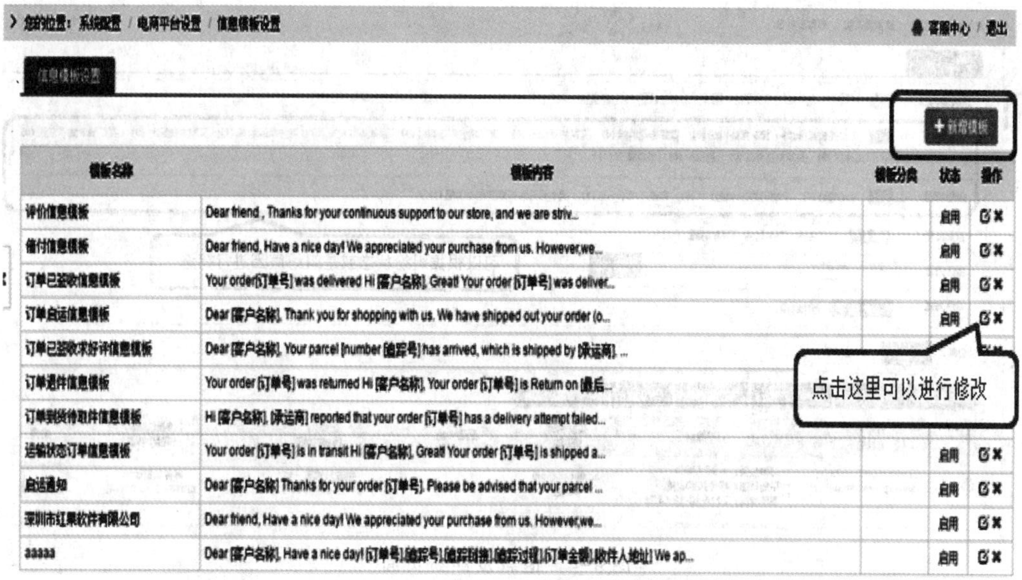

图 9-2　信息模板设置页面

业务 2　Wish、eBay、敦煌客服问题

（1）ERP 沙盒能通过平台接口获取卖家的所有留言和站内信，平台卖家可以直接通过系统进行回复并设为已读，如图 9-3 所示。

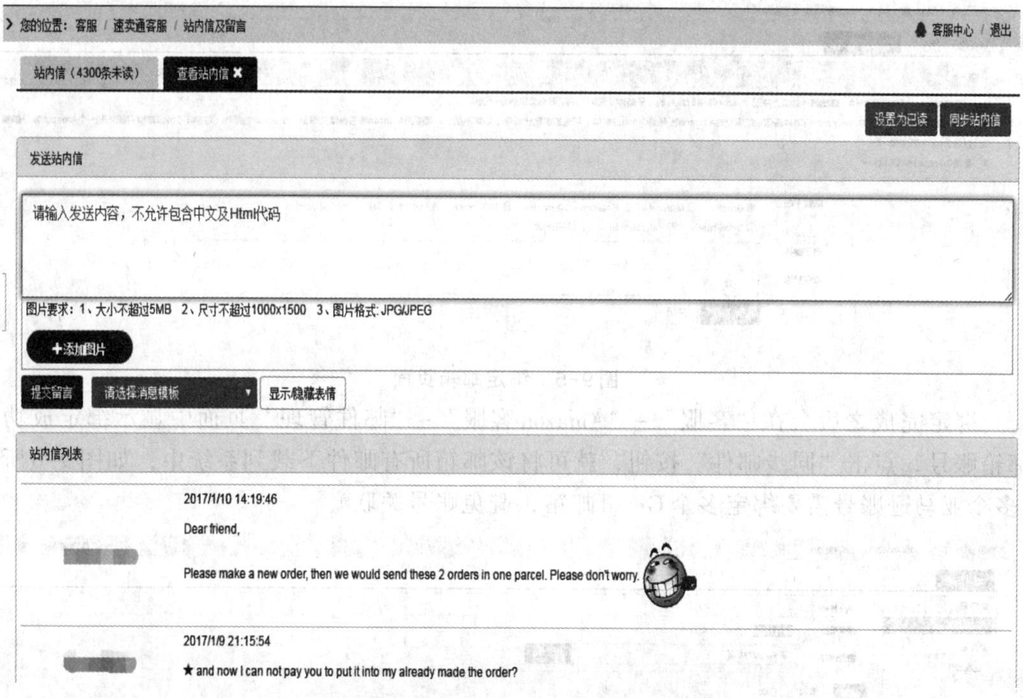

图 9-3　获取卖家站内信页面

（2）产生纠纷退款的订单可以在“客服”-“速卖通客服”-“退款及纠纷”中查看，在此页面可以给客户发送留言或将其加入黑名单，如图 9-4 所示。

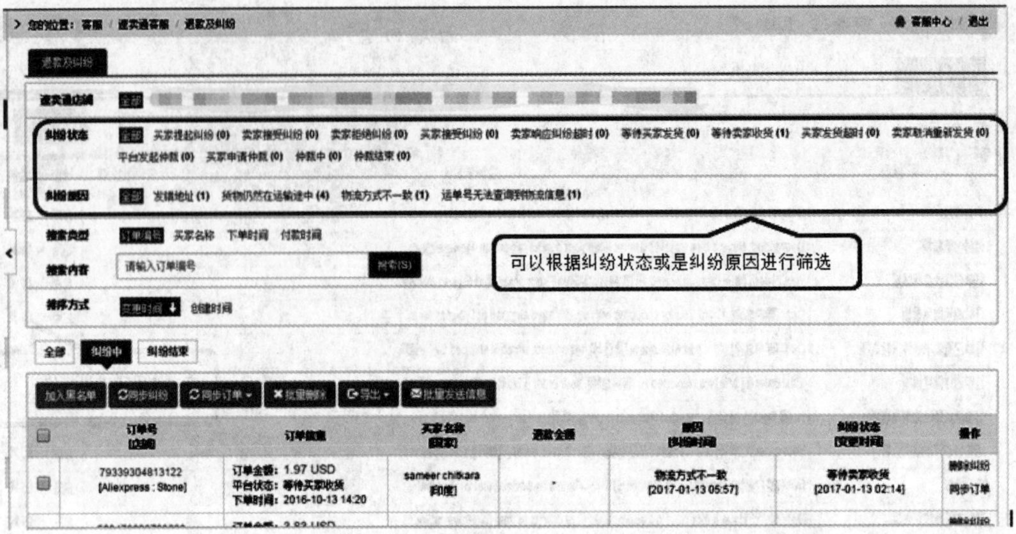

图9-4　退款及纠纷页面

业务3　亚马逊邮件

ERP沙盒通过邮箱中转接收亚马逊邮件，目前ERP沙盒支持多种邮箱的绑定，只需在“系统配置”－“电商平台设置”－“电商平台账号”的菜单中找到对应店铺，点击“绑定邮箱”即可，如图9-5所示。

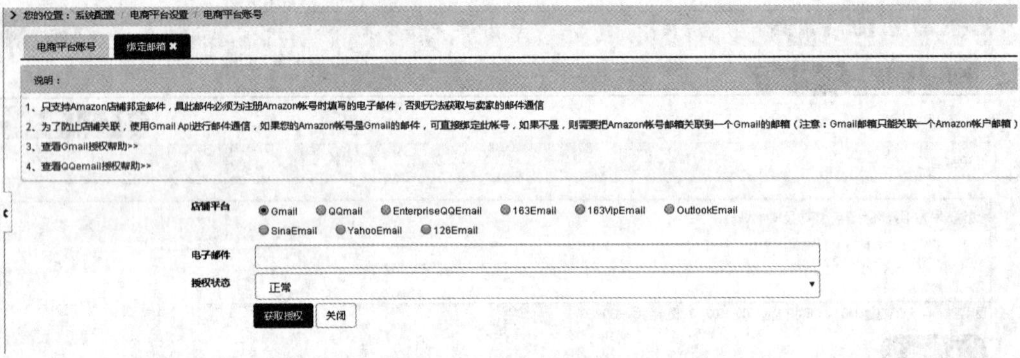

图9-5　绑定邮箱页面

绑定完成之后会在“客服”－“Amazon客服”－“邮件管理”页面中显示绑定成功的邮箱账号，点击“同步邮件”按钮，就可将该邮箱所有邮件下载到系统中，如图9-6所示（多个亚马逊账号需要绑定多个Gmail邮箱，避免账号关联）。

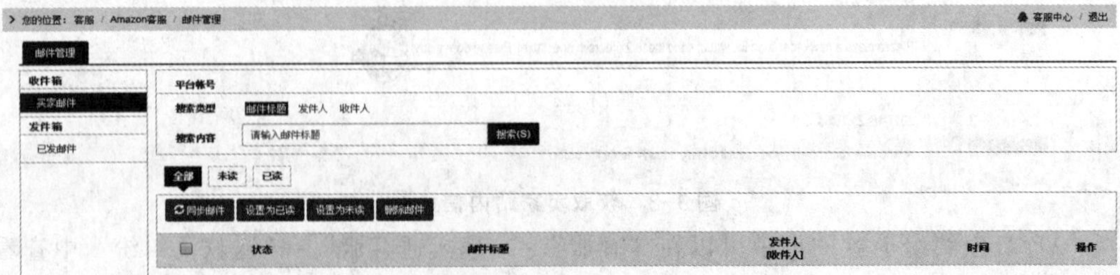

图9-6　同步邮件页面

业务4　客户管理

所有已下载到ERP沙盒中的订单，其客户信息都会显示在“客服”-“客户管理”-“客户管理”的页面中，系统会自动汇总统计客户购买的次数，卖家可以根据购买次数筛选优质客户，或者是将客户直接设置为黑名单，这样操作之后对应的订单上会显示客户是优质客户还是黑名单客户，如图9-7所示。

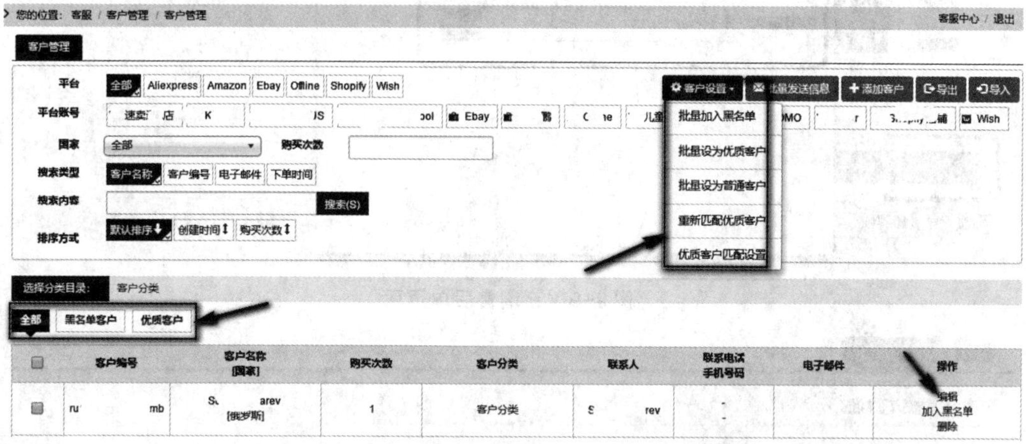

图9-7　客户管理页面

对于设置为优质或黑名单的客户，在对应的订单上也会有相应显示，如图9-8所示。

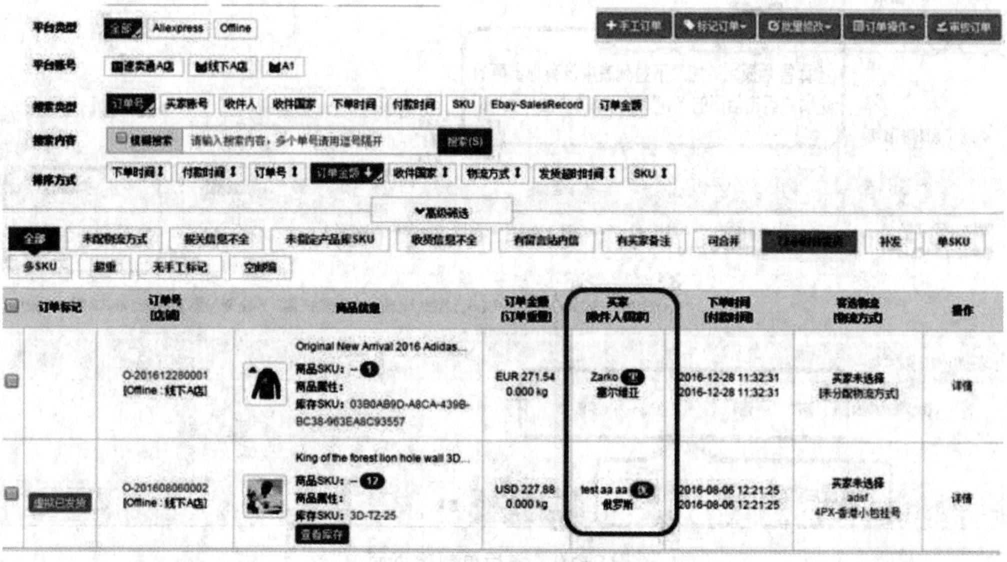

图9-8　显示客户类型页面

业务5　售后管理

（1）在“客服”-“售后管理”-“售后单”的页面中，点击“新增售后单”按钮，填写原始订单号（即产生售后的原始订单），系统会自动补充原始订单的所有信息，填写售后原因、问题数量和售后类型，填写完信息之后提交审批，审核通过之后成功创建售后单，如图9-9和图9-10所示。

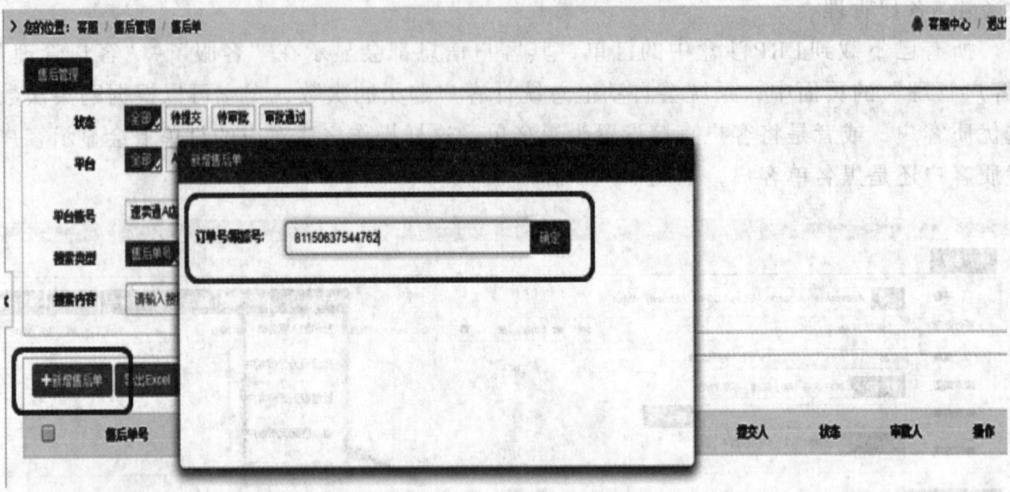

图 9-9 新增售后单页面

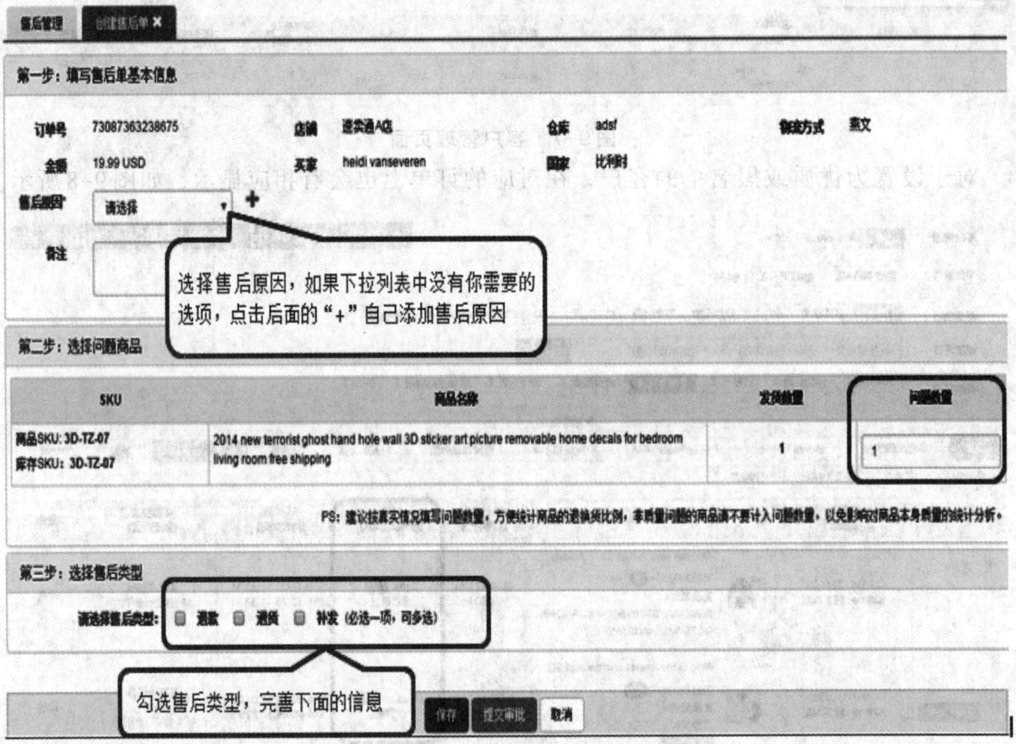

图 9-10 售后单创建页面

①售后类型：退款（速卖通、亚马逊平台可以自动填写退款金额）。

②售后类型：退货（审批通过之后，仓库管理中会自动新增一条入库记录并录入仓库中）。

③售后类型：补发（审批通过之后，系统会新增一个补发单，补发单据会进入“订单”-“订单流程”-“待审核”的页面中）。

（2）产品退换货统计是根据“客服”-“售后管理”-“产品退换货统计”页面中创

建的所有售后单进行分析统计的，如图9-11所示。

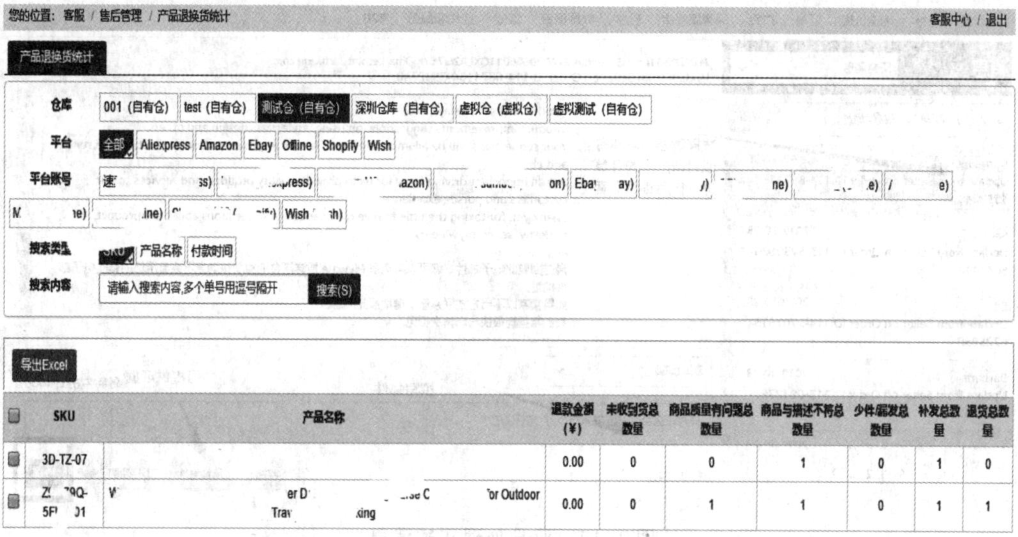

图9-11　产品退换货统计页面

子任务二　亚马逊售后管理

业务6　亚马逊售后管理

（一）业务流程

跨境电商销售并不是单纯的等待，除了通过广告、站内站外引流等营销手段提高销售绩效外，站内买家信息也是需要重视的重要资源。买家发来的询盘消息、退货请求、甚至A-Z投诉均是有价值的信息。平台运营人员需要每天关注买家信息，包括及时回复买家站内信息、及时关注并准确回复亚马逊信息、及时发出买家售后调查及留评等，充分利用这些信息，深度挖掘信息价值。这样才能不断优化买家购买体验，提升店铺经营绩效。

亚马逊售后服务主要有“买家消息”、“帮助”和“设置”三个功能。这三个功能在亚马逊卖家平台界面的右上角，如图9-12所示。

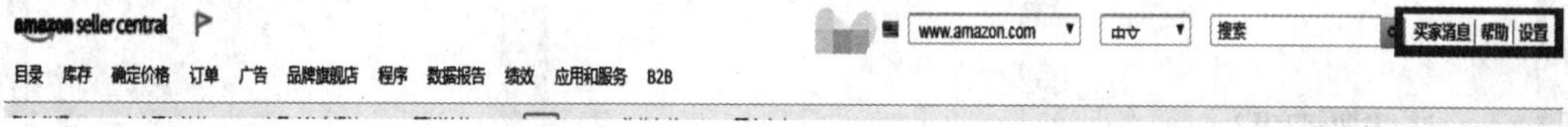

图9-12　亚马逊卖家平台界面

（1）维护买家消息时，在亚马逊卖家平台“买家消息”栏目查看并处理买家消息。从卖家平台进入后台，点击“买家消息”按钮，如图9-13所示，然后进行处理，如图9-14所示。

图9-13　亚马逊查看买家消息页面

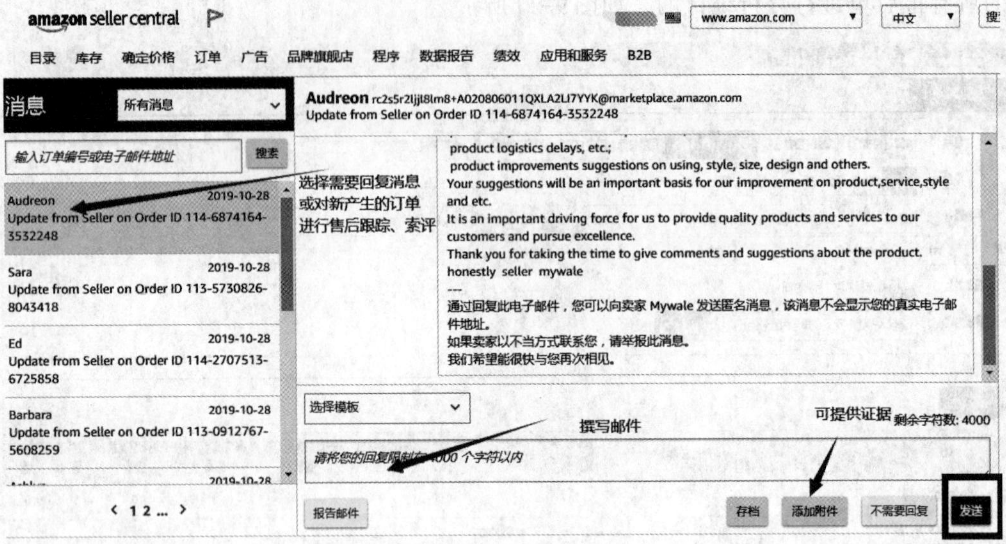

图 9-14　亚马处理买家消息

（2）异常事件处理。亚马逊账号在运营时，会因各种原因产生一些异常情况，如发FBA的货物数量差错或标签问题、产品被突然停售、页面显示异常、产品被跟卖、产品页面被误删等。这些业务会严重影响亚马逊平台的运营及账号的安全，必须及时采取相应措施予以解决。学生要学会运用纠正错误、改进内容等方法解决上述问题。

一般账号异常或产品页面等方面的异常，都可以在“帮助”-“支持”栏目处理。

第一步，进入界面后，亚马逊会提示问题类型，如果所遇到的问题与提示类型一致，则按步骤执行即可，如图9-15所示。如果提供的解决方案无法解决，则可以联系亚马逊客服。

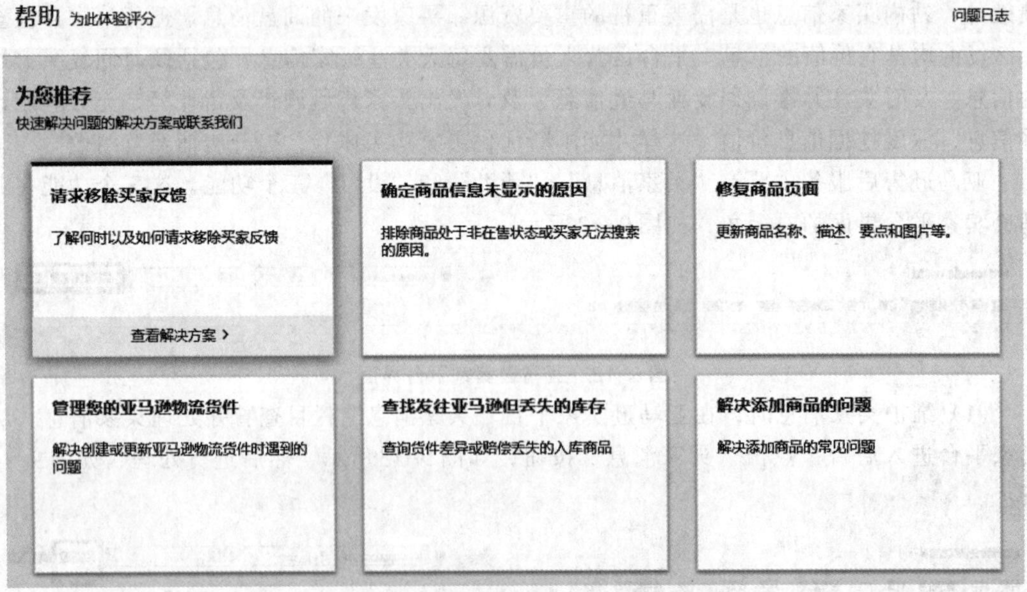

图 9-15　亚马逊帮助界面

第二步，联系客服，就是向客服提出解决要求，如图9-16所示。在图9-15界面的下部可以寻求客服帮助。

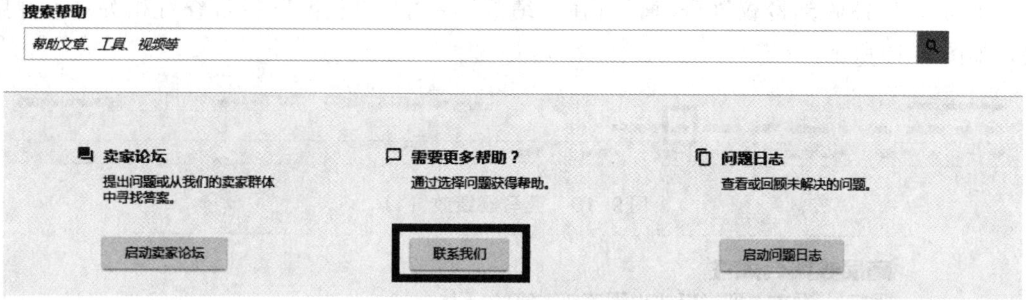

图9-16　亚马逊联系客服

第三步，问题描述。进入问题描述界面，在邮件里撰写出现的问题、要求、证据等并提交材料，也可以开通电话客服帮助。根据问题的不同选择合适的路径去解决，如图9-17所示。

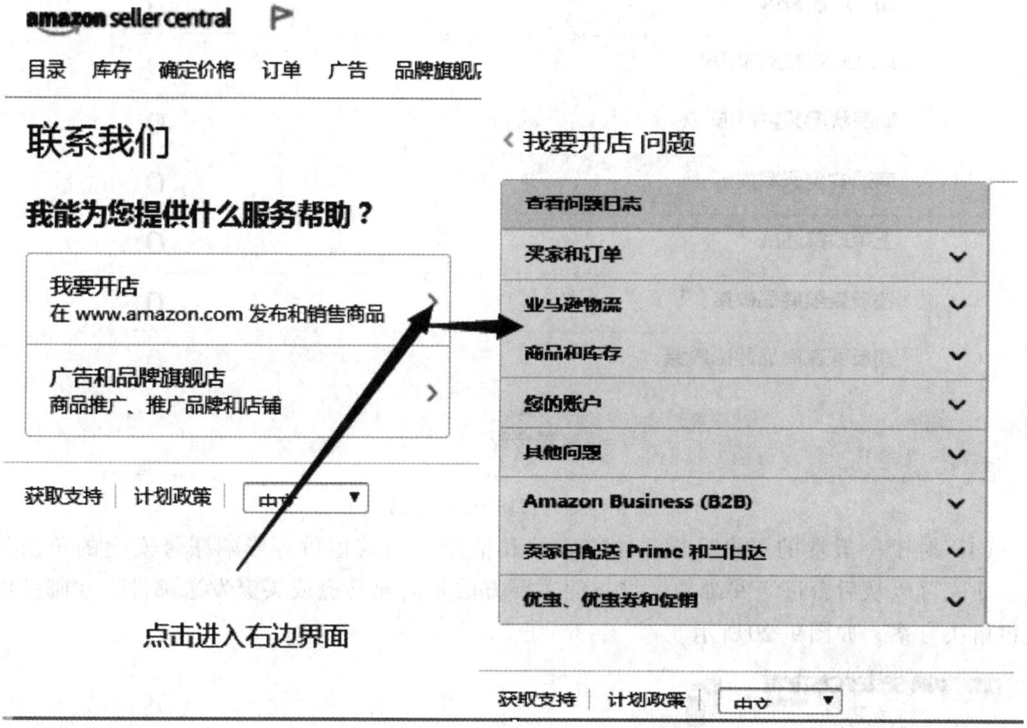

图9-17　亚马逊提交问题页面

（3）亚马逊店铺账号维护及风险处置。亚马逊平台的店铺就是一个账号，其对跨境电商卖家而言，就是自己的销售平台。一个店铺会让卖家付出很多心思和努力，以及很多资金。账号一旦被关闭，卖家将遭受非常严重的损失。账号安全是跨境电商店铺运营的基础，确保账号的绩效良好是卖家从事跨境电商业务的首要目标，也是操作亚马逊平台的基本要求。卖家一定要时刻关注亚马逊卖家平台的站内信息，尤其要及时关注账号绩效方面的负面信息，并第一时间采取回复、申述等措施，降低负面信息的影响，消除账号风险。学生要掌握亚马逊后台操作中涉及账号安全方面的业务操作技能。

如果要维护店铺账号状况、处理索赔，可在“绩效”栏目查看相关消息并解决，如图9-18所示。店铺收到侵权警告时，可在“绩效”-“账户状况”栏目查看相关消息并解决，如图9-19所示。

图9-18　亚马逊绩效（1）

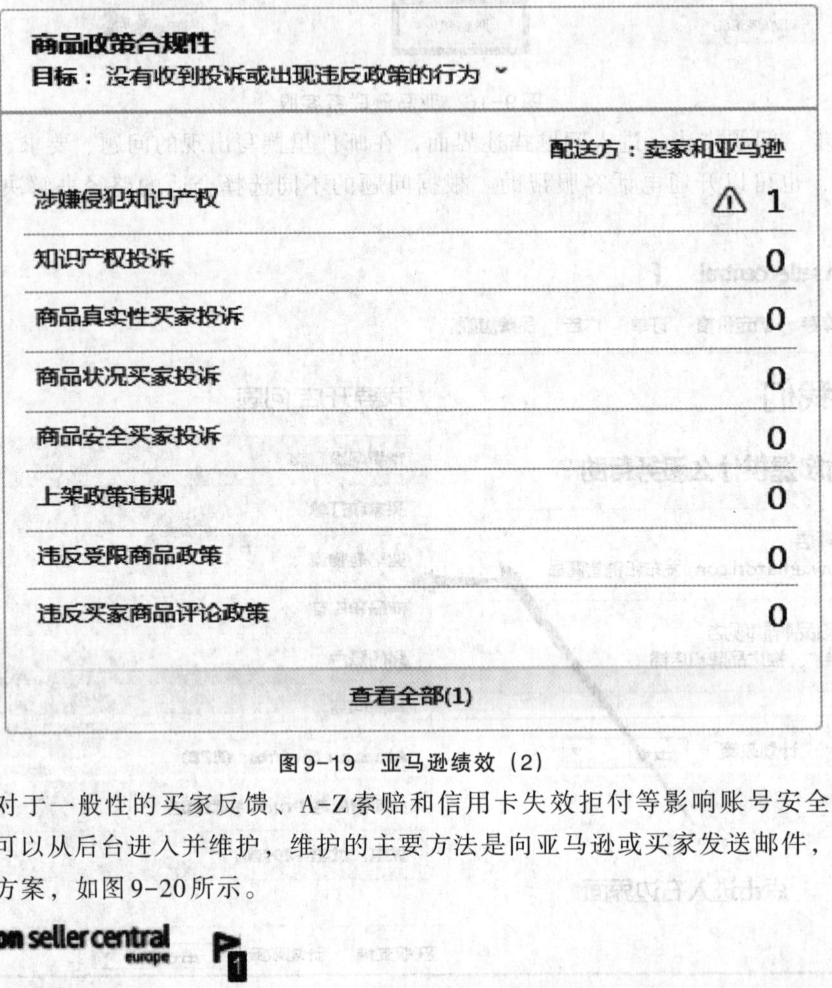

图9-19　亚马逊绩效（2）

（4）对于一般性的买家反馈、A-Z索赔和信用卡失效拒付等影响账号安全的负面信息，卖家可以从后台进入并维护，维护的主要方法是向亚马逊或买家发送邮件，在邮件中提供解决方案，如图9-20所示。

图9-20　亚马逊绩效解决

（二）业务操作

1.撰写发货通知信函（见表9-1）

基本信息：买家姓名Jacob，订单号123-13456-1234，发货日期3月18日，发货单号E12345211。

表9-1 发货通知信函

2.追评售后工作

评论数量和质量直接影响产品的销售。请为购买产品的买家撰写一封得体的索评信函，见表9-2、表9-3。要求：不得出现留评返券、留评返现等语言。

表9-2 索评基本信息

业务资料： 买家姓名：Momas Hell 订 单 号：114-25653-24343 产品名称：Optical mouse FBA发货及签收日期：3 Mar.2020/5 Mar. 2020

表9-3 索评信函

3.解决差评纠纷

某买家所留差评提及你的产品涉嫌仿冒他人图案，对其造成了混淆性负面影响。请撰写一份解释性信函，征求对方撤销差评，见表9-4、表9-5。

表9-4 解决差评纠纷资料

业务资料： 公司品牌willer已经在美国注册，有注册证书。公司产品均为独立设计，产品图片也为摄影师拍摄，从未盗用他人图案。买家留言所提及图案，经公司核查，二者并不存在明显的一致或引起混淆的内容。图案存在显著差异，不存在仿冒等情况。

表9-5 解释性信函

4.无责任差评管理

某买家因亚马逊物流导致无法收货，给了你一个一星评价，请撰写一封信函，要求买家撤销此差评，但对方不接受。请再次撰写一封信函给亚马逊客服，要求其删除差评，见表9-6。

表9-6 撤销差评信函

5.账号风险管理

亚马逊账号邮箱收到邮件，见表9-7，告知亚马逊账号被暂停使用，请根据邮件信息，完成相应业务。

表 9-7　**邮件信息**

邮件资料： Dear seller, We are reviewing your account. Funds will not be transferred to you during the review but will stay in your account. Please continue to ship your orders and noly list items that you can ship by the expected ship date. Why is this happening? Your current sales volumens are not supported by buyer feedback or an established sales history. As a result, we are reviewing your Amazon.com seller account. Questions? Talk to seller support now by following this link: https://sellercentral.amazon.com/contact-us We will send you an email when our review is complete. Sincerely, Seller performace team

（1）请问是什么原因导致账号被封？

（2）请提出您的解决上述问题的行动计划（plan of action）。

（3）请向亚马逊绩效团队撰写一封邮件，见表 9-8，尝试找回账号。

表 9-8　**找回账号**

三、实训报告

学生实训报告表见表9-9。

表9-9 学生实训报告表

实训课程		实训项目名称	
实训时间		实训地点	
学生姓名		学号	
实训目的与要求			
实训内容、方法和步骤			
实训结论与体会			
教师评语			
实训成绩		教师签名	

实训十
订单管理

一、实训目的

1.明确订单处理流程，掌握同步订单—审核订单—配货（启用库存）—打印面单—发货/虚拟发货/扫描发货的全过程。

2.通过订单管理操作，提高订单处理效率，及时满足客户需求。

二、实训要求

1.根据实训情况写出实训报告，内容包括实训的操作过程、结果和实训体会。

2.要求实训报告能记录实训的主要操作过程和实训结果，并能通过实训谈谈自己的收获、体会或建议等。

3.完成仿真业务操作题目。

三、实训内容与步骤

订单处理可以简单地概括为以下步骤：同步订单—审核订单—配货（启用库存）—打印订单—发货/虚拟发货/扫描发货。

子任务一　ERP沙盒操作：Wish、eBay、敦煌

业务1　同步订单

（1）同步变更。

同步变更指同步平台上订单状态有变化和新增的订单，如图10-1所示。

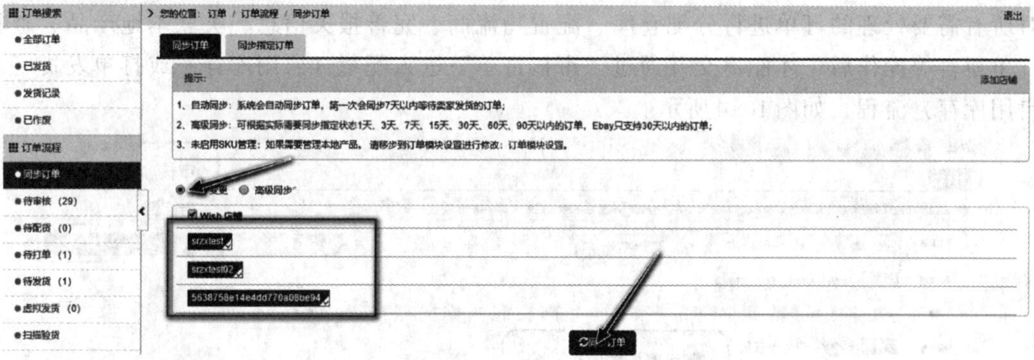

图10-1　同步订单页面

（2）高级同步。

高级同步指同步所有的订单。在“高级同步”中可根据实际需要，按时间或状态进行同步，根据时间分为1天、7天、15天、30天、60天、90天以内的订单（eBay只支持30天以内的订单）；根据状态分为等待买家付款、买家申请取消、资金未到账、等待卖家发货、未发货或已部分发货、已全部发货、已发货但未寄出发票、订单已取消、订单无法配送、含纠纷的订单等，如图10-2所示。

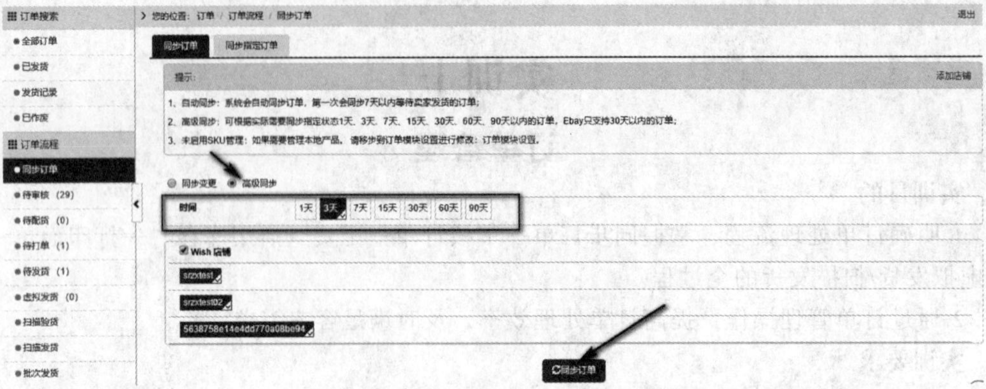

图 10-2 高级同步订单页面

（3）同步指定订单。

在同步指定订单时要注意：订单编号在ERP沙盒中不存在，如果已经存在并需要重新同步，请先找到对应的订单，先删除，再重新同步，如图10-3所示。

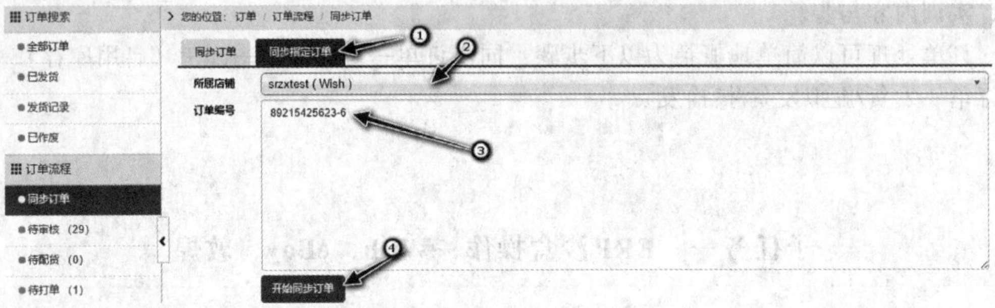

图 10-3 同步指定订单页面

业务2 审核订单

订单同步后自动进入待审核菜单，在“订单”-“订单流程”-“待审核”菜单中，对所有需要处理的订单进行分配仓库、配置物流商、完善报关信息、关联本地产品、查看订单留言等操作后，才能提交并通过“审核订单”进入配货（启用库存）或打单发货（未启用库存）流程，如图10-4所示。

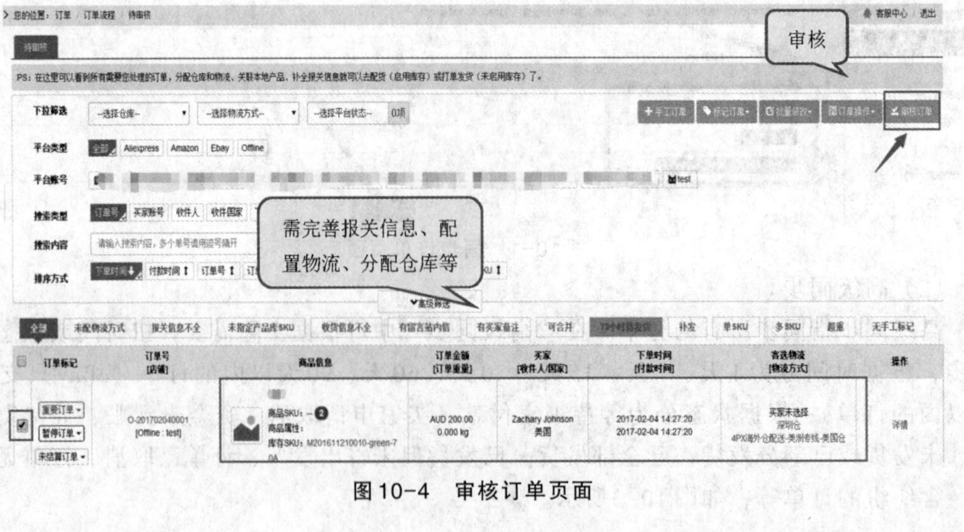

图 10-4 审核订单页面

（1）关联本地商品。

当订单设置“启用SKU管理”时，需要设置本地和店铺中商品的SKU值，从而进行产品映射，同步的订单将通过SKU查找与之相匹配的商品，如图10-5所示，同步订单后，点击“详情”按钮。

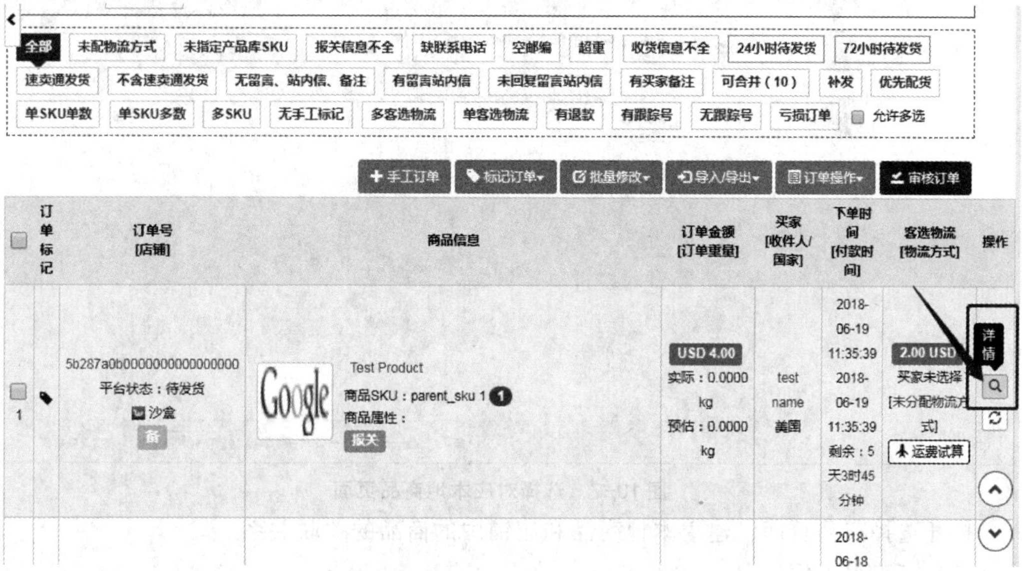

图10-5　关联本地产品页面

按照图10-6箭头所示点击“替换商品”按钮，来到已经上传的本地商品展示页面，如图10-7所示。

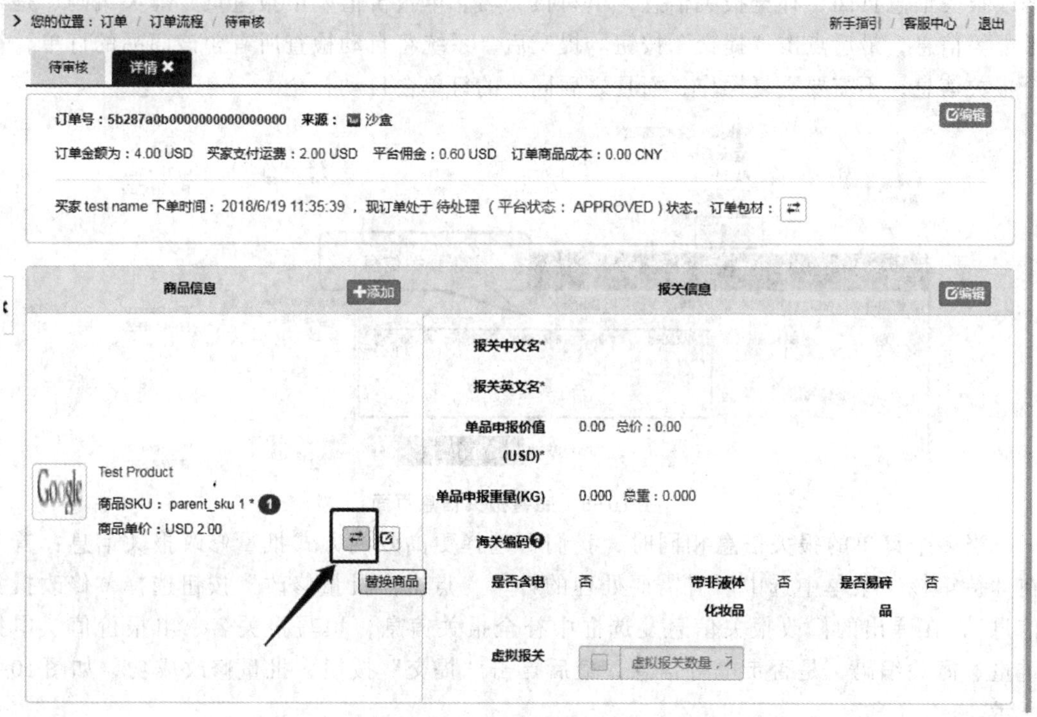

图10-6　上传本地商品展示页面

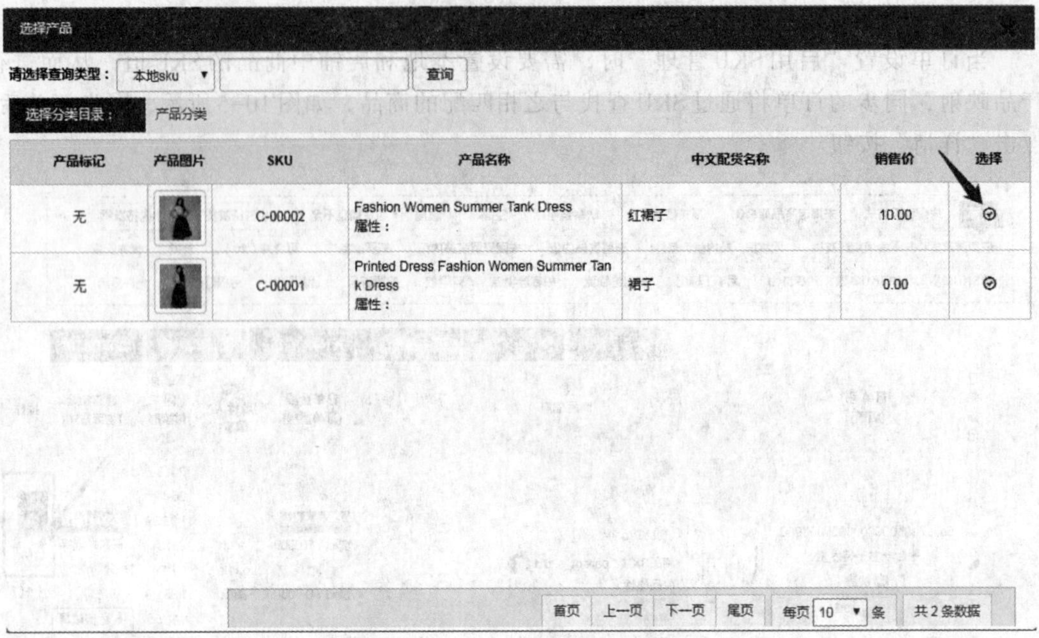

图 10-7　选择对应本地商品页面

打开选择产品页面，建立本地商品和店铺中的商品的关联关系。

（2）完善报关信息。

订单报关信息不完善时，在“待审核”菜单的订单列表“商品信息”中会显示“报关”，提醒用户完善报关信息。完善订单报关信息如图 10-8 所示，点击“报关”按钮弹出修改报关信息页面，补全报关信息，填写报关名、申报价值、申报重量、海关编码、是否带电等信息，最后点击“提交”按钮。提交后，系统将自动检查所有含该商品的订单，补全报关信息，不需要重复操作，而且之后同步的订单会自动补全。

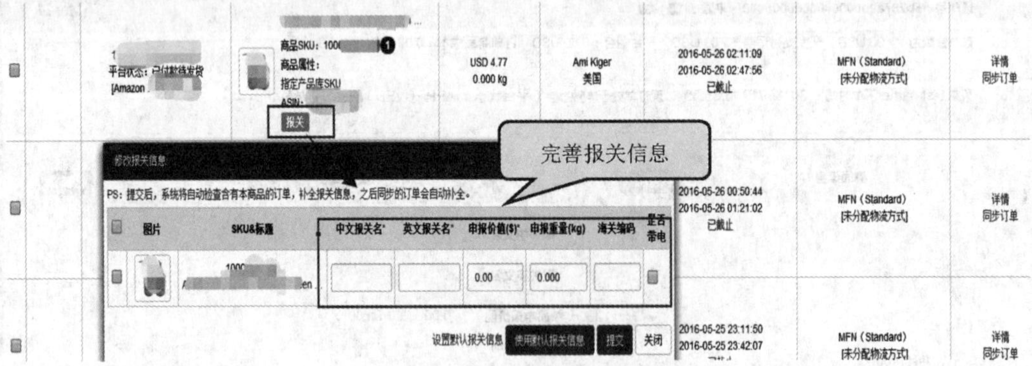

图 10-8　完善报关信息页面

当多个订单的报关信息相同时，我们可选择更高效的方式批量修改报关信息：首先在“待审核”菜单中选中所有需要处理的订单，点击“批量修改”按钮选择“修改报关信息”，在弹出的修改报关信息复选框中补全报关信息，填写报关名、申报价值、申报重量、海关编码、是否带电等信息，最后点击“提交”按钮，批量修改成功，如图 10-9 所示。

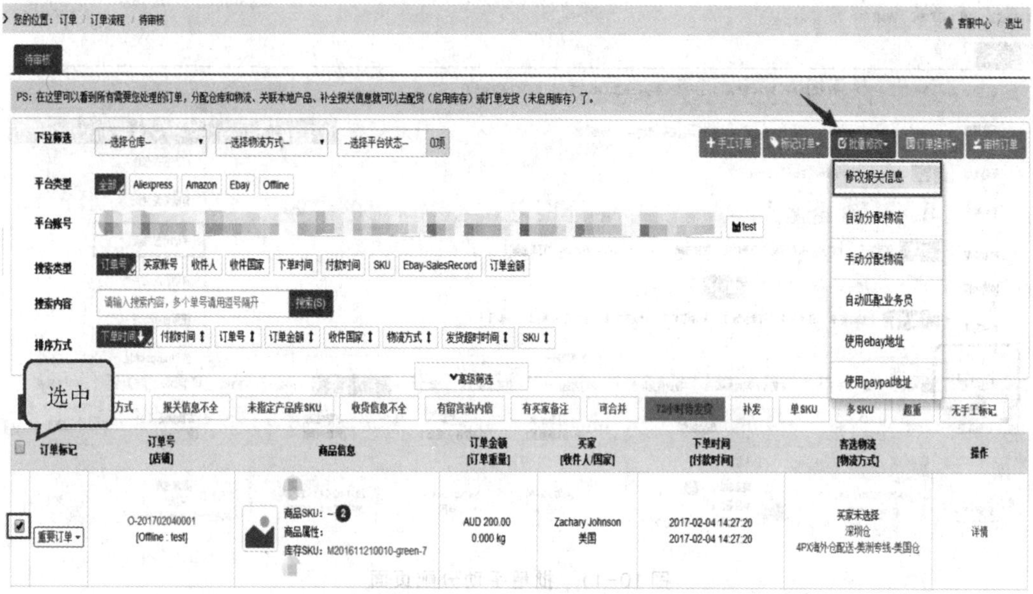

图 10-9　批量修改报关信息页面

（3）配置物流商。

订单物流方式分为自动分配和手动分配两种，其中手动分配又分为批量手动分配和逐个手动分配，卖家可根据具体需要进行操作。

①单个订单手动分配。这里我们先看一下如何对某个订单进行手动分配，如图10-10所示，在“待审核”菜单中首先查找需要处理的订单，点击“未分配物流方式”按钮，弹出手动分配物流页面，选择仓库、物流方式（例如，Wish沙盒的订单只能通过配套的跨境电商物流沙盒获取物流单号信息，需先绑定物流沙盒），最后点击“确定”按钮，手动分配成功。

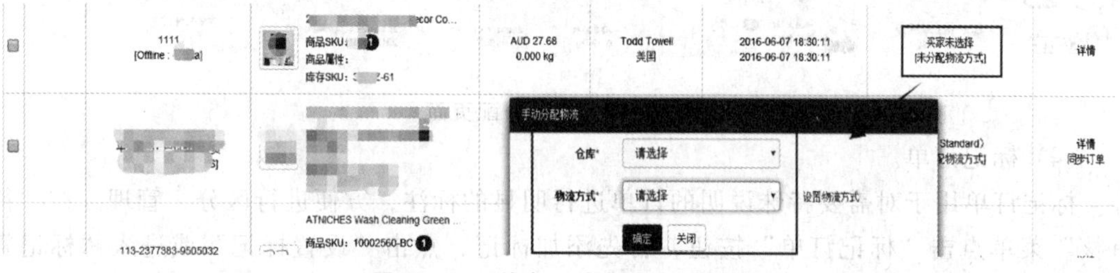

图 10-10　单个订单手动分配页面

②批量手动分配。当订单量较多时，我们可选择更高效的方式批量处理订单：首先在“待审核”菜单选中所有需要处理的订单，点击“批量修改”按钮选择“手动分配物流”，在弹出的手动分配物流复选框中选择仓库、物流方式，最后点击“提交”按钮，批量分配成功，如图10-11所示。

③自动分配物流。系统自动分配物流需要先制订方案，根据具体的条件设定对应的规则自动进行匹配，详见物流方案。首先在“待审核”菜单选中所有需要处理的订单，点击“批量修改”按钮选择“自动分配物流”，系统将根据订单当前的情况自动匹配物流方式，如图10-12所示。

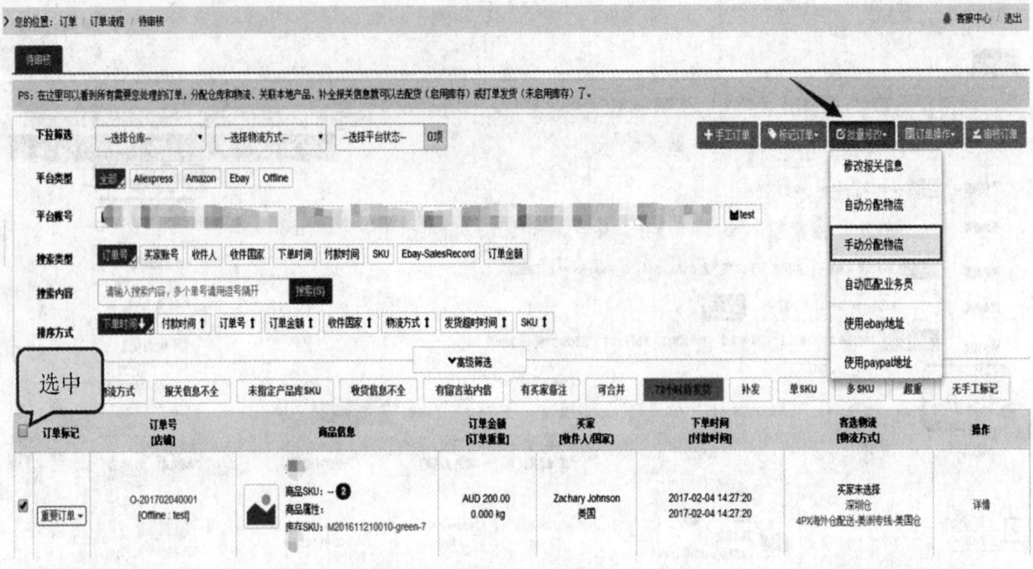

图 10-11 批量手动分配页面

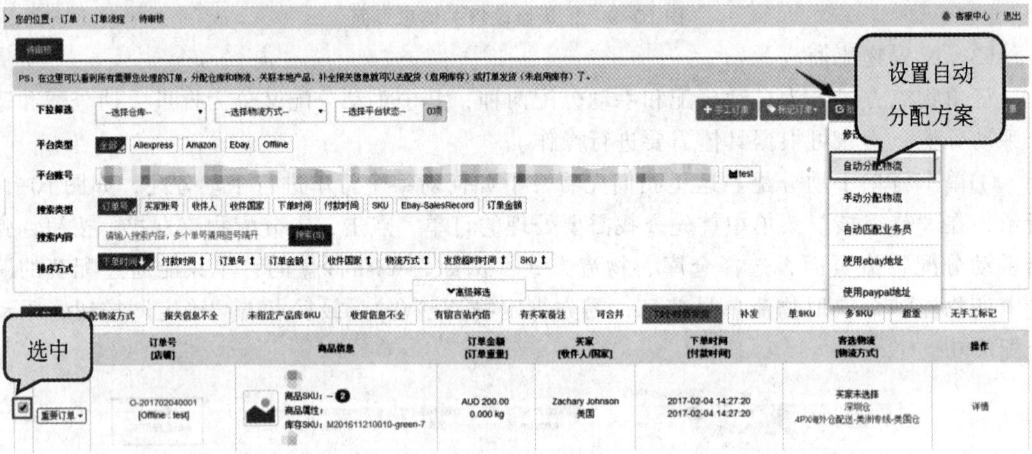

图 10-12 自动分配页面

（4）标记订单。

标记订单用于对需要特殊说明的订单进行明显的标注，方便进行区分、管理。在“待审核”菜单点击“标记订单”按钮，首先添加标记，点击“设置标记”或进入“标记管理”菜单进行添加。

①标记订单。添加订单标记后，选中需要标记的订单，点击“标记订单”按钮选择对应的标记，设置后在订单列表中将显示对应的标记，支持订单同时设置多个标记，如图10-13所示。

②删除标记。设置标记后，选中需要删除的订单对应标记的复选框，点击“删除标记”按钮进行删除，或点击“标记订单”按钮选择“删除标记”删除所选订单所有的标记，如图10-14所示。

（5）批量修改订单。

系统支持对订单进行批量修改操作，如图10-15所示。

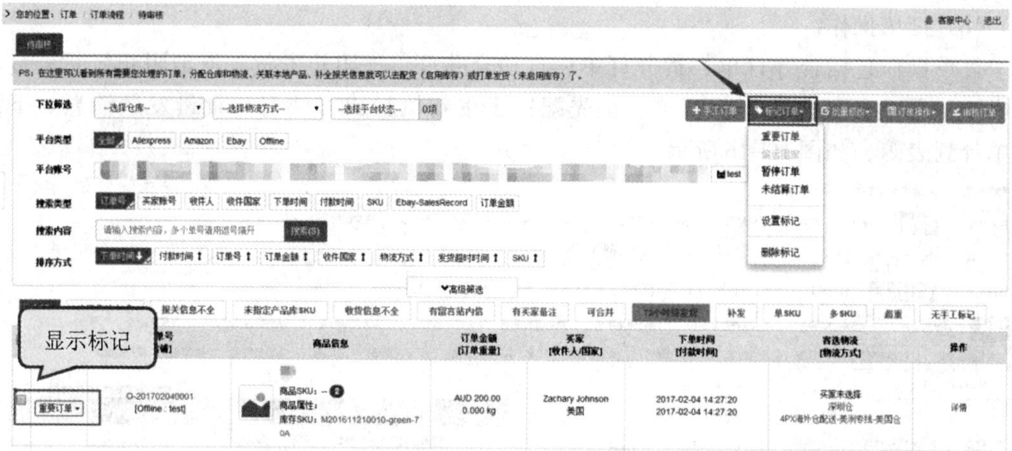

图 10-13　标记订单页面

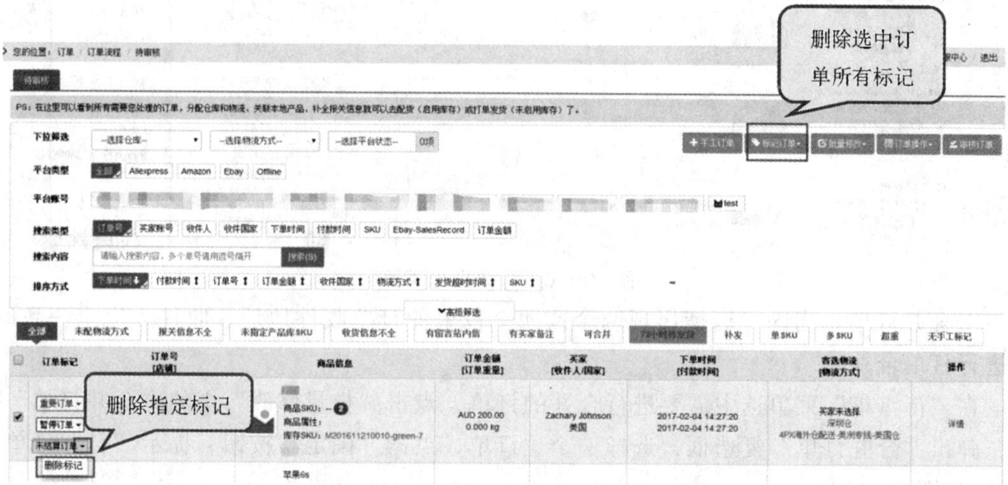

图 10-14　删除标记页面

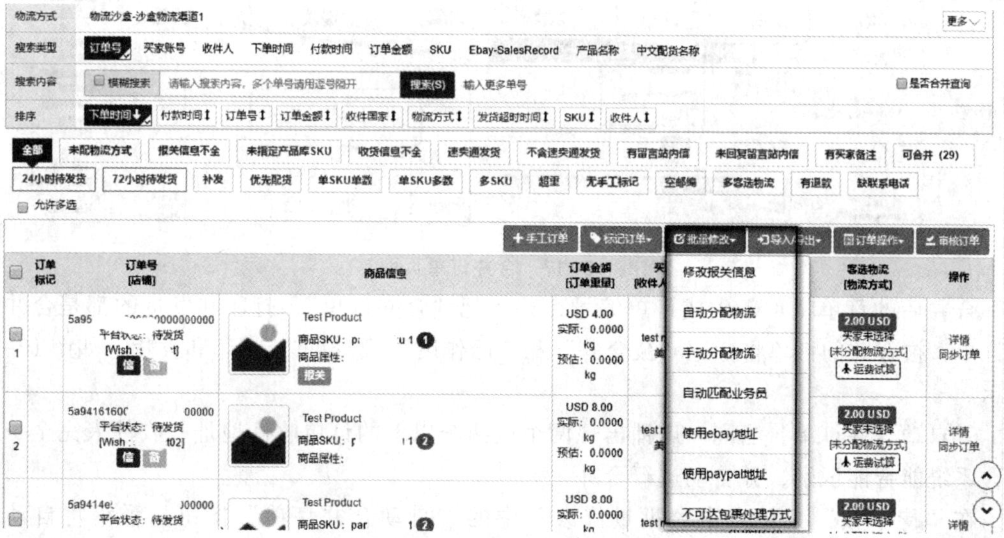

图 10-15　批量修改订单页面

（6）订单操作。

订单操作包括合并订单、拆分订单、自动合并订单、阻止发货、取消阻止发货、订单作废、订单不再处理、删除订单、优先配置、重新执行SKU映射、批量发送消息、下载订单计划表等，如图10-16所示。

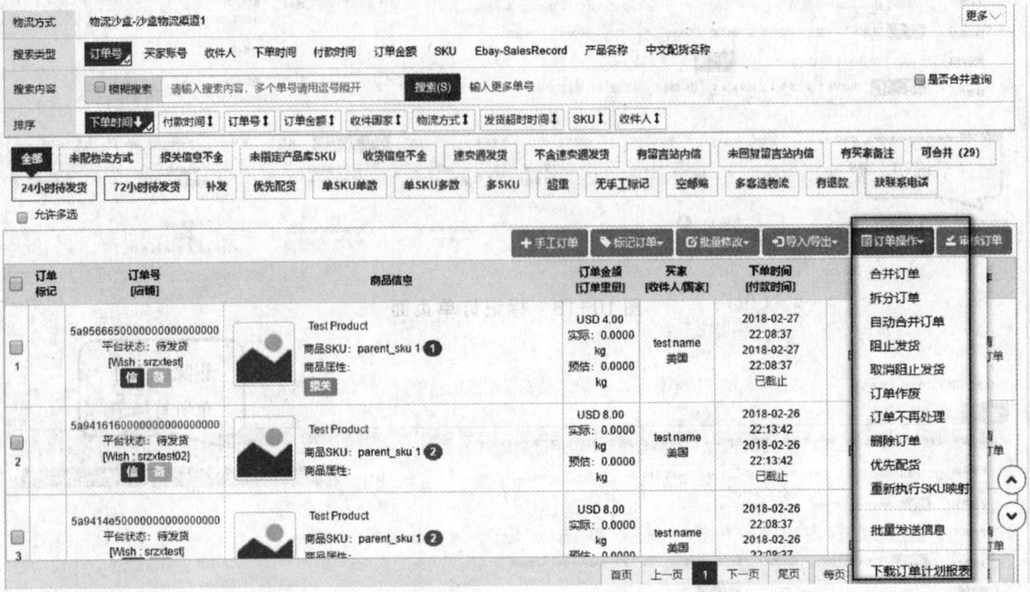

图10-16　订单操作页面

①合并订单。当同一店铺出现两个或两个以上的订单收件地址、收件人完全一致时，可进行订单合并。

在“待审核”菜单选中需要进行合并的订单，点击“批量修改”中的“合并订单”按钮，弹出“合并订单”复选框，选择一个主订单，点击“确定”按钮，提示“合并订单成功”，如图10-17所示。

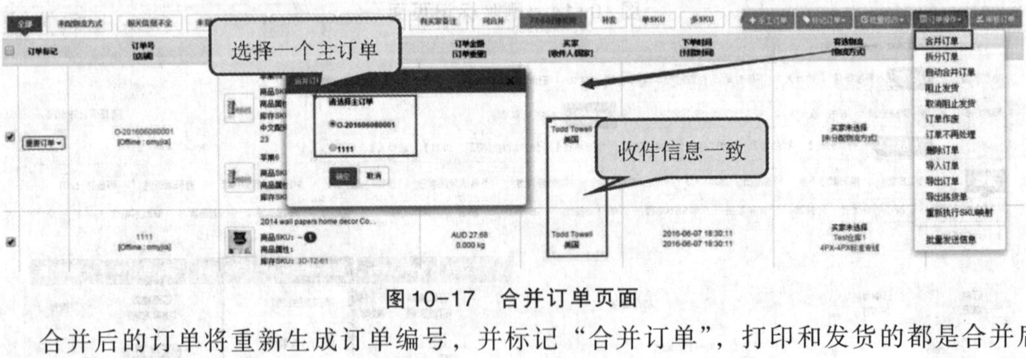

图10-17　合并订单页面

合并后的订单将重新生成订单编号，并标记“合并订单”，打印和发货的都是合并后的订单；被合并的订单将标记“被合并”和“已作废”，避免重复打印和发货，如图10-18所示。

②自动合并订单。当同一店铺出现两个或两个以上的订单收件地址、收件人完全一致时，系统能智能识别，并自动进行合并。

在“待审核”菜单点击“批量修改”中的“自动合并订单”按钮，系统将自动对收件信息一致的订单进行合并，并生成新的合并订单，自动标记为“合并订单”，被合

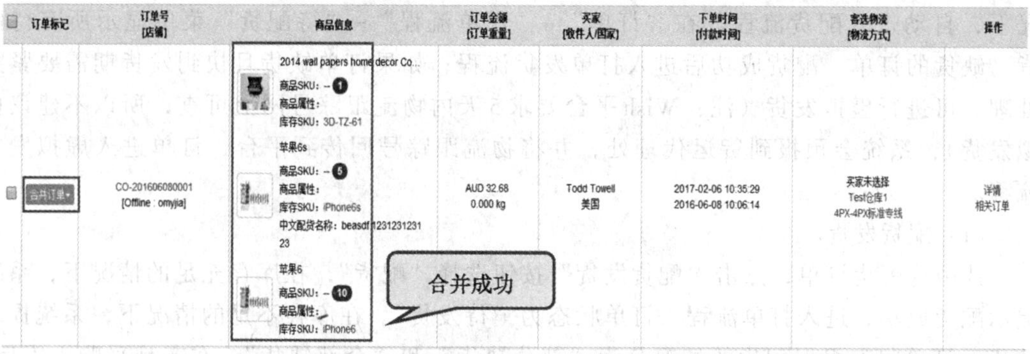

图 10-18　合并订单成功页面

并的订单将标记“被合并”和“已作废”。这样做省略了手动操作环节，大大提升工作效率。

③拆分订单。当订单超重或其他原因需要拆分时，可将订单拆分为几个包裹，拆分后订单将重新生成订单编号，并自动标记为“拆分订单”，打印和发货的都是拆分后的订单。被拆分的订单会有“被拆分”和“已作废”的标记，避免重复打印和发货。

在“待审核”菜单点击“批量修改”中的“拆分订单”按钮，进入拆分订单页面，勾选产品，填写拆分数量，点击“创建订单”，需要拆分为几个包裹就创建几个订单，如图10-19所示。

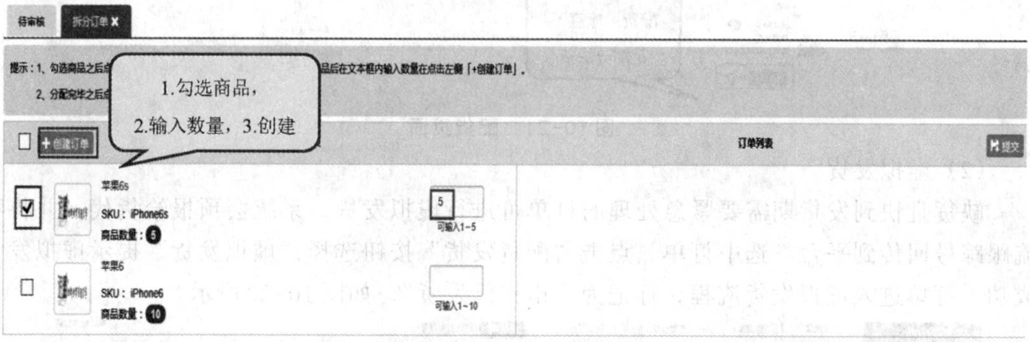

图 10-19　拆分订单页面

所有订单拆分完成之后点击“提交”按钮，订单拆分成功，如图10-20所示。

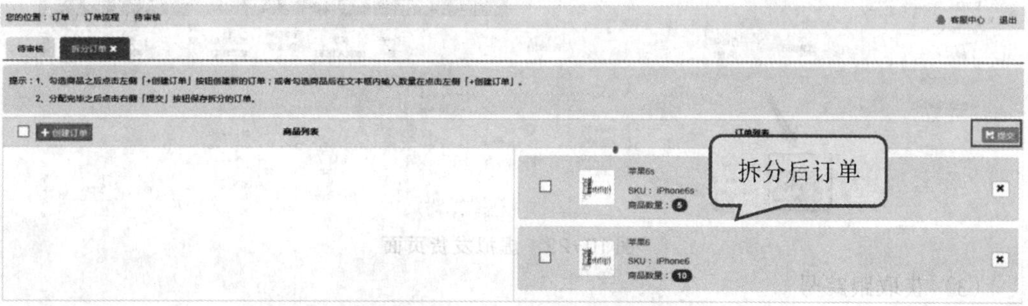

图 10-20　订单拆分成功页面

业务3　配货

订单提交审核后，在启用库存的情况下配货；不启用库存则忽略。在启用库存的情况下，自动进入配货流程，在“订单”-“订单流程”-“待配货”菜单显示所有待配货、缺货的订单。配货成功后进入打单发货流程；如果订单缺货且快到发货期需要紧急处理，可进行虚拟发货（注：Wish平台要求5天内物流跟踪号网上可查，所以不建议虚拟发货），系统会预报到货运代理处，并将物流跟踪号回传到平台，订单进入虚拟发货流程。

（1）配货发货。

选中待配货订单，点击“配货发货”按钮选择“配货”，在库存充足的情况下，系统提示配货成功，进入打单流程，订单状态为“待发货”。在库存不足的情况下，系统提示缺货，订单状态根据配货的情况分为“部分缺货”和“全部缺货”，在产品采购入库后，系统会自动配货，进入打单流程，订单状态为“待发货”，如图10-21所示。

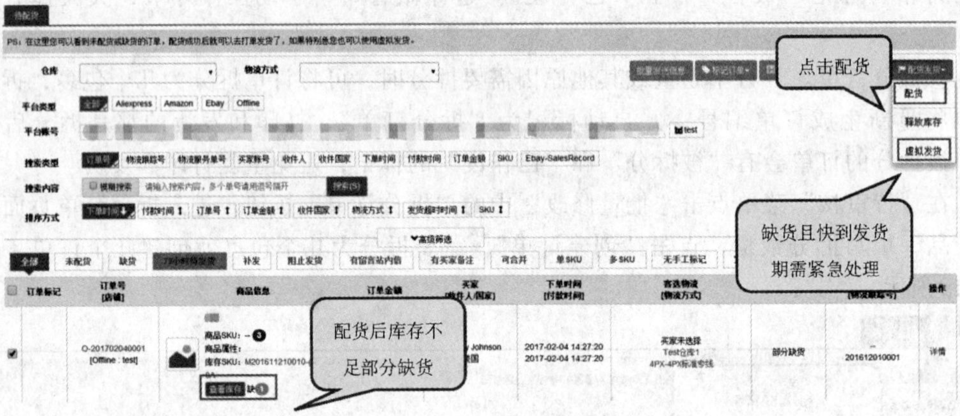

图10-21 配货页面

（2）虚拟发货。

缺货且快到发货期需要紧急处理的订单可进行虚拟发货，系统会预报给货代，并将物流跟踪号回传到平台。选中订单，点击“配货发货”按钮选择“虚拟发货”提示虚拟发货成功，订单进入虚拟发货流程，标记为“虚拟已发货”，如图10-22所示。

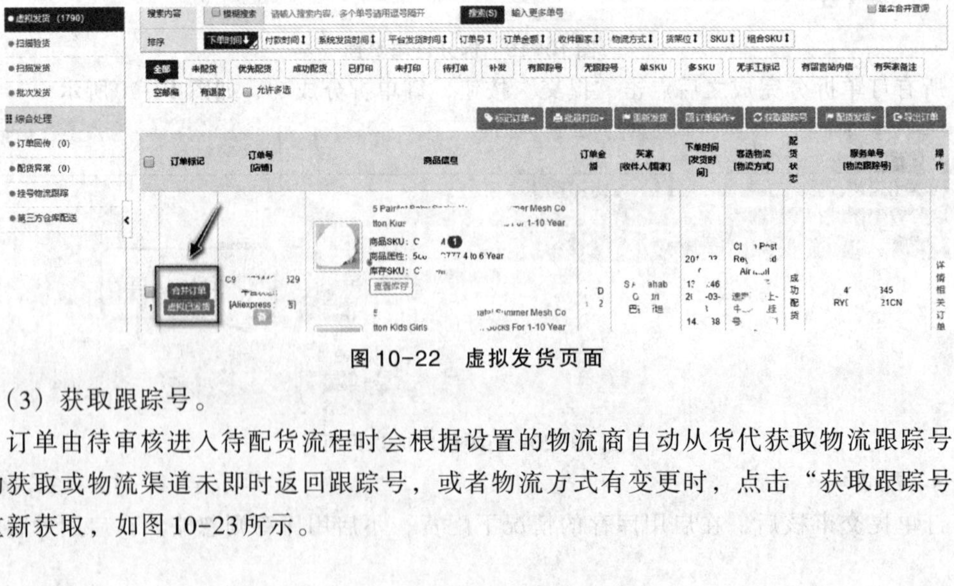

图10-22 虚拟发货页面

（3）获取跟踪号。

订单由待审核进入待配货流程时会根据设置的物流商自动从货代获取物流跟踪号，未自动获取或物流渠道未即时返回跟踪号，或者物流方式有变更时，点击“获取跟踪号”按钮重新获取，如图10-23所示。

图 10-23 获取跟踪号页面

如果提示预报失败，需根据提示信息修改订单或找到失败原因，比如提示“运输方式不到该国家，请检查运输方式或更换其他运输方式”，则先修改物流方式，再点击“获取跟踪号”按钮重新获取。

（4）批量发送消息。

系统支持给订单批量发送消息，在“待配货”菜单选中订单，点击“批量发送消息”按钮，选择系统编辑好的消息模板，或在发送内容中自定义内容，如图 10-24 所示。

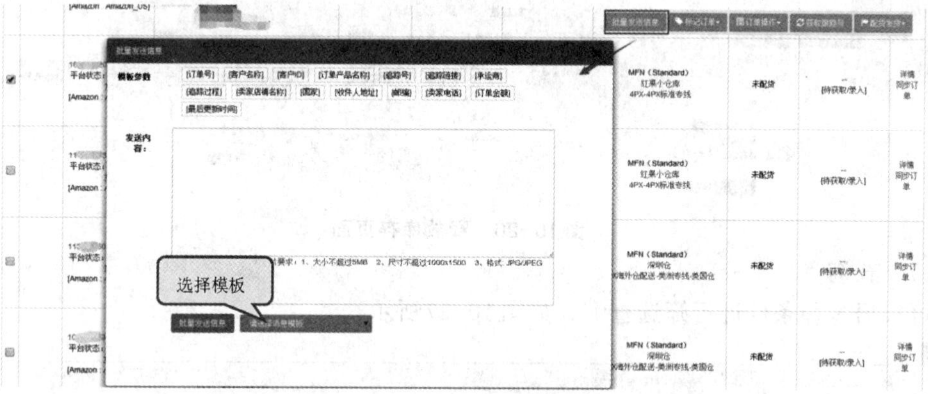

图 10-24 批量发送消息页面

（5）订单重审。

订单操作包括合并订单、拆分订单、订单作废、删除订单、订单重审、阻止发货、取消阻止发货、导出订单等，大部分功能在审核订单的批量修改中已经介绍过，这里重点介绍“订单重审”功能。

在“待配货”菜单，如果需要对订单进行修改或重新审核，可通过订单重审功能，退回待审核菜单。具体操作为选中订单，点击“订单操作”下的“订单重审”按钮，系统提示“订单重审成功”，如图 10-25 所示。

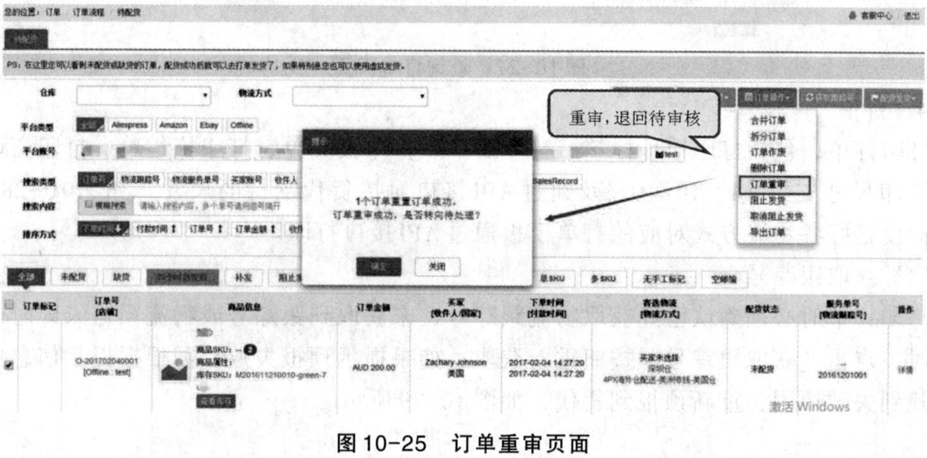

图 10-25 订单重审页面

（6）释放库存。

订单进行配货后，对状态为“部分缺货”和“全部缺货”的订单可进行释放库存。在“待配货”菜单选中订单，点击“配货发货”下的“释放库存”按钮，释放成功后订单为“未配货”状态，如图10-26所示。

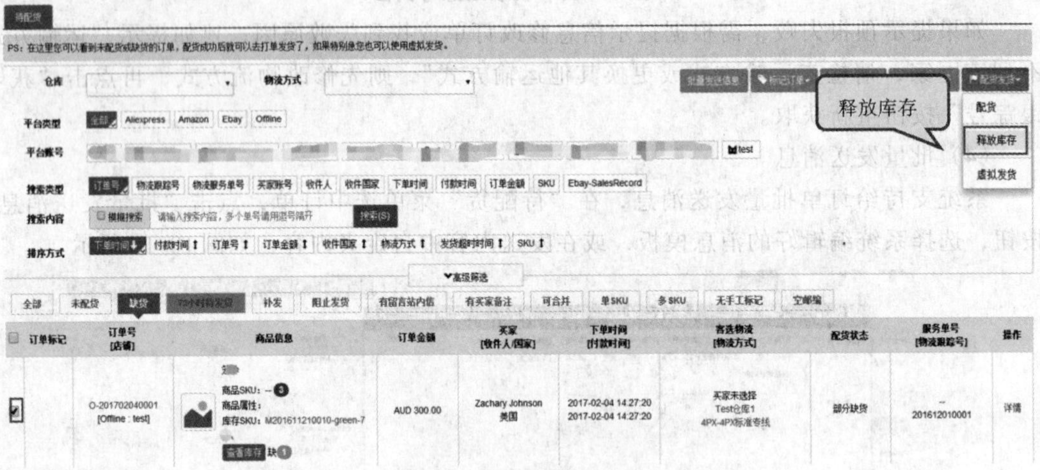

图10-26　释放库存页面

（7）查询。

可根据多种条件进行筛选查询，如图10-27所示。

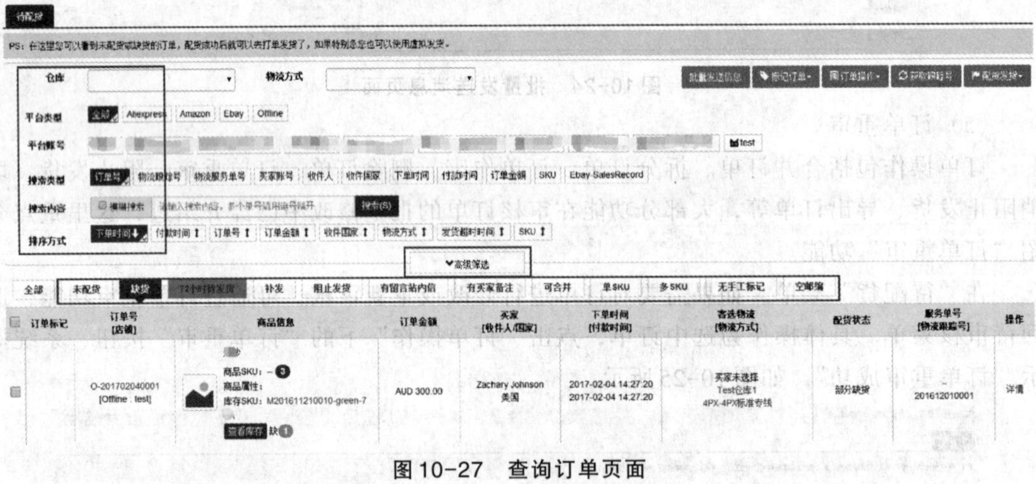

图10-27　查询订单页面

业务4　打单

打印订单，包括打印地址标签、打印面单、打印报关单、打印拣货单、打印商业发票等，打印尺寸支持A4、10×10，及通过API接口对接货代支持的尺寸，如图10-28所示。可提前设置好各物流方式对应的打单模板通过API接口打印。

（1）获取跟踪号。

打印订单时必须确认已经获取物流跟踪号，未获取到跟踪号或物流渠道未即时返回跟踪号时，点击“获取跟踪号”按钮重新获取；如果提示预报失败，需根据提示信息修改订单或找到失败原因，重新预报到货代，如图10-29所示。

图 10-28　打印订单页面

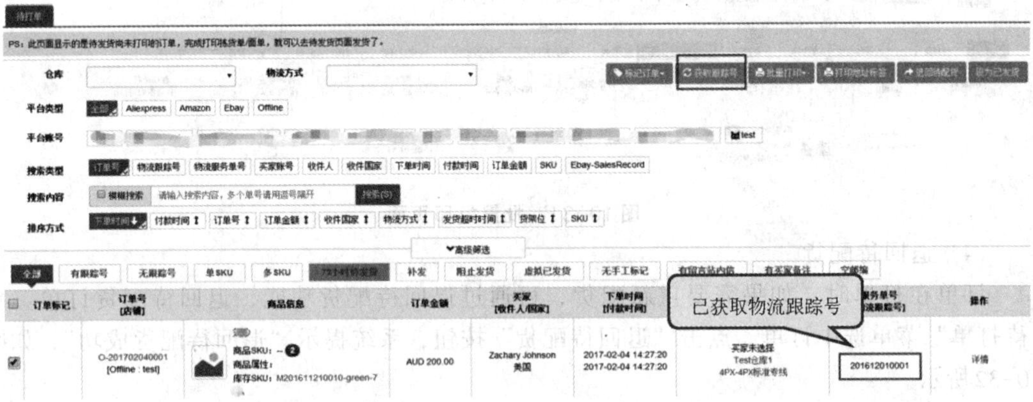

图 10-29　获取跟踪号页面

（2）打印地址标签。

在“订单”-“订单流程”-“待打单”菜单中选中订单，点击“打印地址标签”进入订单对应物流商的打印页面，每个物流商的API打印各有不同，4PX打印设置如图10-30所示。

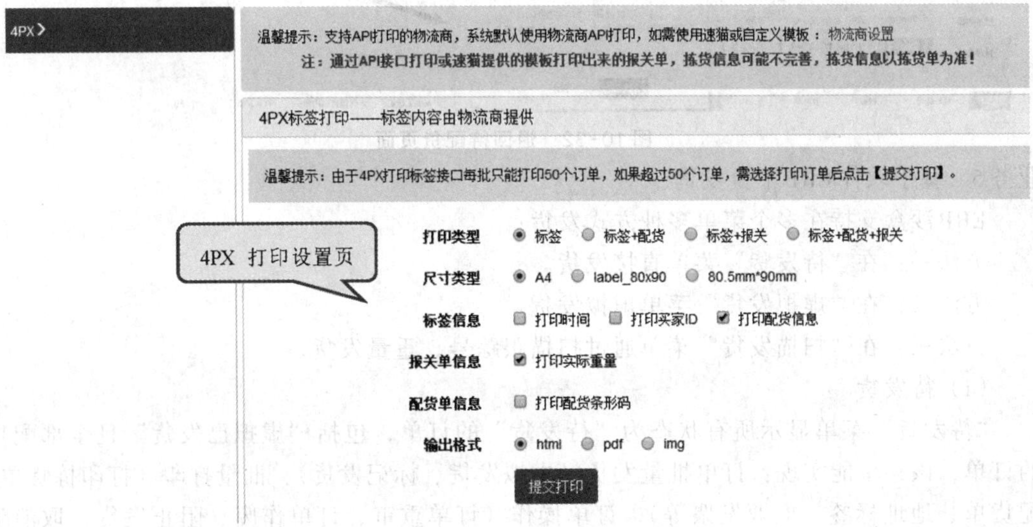

图 10-30　打印地址标签页面

（3）批量打印。

批量打印包括：打印拣货单A4、打印单页拣货单A4、打印拣货单10×10、打印配货单、打印商业发票、设为已打印等功能，如图10-31所示。批量打印方便卖家同时打印多个订单，让工作更方便。

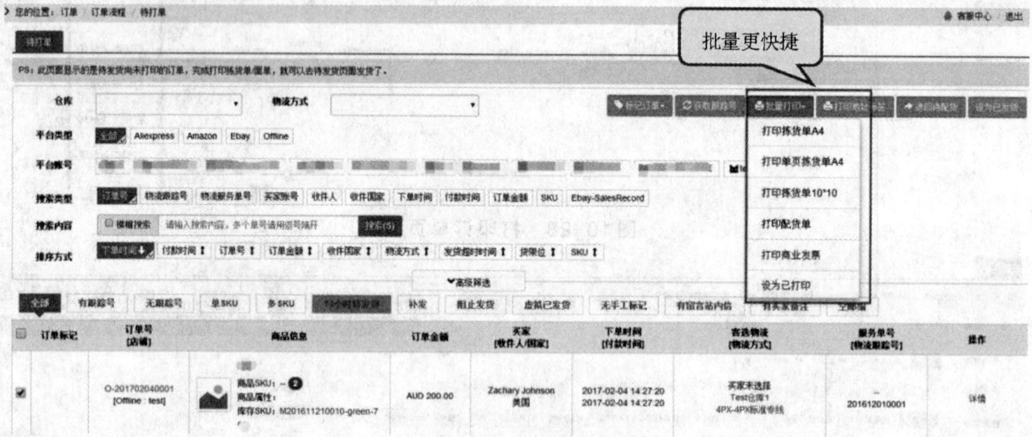

图10-31 批量打印页面

（4）退回待配货。

订单在打单时，如果需要重新配货，可通过退回待配货功能，退回待配货订单。在"待打单"菜单选中订单，点击"退回待配货"按钮，系统提示"退回待配货成功"，如图10-32所示。

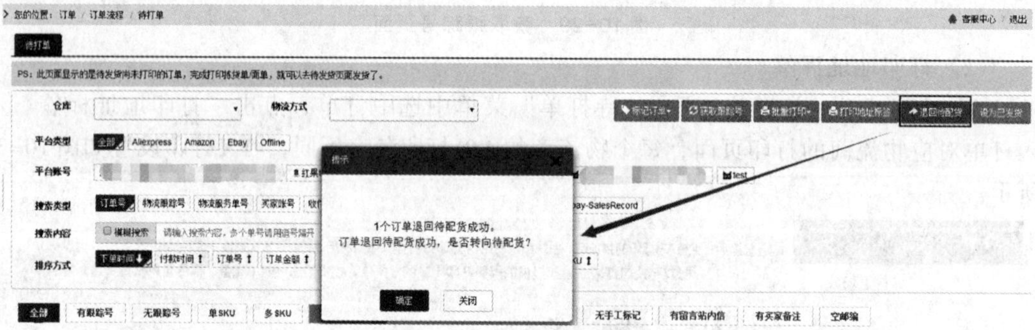

图10-32 退回待配货页面

业务5 基于软件ERP平台发货

ERP沙盒支持在多个菜单多种方式发货：

方法一：在"待发货"菜单直接发货。

方法二：在"虚拟发货"菜单虚拟发货。

方法三：在"扫描发货"菜单通过扫描跟踪号、重量发货。

（1）待发货。

"待发货"菜单显示所有状态为"待发货"的订单，包括"虚拟已发货"且全部配货的订单，该菜单能实现：订单批量发货（虚拟发货、标记发货）、批量打印（打印拣货单、配货单、地址标签、商业发票等）、订单操作（订单重审、订单作废、阻止发货、取消阻止发货、清空跟踪号、导出订单、导出拣货单、设为已发货）、批量发送消息、获取跟踪号、提醒设置、标记订单、退回待配货等操作。

发货操作时，在“订单”-“订单流程”-“待发货”菜单，选中待发货订单，点击“批量发货”下的“标记发货”，系统提示发货成功，订单状态为“已发货”，在启用库存管理时扣减相应的库存，并自动向交易平台回传发货状态。

（2）虚拟发货。

“虚拟发货”菜单为显示在前面流程中进行“虚拟发货”的所有订单，该菜单能实现以下功能。

订单配货发货（配货、标记发货、释放库存、标记发货）、批量打印（打印拣货单、配货单、地址标签、商业发票等）、订单操作（阻止发货、取消阻止发货、订单作废）、批量发送消息、获取跟踪号、导出订单、标记订单等操作。

在启用库存管理时，首先对发货且状态为“部分缺货”“全部缺货”的订单，点击“配货发货”下“配货”按钮进行配货，在库存充足的情况下，配货成功；对库存不足的，需要先进行采购或入库操作，再配货，然后进行“标记发货”或“设为已发货”。在不启用库存管理时，直接对待发货订单进行“标记发货”或“设为已发货”操作，如图10-33所示。

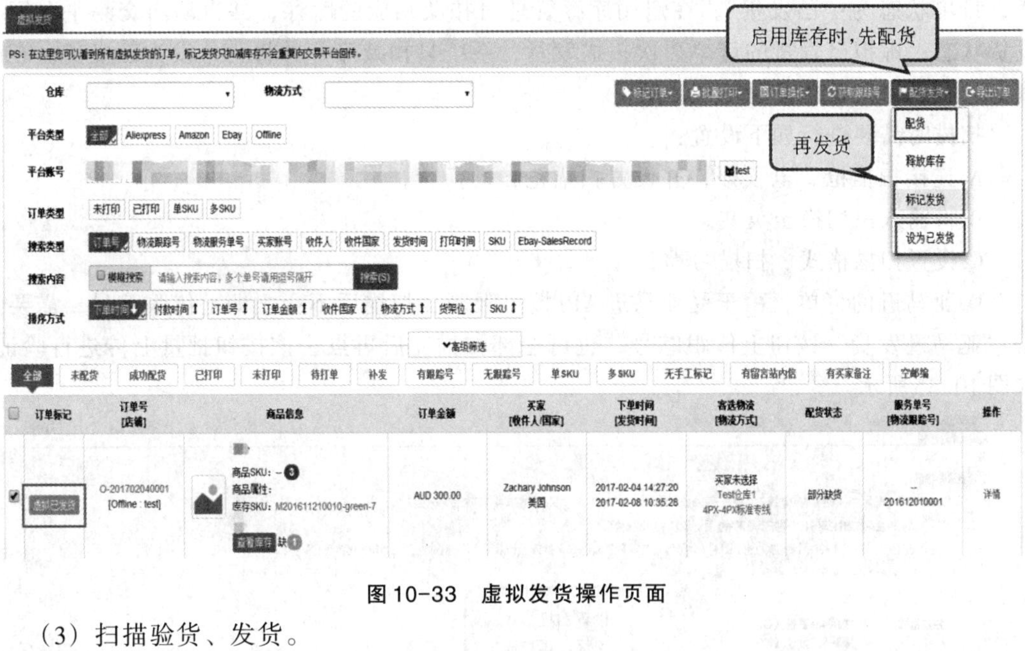

图10-33　虚拟发货操作页面

（3）扫描验货、发货。

扫描发货是通过对接扫描枪或电子秤，扫描跟踪号或包裹重量进行发货，这是目前比较智能、高效的一种发货方式。

①扫描验货。通过扫描订单号或跟踪号、商品SKU进行验证，扫描时需要进行如下设置：

A.连接扫描枪，并设置扫描后自动换行；

B.将输入法切换至英文；

C.设置是否“启用SKU扫描”。不启用SKU时，可一次扫描完所有订单号或跟踪号再提交；启用SKU时，先扫描订单号或跟踪号，然后再扫描该订单包裹中商品SKU条码，如果同一商品有多件则需要多次扫描该商品SKU条码，如图10-34所示。

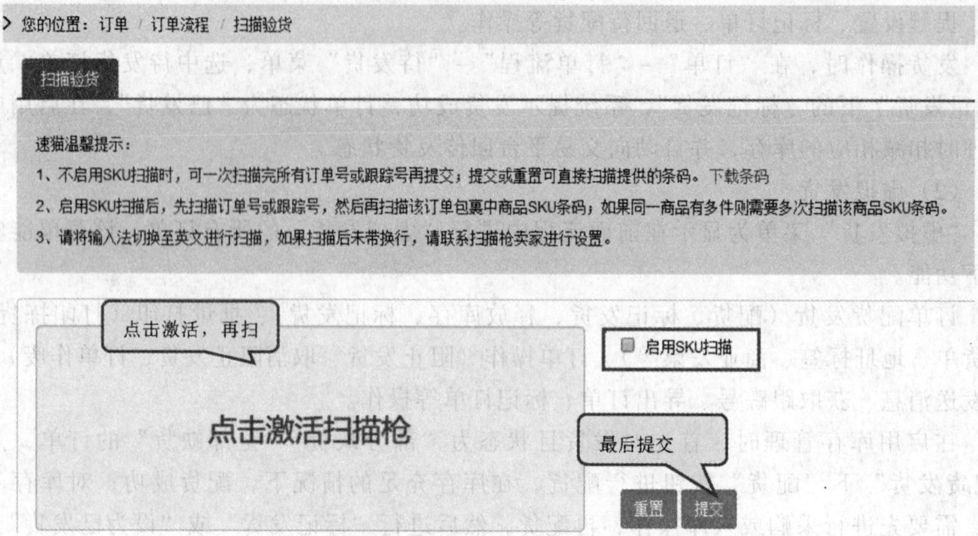

图10-34　扫描验货页面

②扫描发货。通过扫描订单的跟踪号、商品重量进行发货，扫描后系统自动提交发货，订单状态为"已发货"，在启用库存管理时扣减相应的库存，并自动向交易平台回传发货状态；虚拟已发货的订单再次扫描发货，系统只扣减库存并将订单设为已发货。在处理信息中显示发货的情况。

扫描时需要进行如下设置：

A.连接扫描枪、电子秤，并设置扫描枪自动换行；

B.将输入法切换至英文；

C.设置扫描格式、扫描习惯；

D.亚马逊的订单，由于受亚马逊API接口限制，扫描后不会立即上传跟踪号，需要点击"亚马逊发货"按钮上传跟踪号，也可全部扫描完后再点击该按钮批量上传进行验证，如图10-35所示。

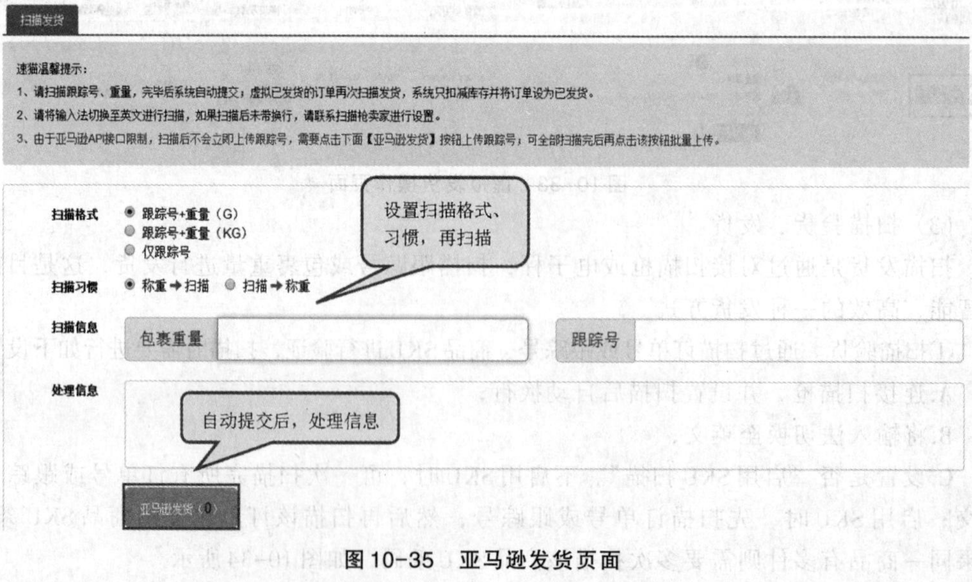

图10-35　亚马逊发货页面

子任务二　亚马逊平台销售进度跟进

业务6　亚马逊平台销售进度跟进

（一）业务流程

亚马逊平台销售进度跟进。每天监控产品销售进度是亚马逊运营日常必做的工作。虽然亚马逊后台会有库存及补货建议，但是其仅仅是根据平台销售进度而给出的补货建议。所以卖家需要每天监控产品的销售进度，及时根据平台销售进度规划产品生产和物流时间，以确保产品有序生产、及时补货，尽量做到最小库存前提下不断货，提高店铺经营绩效。学生要学会如何跟踪亚马逊平台销售进度。

在亚马逊“卖家后台”-“订单”界面，可以进行细致的订单管理，如图10-36所示，可以查询FBA货物和自发模式下“未发货”“已发货”订单并进行发货、跟踪、催评、退货退款等业务。

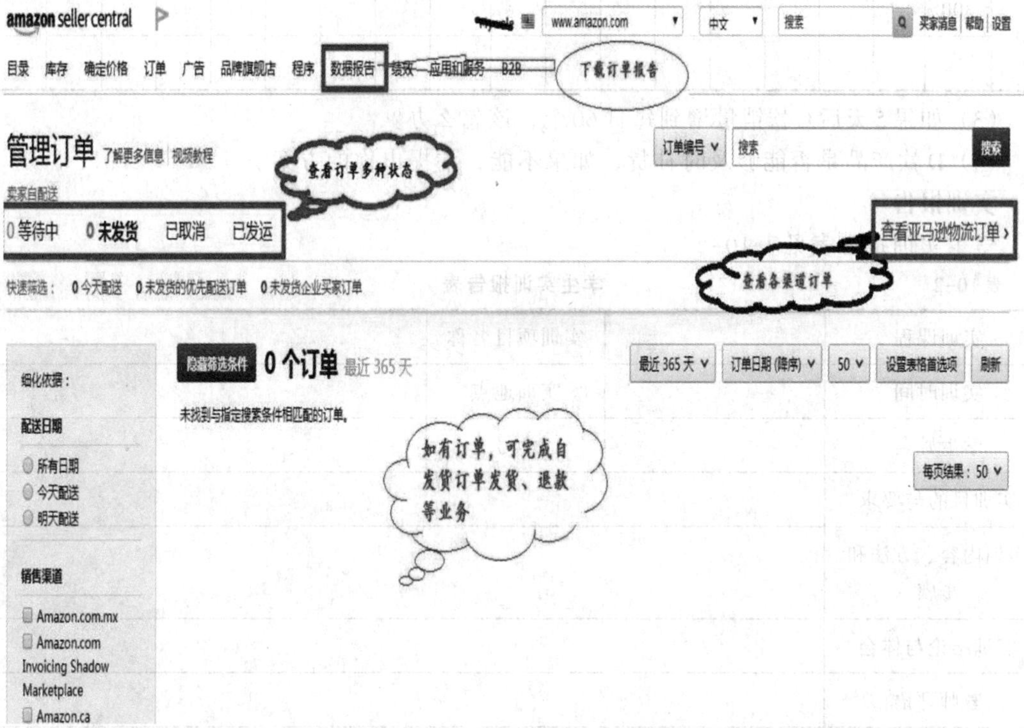

图10-36　亚马逊管理订单页面

（二）业务操作

1.利用甘特图法完成下面任务（也可以用Excel在电脑上完成，见表10-1）

业务背景：经盘点，4月1日当天某公司A款产品日均销量为25个，库存600个，订货周期为10天，发FBA周期为7天，上架周期3天；B款产品日均销量为20个，库存480个，订货周期为15天，发FBA周期为15天，上架周期3天；C款产品日均销量为50个，库存1 200个，订货周期为8天，发FBA周期为7天，上架周期3天。D款产品日均销量为

15个，库存300个，订货周期为10天，发FBA 周期为7天，上架周期3天。

（1）请动态规划产品生产备货、运输等业务时间.

（2）请用黑色线条表示生产订货起止时间，红色线条表示运输时间，蓝色线条表示入库上架时间。

表10-1 **甘特图**

	4.1	4.5	4.9	4.11	4.12	4.13	4.14	4.15	4.16	4.17	4.18	4.19	4.20	4.21	4.22	4.23	4.24	4.25
A	600	500	400			300				200				100				0
B	480																	
C	1 200																	
D	300																	

（3）如果5天后C款销量增到每日60个，该怎么办?

（4）D款产品是否能够及时补货，如果不能，请提出你的方案。

四、实训报告

学生实训报告表见表10-2。

表10-2 **学生实训报告表**

实训课程		实训项目名称	
实训时间		实训地点	
学生姓名		学号	
实训目的与要求			
实训内容、方法和步骤			
实训结论与体会			
教师评语			
实训成绩		教师签名	

实训十一

财务与报表

一、实训目的

1.通过实训学会统计店铺的销售情况，按月统计店铺的收入及营利等。

2.掌握销售数据分析方法，编制账目报表，明确店铺经营情况。

二、实训要求

1.根据实训情况写出实训报告。

2.要求实训报告能记录实训的主要操作过程和实训结果，并能通过实训谈谈自己的收获、体会或建议等。

3.该实训报告考核评价要求内容完整，包括实训的操作过程、结果和实训体会。

4.完成仿真业务实操练习。

子任务一　ERP沙盒操作：Wish、eBay、敦煌

业务1　财务结算

财务管理主要用于统计店铺的销售情况，按月统计店铺的收入及盈利等。

用户可设定一个结算日，按月把上一个月的销售数据生成财务账期，自动统计并核算订单的实际付款金额、平台佣金、运费、退款、包装费用、商品成本（包含商品采购价和采购运费、境外仓头程运费等）、订单明细财务（包含商品成本、销售价等）、结算流水以及店铺财务（店铺产生且不方便均摊到订单的数据），并同步最新的币种汇率，把所有的账务数据转换为同一币种。

财务账期可以帮助卖家进行精准的销售数据分析，使销售额、成本、利润等账目报表一目了然。

1.结算设置

（1）设置结算日期，结算币种、是否启用自动结算。

在“财务结算”-“财务结算”-“结算设置”中，设置结算日期，结算币种、是否启用自动结算，如图11-1所示。

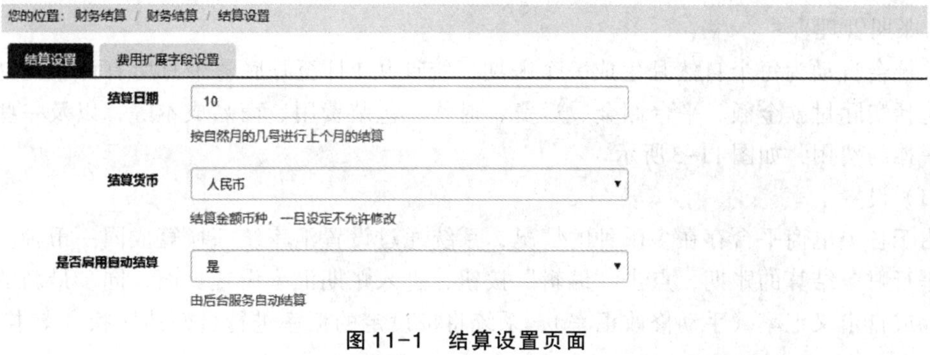

图11-1　结算设置页面

①结算日期。用户设定一个结算日，在启用自动结算时，系统将在结算日自动结算，按自然月把上一个月的数据生成财务账期。

②结算货币。默认人民币，可自行选择币种。注意：货币只允许设置一次，一旦设定不允许修改。

③是否启用自动结算。默认为“否”，启用则设置为“是”，系统将在设定的结算日期自动结算，生成财务账期。

（2）设置店铺费用平摊的规则。

在“费用扩展字段设置”中，自定义费用，设置费用类型和结算范围，激活并保存，如图11-2所示。

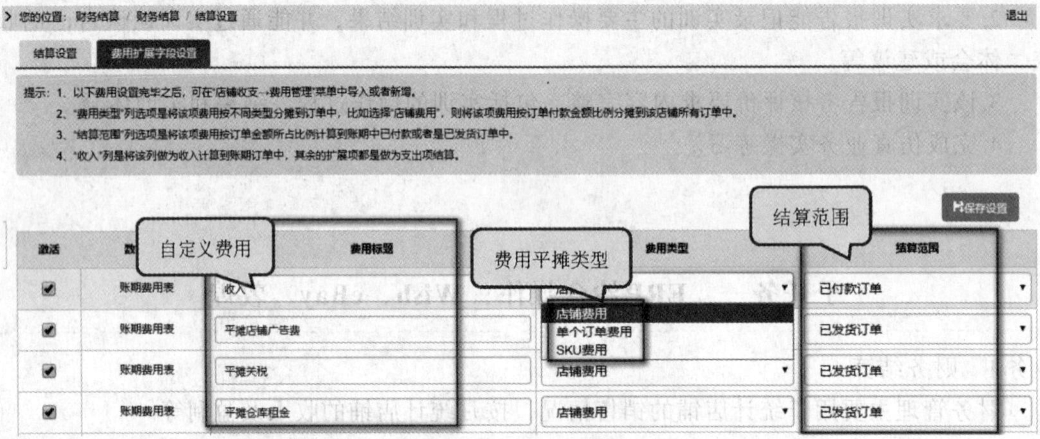

图11-2　设置店铺费用平摊的规则页面

说明：

①自定义店铺平摊费用。用户根据业务需求可自定义费用，设置费用标题，并激活，最后保存。

②设置费用平摊的规则。费用有三个类型，分别为：店铺费用、单个订单费用、SKU费用，用户根据业务需要设定店铺费用分摊的规则：

A.店铺费用为该项费用按订单付款金额比例分摊到该店铺所有订单；

B.单个订单费用为该项费用分摊到指定的某个订单；

C.SKU费用为该项费用按SKU分摊到所有包含该SKU的订单。

③结算方式。结算方式有两种：已付款订单、已发货订单。根据订单的状态，按订单金额所占比例，对已付款或者是已发货订单进行费用平摊。

2.账期管理

系统会自动为每个自然月生成一个账期，统计从1日至月底整个月所有订单的财务数据，包括实际付款金额、平台佣金、运费、退款、包装费用、商品成本等，以及一些需要进行平摊的费用，如图11-3所示。

（1）设置汇率。

由于各个电商平台存在多币种的情况，系统通过设置汇率统一换算成同一币种。选择需要进行财务结算的账期，点击“编辑”按钮，进入账期汇率设置页面，同步最新的官方汇率，或自定义汇率（手动修改汇率），系统将按设定的汇率进行金额的转换，转换成在

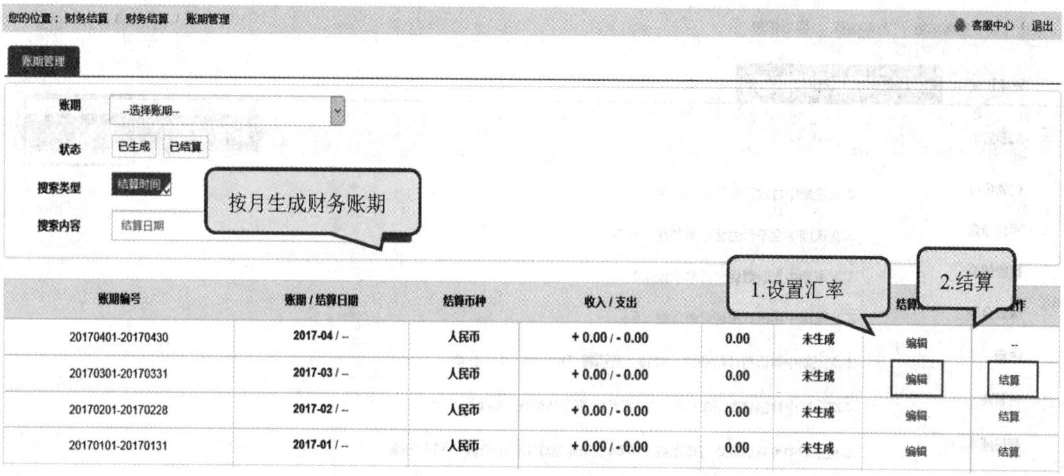

图 11-3　账期管理页面

“结算设置”中设置的币种，如图11-4所示。

图 11-4　设置汇率页面

（2）结算。

结算有手工结算和自动结算两种方式。自动结算是在“结算设置”中启用后，系统将在设定的结算日期自动结算，生成财务账期。这里重点介绍手工结算。

①设置汇率后，选择需要结算的账期，点击“结算”按钮。进入手工结算页面，系统将统计当前自然月所有账目的情况，如图11-5所示。

②导入店铺平摊费用。针对店铺产生的其他费用，如仓租、广告费等，用户通过导入费用，系统自动进行平摊，平摊规则在“结算设置”菜单中设定。

在账期手工结算页面，点击“导入店铺收支”按钮，批量导入收支，如图11-6所示。

③手工结算。财务账期结算的内容包括订单的实际付款金额、平台佣金、运费、退款、包装费用、商品成本（包含商品采购价和采购运费）等。在账期手工结算页面，点击“手工结算”按钮。

（3）账期管理。

账期管理包括查看流水、重新结算、确认结算。

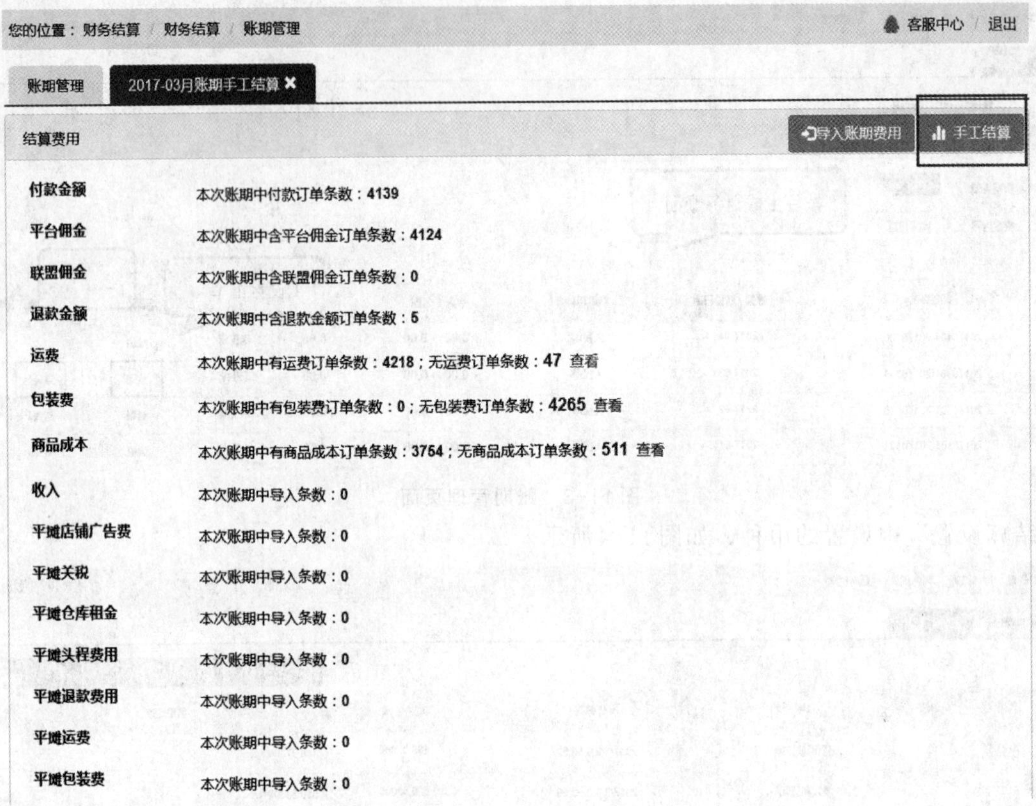

图 11-5　结算页面

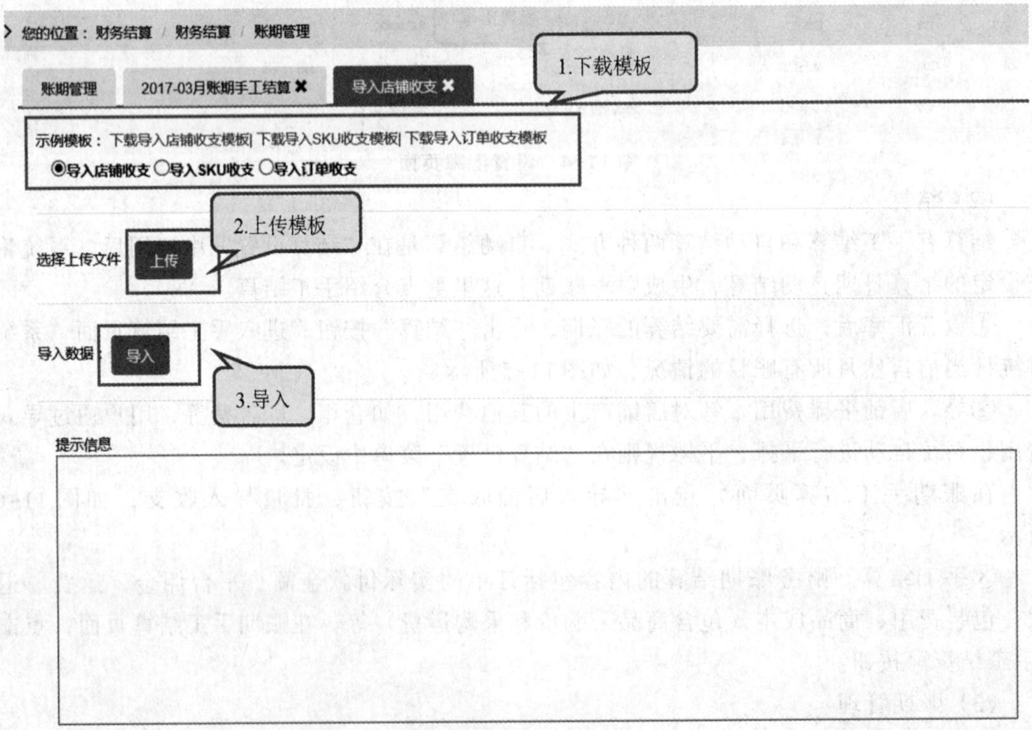

图 11-6　导入账期页面

①看流水。账期结算成功后，在账期管理中可以根据账期查看流水明细，如图11-7所示。

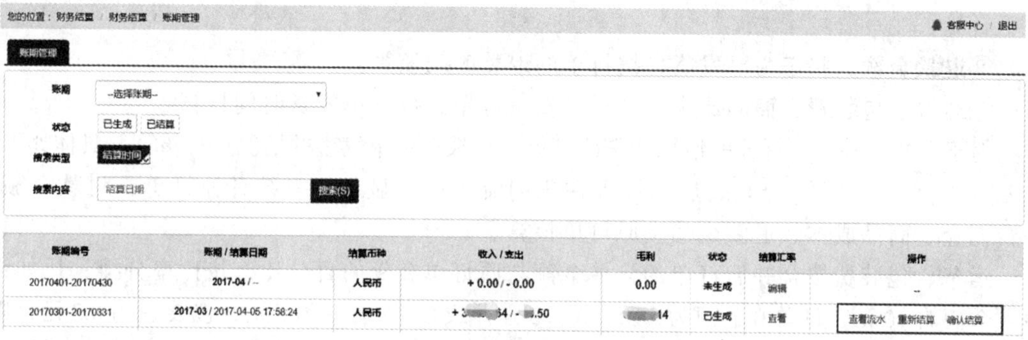

图11-7　查看流水明细页面

②重新结算。在账期生成后，正式结算前，系统允许修改汇率或添加需要店铺平摊的费用等，修改后点击“重新结算”按钮，重新生成账期。修改汇率操作详见前文设置汇率相关内容，设置账期汇率。店铺平摊的费用计算详见店铺费用管理或导入账期费用内容。

③确认结算。最后，确认结算，账期正式生成。

3.账期流水

账期结算成功后，可以在账期管理中根据账期查看明细流水。流水类型分为两种，一种为订单的财务，包括订单的实际付款金额、平台佣金、运费、退款金额、包装费、商品成本等；另一种为店铺平摊费用，包括收入、平摊店铺广告费、平摊关税、平摊仓库租金、平摊头程费用、平摊退款费用、平摊运费、平摊包装费用等。

在“账期管理”菜单点击“查看流水”按钮进入“账期流水”菜单，会显示流水明细，如图11-8所示。

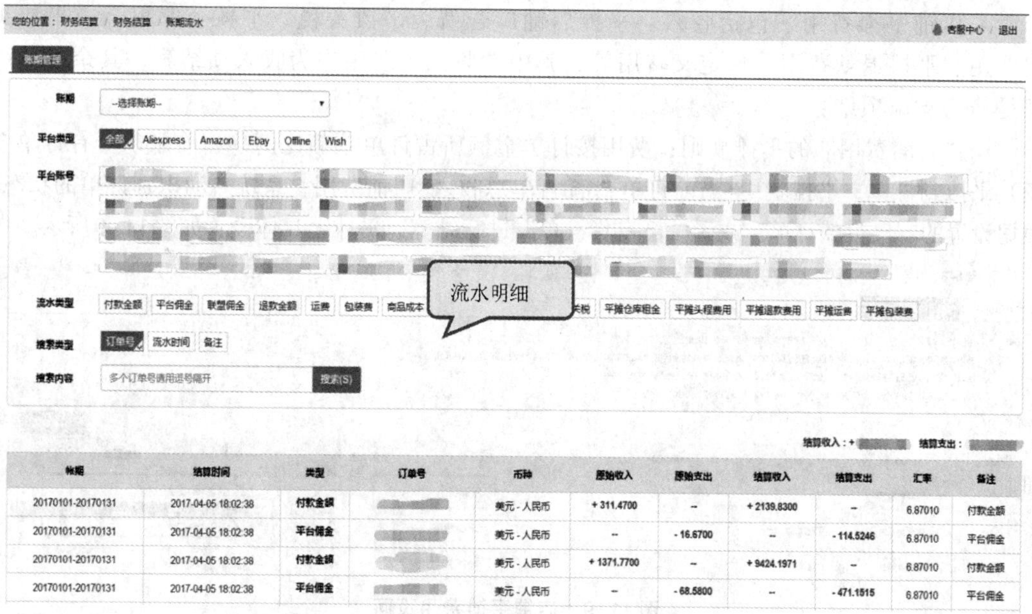

图11-8　查看账期流水页面

订单的财务项目说明如下：

①付款金额、平台佣金、联盟佣金。按订单付款时间核算（联盟佣金主要是针对速卖通平台）。

②退款金额。状态为已发货，按订单的退款时间核算。

③运费、包装费、商品成本。针对已发货订单，按订单发货时间核算。

对于合并、补发、拆分的情况特殊的订单，将根据订单发生的情况进行核算，具体如下：

A.“合并订单”：合并之后的订单在账期流水中不显示，只统计原订单，付款金额、平台佣金、商品成本、退款金额按原订单核算。

运费、包装费按合并后订单的订单金额与原订单金额的百分比，按比率分摊；比如订单A金额为10元，订单B金额为5元，A、B合并成C，C运费为6元，包装费为0.3元，则订单A运费=（10÷15）×6=4（元），订单B运费=（5÷15）×6=2（元）。

B.“补发订单”：补发的订单在账期流水中不显示，补发订单产生的运费、包装费、商品成本统计到拆分前原订单上，按发货时间核算，状态为已发货。

C.“拆分订单”：拆分之后订单的付款金额、平台佣金、商品成本、退款金额按原订单核算。

运费、包装费按拆分后订单的运费、包装费的合计算，比如订单A被拆分成A1、A2、A3，运费都为2元，则订单A的运费为A1+A2+A3=6元，并记录到原订单上。

D.“FBA订单”：付款金额、平台佣金、商品成本（包括境外仓头程运费）、运费（同步FBA订单运费）、退款金额按订单付款时间核算（说明：系统会自动将订单付款时间转成北京时间）。

E.“订单有添加、删除商品或替换商品”：付款金额按原金额核算，添加、删除或替换的商品成本核算到原订单，如果存在合并、拆分订单的，则算到主订单上。

④店铺平摊费用。根据“结算设置”菜单中设定的平摊规则，统计当前自然月的平摊费用。

A.店铺平摊费用，包括收入、平摊店铺广告费、平摊关税、平摊仓库租金、平摊头程费用、平摊退款费用、自定义费用等，其中“收入”费用作为收入项结算，其余的费用都是作为支出项结算。

B.“店铺费用”的平摊规则：费用按订单金额所占订单总额比例（当前账期所有订单金额）平摊到订单，平摊费用=当前订单金额/订单总收入×店铺费用，系统自动识别订单的状态，根据设置的“已付款订单”或者“已发货订单”进行结算、平摊，具体设置如图11-9所示。

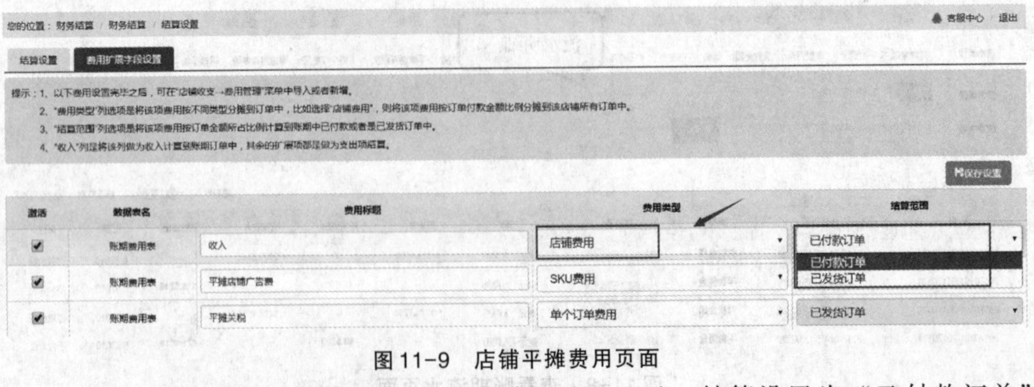

图11-9　店铺平摊费用页面

比如：在11月账期中，店铺1平摊仓库租金500元，结算设置为“已付款订单”，

11月已付款订单总额为50 000元，订单A为100元，则订单A分摊的仓库租金为（100÷50 000）×500=1（元）。

C.“单个订单费用”是指该项费用分摊到指定的某个订单。

D.“SKU费用”按SKU分摊到所有包含该SKU的订单。

业务2 店铺费用管理

店铺费用是由店铺产生，不方便均摊到订单的数据，包括收入、平摊店铺广告费、平摊关税、平摊仓库租金、平摊头程费用、平摊退款费用、自定义费用等。

1.新增店铺收支

（1）在“财务结算”-“店铺收支”“费用管理”菜单中，点击“新增店铺收支”按钮添加费用，如图11-10所示。

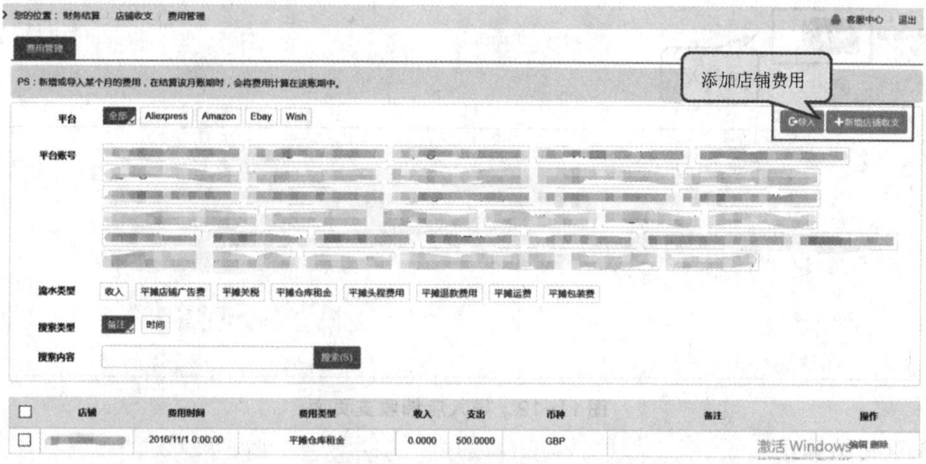

图11-10 新增店铺收支页面

（2）选择店铺，添加费用类型，系统根据费用时间自动分摊到时间段内的账期，如图11-11所示。

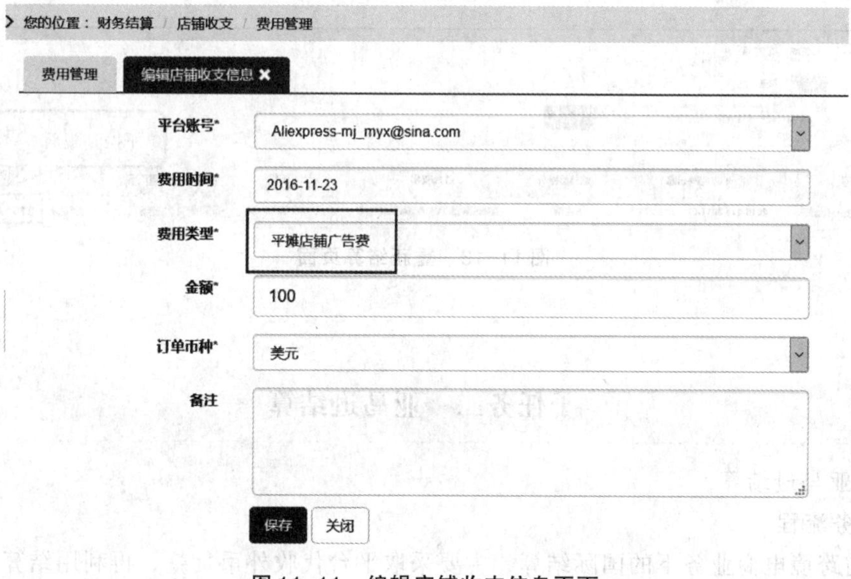

图11-11 编辑店铺收支信息页面

2. 导入店铺收支

在“财务结算”－“财务结算”－“账期管理”菜单，点击“导入”按钮批量添加费用，如图11-12所示。

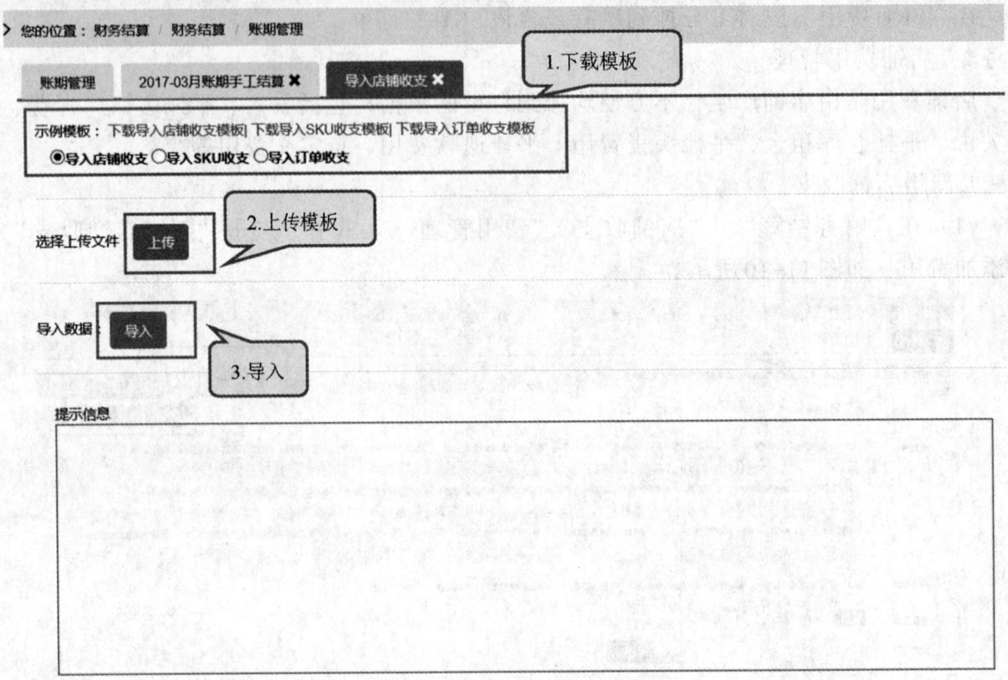

图11-12 导入店铺收支页面

3. 重新结算

添加店铺费用后，需要对已经生成的账期进行重新结算，系统自动对店铺费用进行平摊。在“账期管理”菜单选中对应的账期，点击“重新结算”，如图11-13所示。

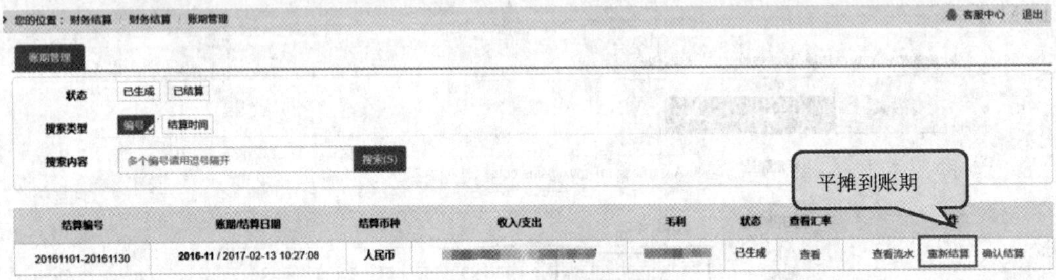

图11-13 重新结算页面

子任务二 亚马逊结算

业务3 亚马逊结算

(一) 业务流程

当前跨境电商业务下的国际结算，主要采取平台代收外币货款，再利用结算工具结算到卖家账号的模式。同时以亚马逊为代表的跨境电商平台还需要收取卖家的平台月租、广告推广费等费用。这样，跨境电商业务涉及海外银行账户、卖家国内账户以及卖家信用卡三类结算工具。海外银行账号一般使用第三方支付平台提供的符合销售地区要求的银行账户，卖家国内账户一般使用卖家自己的借记卡号（或公司结算卡号），信用卡则多用卖家私人的信用卡。所以，我们需要知道跨境电商支付手段及其操作，以便于规范、及时、安全地将海外收入结算。

学生可通过网络了解当前跨境电商业务中主流支付方式和支付工具，掌握支付流程并能够顺利、规范、及时、安全地完成跨境电商平台收款工作。要求学生能够注册PingPong等国内知名跨境支付平台账号并完成海外银行账号申请；能将海外银行账号正确添加到跨境电商平台，完成绑定；能熟练操作PingPong等平台，完成货款结算；会在跨境电商平台的后台进行修改银行信息、更换信用卡等工作。

（1）亚马逊结算。亚马逊平台每15天结算付款一次。亚马逊平台每个结算周期都会列出当期收入和支出金额、预留金额及可转账额度。卖家可以根据汇率波动情况和资金需求及时地将外汇结算到自己储蓄卡（或公司）账号内，顺利实现资金回笼，如图11-14所示。

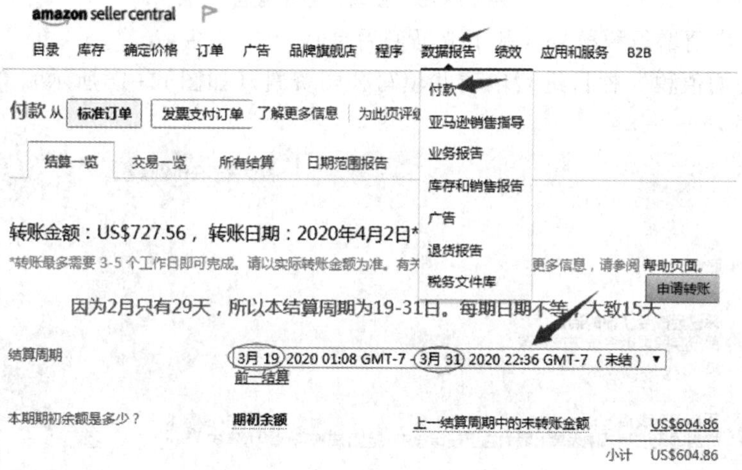

图11-14　亚马逊结算数据

（2）VAT税收核算。目前越来越多的国家或地区对远程销售加强了税收管理，征收流转增值税（VAT）是普遍采用的一种方式。亚马逊平台在接受欧盟税收管理后，开始在亚马逊欧洲站（德国、英国、法国、西班牙、意大利五国）全面实施VAT政策，即亚马逊要求平台卖家向销售目的国税务机构申请VAT税号，没有申请税号的卖家会被停止销售权限。美国各州政府也陆续对跨境电商销售实施了增值税纳税政策。随着跨境电商全球业务的发展，VAT税收要求会得到越来越普遍地实施，申请VAT税号成为跨境电商卖家无法回避的任务。VAT直接增加了卖家的成本，在跨境电商竞争日益激烈的背景下，如何突破VAT带来的利润下滑是卖家不得不考虑的问题。很多中小卖家因VAT政策而失去了盈利空间，进而选择退出市场。这对那些可以消化税收成本的卖家而言，又是一个利好。总之，跨境电商卖家必须知晓如何操作VAT业务。

由于税号申请与缴税都是在第三方完成的，需要提交公司执照等文件，所以对于大部分学生而言，实际工作中可能遇不到这类问题，但是一定要掌握VAT税费核算。具体操作界面为“后台”-“数据报告”，如图11-15所示。

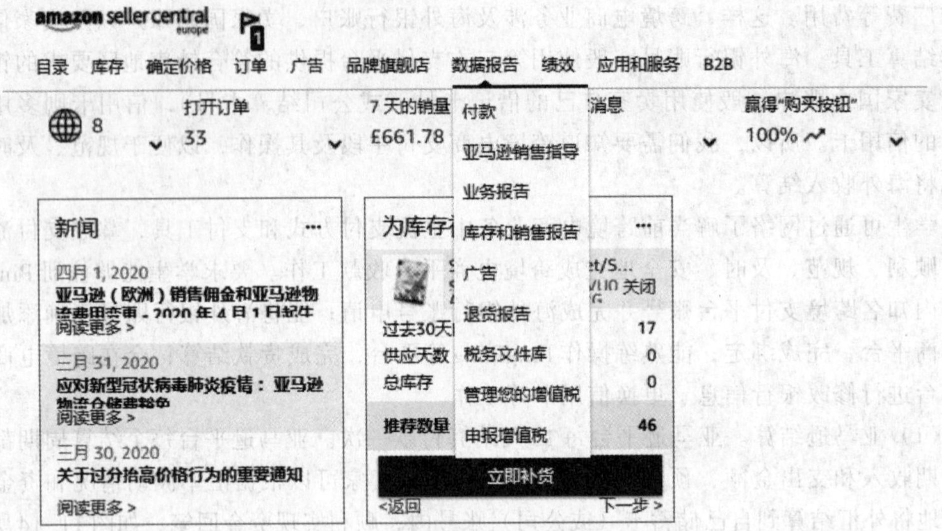

图 11-15　亚马逊数据报告

第一步，申请增值税税号（基于亚马逊后台）。

在“管理增值税”栏目进行申请并填写公司资料（如图 11-16 所示），填写完毕后提交等待审核。

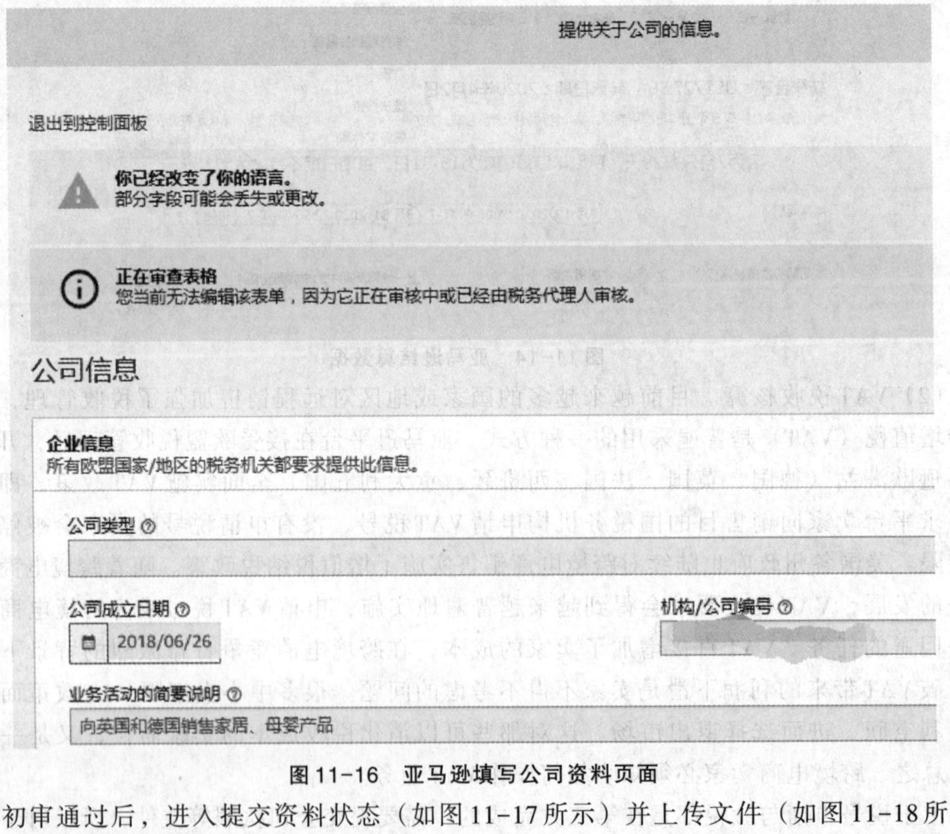

图 11-16　亚马逊填写公司资料页面

初审通过后，进入提交资料状态（如图 11-17 所示）并上传文件（如图 11-18 所示），等待审核通过即可。

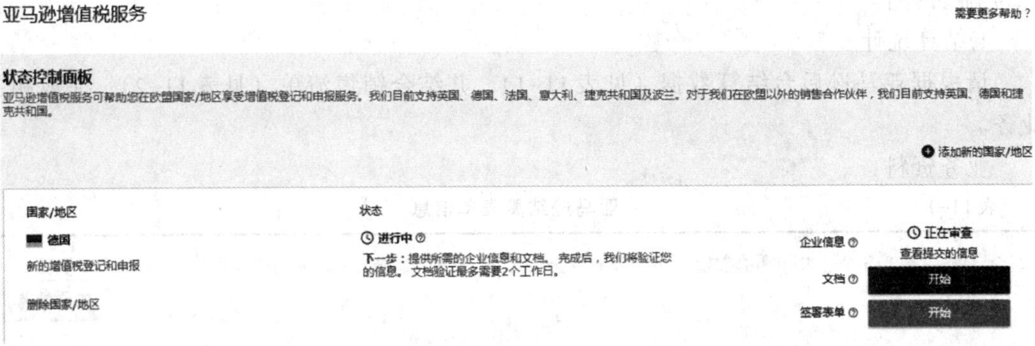

图 11-17　亚马逊增值税提交资料

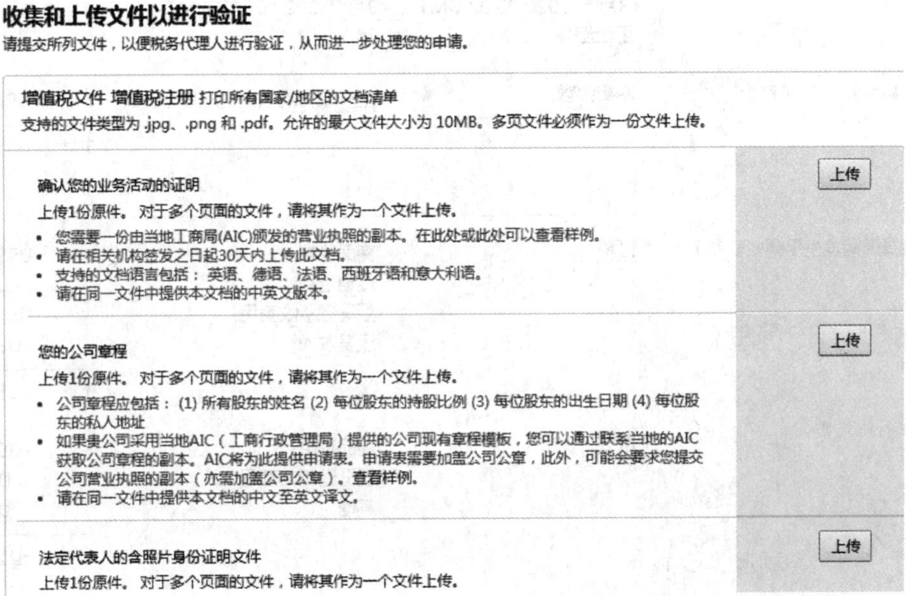

图 11-18　亚马逊增值税上传资料

第二步，申报增值税。

如果申请税号成功，可在“申报增值税”栏目直接点击申报，如图 11-19 所示。

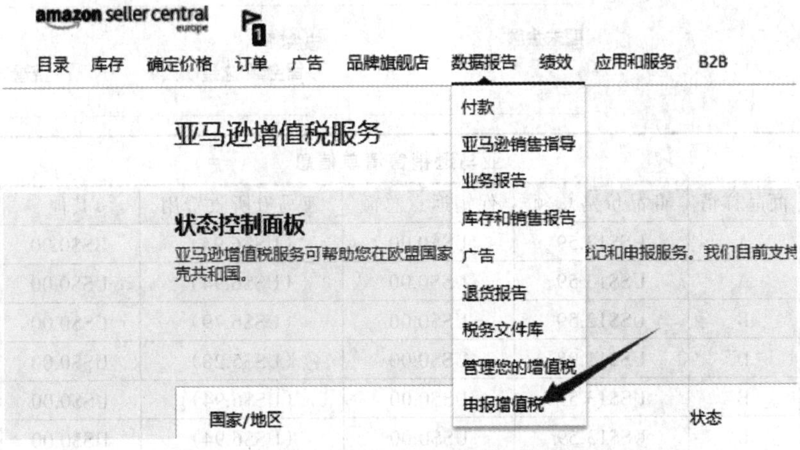

图 11-19　亚马逊申报增值税

（二）业务操作

1.结算统计

请根据亚马逊后台结算数据（见表11-1），并结合销售清单（见表11-2），完成相关业务。

业务资料：

表11-1　　亚马逊结算表单信息

*转账最多需要 3-5 个工作日即可完成。请以实际转账金额为准。有关向您转账的日期的更多信息，请参阅 帮助页面。

申请转账

结算周期	3月 5, 2020 00:08 GMT-8 - 3月 7, 2020 02:07 GMT-8（未结） 前一结算		
本期期初余额是多少？	期初余额	上一结算周期中的未转账金额	US$968.01
		小计	US$968.01
在此结算周期发生了哪些款项？	订单	商品价格	US$462.55
		促销返点	-US$5.02
		亚马逊所收费用	-US$ 244.06
		运费收入	US$13.34
		小计	US$236.50
	退款	商品价格	-US$13.59
		亚马逊所收费用	US$1.63
		其他	US$0.00
		小计	-US$11.96
	其他服务费用	亚马逊物流服务费用	-US$3.81
		小计	-US$3.81
结算金额是多少？	期末余额	总余额	US$1,188.74
		预留金额 这是什么？	查看详情 -US$6.65

表11-2　　亚马逊销售清单信息

交易类型	商品详情	商品价格总额	促销返点总额	亚马逊所收费用	其他	总计
订单付款	A	US$13.59	US$0.00	（US$6.94）	US$0.00	US$6.65
订单付款	A	US$13.59	US$0.00	（US$6.94）	US$0.00	US$6.65
订单付款	B	US$12.59	US$0.00	（US$6.79）	US$0.00	US$5.80
订单付款	D	US$11.98	US$0.00	（US$5.28）	US$0.00	US$6.70
订单付款	B	US$13.59	US$0.00	（US$6.94）	US$0.00	US$6.65
订单付款	B	US$13.59	US$0.00	（US$6.94）	US$0.00	US$6.65

续表

交易类型	商品详情	商品价格总额	促销返点总额	亚马逊所收费用	其他	总计
订单付款	B	US$13.59	(US$0.44)	(US$6.94)	US$0.44	US$6.65
订单付款	B	US$13.59	US$0.00	(US$6.94)	US$0.00	US$6.65
订单付款	A	US$13.59	(US$2.48)	(US$6.94)	US$2.48	US$6.65
订单付款	D	US$11.98	US$0.00	(US$5.28)	US$0.00	US$6.70
订单付款	A	US$13.59	(US$0.74)	(US$6.94)	US$0.74	US$6.65
退款	A	(US$13.59)	US$0.00	US$1.63	US$0.00	(US$11.96)
订单付款	A	US$13.59	US$0.00	(US$6.94)	US$0.00	US$6.65
订单付款	A	US$13.59	US$0.00	(US$10.93)	US$3.99	US$6.65
订单付款	A	US$13.59	US$0.00	(US$6.94)	US$0.00	US$6.65
订单付款	B	US$13.59	US$0.00	(US$10.93)	US$3.99	US$6.65
订单付款	B	US$12.98	US$0.00	(US$5.43)	US$0.00	US$7.55
订单付款	B	US$12.98	US$0.00	(US$5.43)	US$0.00	US$7.55
订单付款	B	US$12.98	US$0.00	(US$5.43)	US$0.00	US$7.55
订单付款	A	US$13.59	US$0.00	(US$7.28)	US$0.34	US$6.65
订单付款	B	US$12.98	(US$0.86)	(US$5.43)	US$0.86	US$7.55
订单付款	A	US$13.59	US$0.00	(US$6.94)	US$0.00	US$6.65
订单付款	C	US$9.98	US$0.00	(US$4.28)	US$0.00	US$5.70
订单付款	A	US$13.59	US$0.00	(US$6.94)	US$0.00	US$6.65
订单付款	B	US$12.98	US$0.00	(US$5.43)	US$0.00	US$7.55
订单付款	A	US$13.59	(US$0.50)	(US$6.94)	US$0.50	US$6.65
订单付款	B	US$13.59	US$0.00	(US$6.94)	US$0.00	US$6.65
订单付款	A	US$13.59	US$0.00	(US$6.94)	US$0.00	US$6.65
订单付款	A	US$13.59	US$0.00	(US$6.94)	US$0.00	US$6.65
服务费	亚马逊物流买家退货费用	US$0.00	US$0.00	(US$3.81)	US$0.00	(US$3.81)
订单付款	A	US$12.98	US$0.00	(US$5.43)	US$0.00	US$7.55
订单付款	B	US$13.59	US$0.00	(US$6.94)	US$0.00	US$6.65
订单付款	C	US$12.98	US$0.00	(US$5.43)	US$0.00	US$7.55
订单付款	A	US$12.59	US$0.00	(US$6.79)	US$0.00	US$5.80
订单付款	B	US$13.59	US$0.00	(US$6.94)	US$0.00	US$6.65
订单付款	C	US$13.59	US$0.00	(US$6.94)	US$0.00	US$6.65
订单付款	C	US$13.59	US$0.00	(US$6.94)	US$0.00	US$6.65
上一结算周期中的未转账金额		US$0.00	US$0.00	US$0.00	US$968.01	US$968.01

（1）请核对亚马逊结算表单是否正确，如果正确，请在表单A相应栏目右边打√，如果不正确，请填上正确的数值。

（2）请确认本周期可以从亚马逊转账__________USD。

2.解读海关税收文件（以英国C88为例，见表11-3）

业务资料：

表11-3　海关税收资料

英国FBA入仓报关C88文件：

```
Trader Input Plain Paper C88(6)              1 IMA     EPU 120   ENO 042159B  DOE 11/7/2019

2                                            3 1
 SUICHANG YAXIN IMPORT AND EXPORT CO
 BOTTOM FLOOR  NO 17 HANHUI ROAD             5 1       6 5         7 117-38572822-G
 LISHUI CITY
 CN         CN                               15a KR 18

8              GB3[illegible]                21 SK1501 05 Nov 2019               SE
 J[illegible]XING WEI[illegible] K[illegible]JI Y[illegible] [illegible]IAN [illegible]
 19A CHORLEY OLD ROAD                        22 USD 1120.00
 BOLTON
 BL1 3AD    GB                               25 4      26 3

14             GB174710705000       [2]      30 LHRERT
 LP CLEARANCE & COURIERS UK LTD
 C03A NATIONAL WORKS
 HOUNSLOW
 TW4 7EA    GB
________________________________

   ENTRY ACCEPTANCE DETAILS

     Entry accepted          07/11/2019 at 16:29                          Office 120
     Declarant Id            GB174710705000        Submitting TURN 174710705000
     Declarant reference     117-38572822-G

   CONSIGNMENT DETAILS

     Decln UCR    9GB174710705000-117-38572822-G             part
     Consignee    GB31[illegible]                [illegible] KJI YO[illegible]N GO[illegible]
     Master UCR   HLRX117385728220LHR007G                    Inventory system  CUK1
     Location     GBLHRERT                                   Total Packages 5

   ENTRY VALUE DETAILS

                                   Amount from Currency at Exchange Rate
     VAT value adjust              100.00      GBP                 1
     Invoice total                 869.43      USD            1.2882

   ENTRY REVENUE TOTALS

                          Tax Type  Total Amount MOP      Tax Type  Total Amount MOP
                            A00          59.99  D           B00          205.88  D

     Total deferred revenue  0.00
     Total immediate revenue 265.87
     Total revenue payable   265.87
```

INVOICE

Item NO	DESCRIPTION	HS code	Material	QTY(pcs)	Unit price (USD)	Amount (USD)	Weight (kg)
	(blanket)	6301400000	polyester	280	4.00	1,120.00	95
		Total value					

fright terms: CIF

（1）请分析下面信息含义。

Decln UCR 栏目为：
Consingnee 为：
Tax type A00 为：
Tax type B00 为：
货物英镑值为：
计算关税的贸易术语是：
Value vat adjust 为：

（2）请核实C88文件中总VAT是否正确（假设63014000进口关税为6.1%）。

A00金额计算方法为：
B00金额计算方法为：

3.VAT税金计算

根据VAT申报所需材料（见表11-4），核算应缴VAT金额。

业务资料：

表11-4 VAT资料

英国站9月份销售资料：

Income		1,557.10
	Debits	Credits
Seller-fulfilled product sales		0
Seller-fulfilled product sale refunds	0	
FBA product sales		1,586.67
FBA product sale refunds	-82.32	
FBA inventory credit		0
FBA liquidation proceeds		0
Postage credits		82.38
Delivery credit refunds	-2.62	
Gift wrap credits		2.99
Gift wrap credit refunds	0	
Promotional rebates	-32.62	
Promotional rebate refunds		2.62
A-to-z Guarantee Claims	0	
Chargebacks	0	
Amazon Shipping Reimbursement		0
SAFE-T reimbursement		0
Commingling VAT		0
subtotals	-117.56	1,674.66

续表

amazonadvertising

INVOICE

Invoice Date: 30/09/2019
Invoice Number: GB-AOUK-2019-469781

Business Name: [illegible]

Business Address:
CHORLEY OLD ROAD 19A, BOLTON,
GREATER MANCHESTER, BL1 3AD, GB
Business VAT number: GB[illegible]

Supplier Name: Amazon Online UK Limited
Supplier Address:
1 Principal Place, Worship Str, EC2A 2FA, GB
Supplier VAT number: GB172046918

Business Line: Amazon Marketing Services

Date	Description	Price (VAT Exclusive)	VAT%	VAT	Total
02/09/2019	AMS Charges	GBP 65.24	20.00%	GBP 13.05	GBP 78.29
	TOTAL	**GBP 65.24**		**GBP 13.05**	**GBP 78.29**

（1）请判断INCOME中的1557.1利润金额：________________。

（2）英国VAT税率为20%，请计算应税销售总金额（列出步骤，下同）：________________
________________。

（3）请计算销项VAT金额：________________。

（4）请计算进项VAT金额（需要用到业务演练1的C88文件）：________________。

（5）请计算应缴VAT金额：________________。

三、实训报告

学生实训报告表见11-5。

表11-5 **学生实训报告表**

实训课程		实训项目名称	
实训时间		实训地点	
学生姓名		学号	
实训目的与要求			
实训内容、方法和步骤			
实训结论与体会			
教师评语			
实训成绩		教师签名	

实训十二

数据分析

一、实训目的

1.通过实训学会使用报表统计分析功能，多维度分析店铺相关数据。

2.掌握数据的统计分析方法，运用统计分析报告掌握店铺情况。

3.掌握大数据下亚马逊数据分析。

二、实训要求

1.根据实训情况写出实训报告。

2.要求实训报告能记录实训的主要操作过程和实训结果，并能通过实训谈谈自己的收获、体会或建议等。

3.该实训报告考核评价要求内容完整，包括实训的操作过程、结果和实训体会。

4.完成仿真业务操作练习。

三、实训内容与步骤

ERP沙盒的统计分析功能包括：按产品统计、按店铺统计、按库存分析统计、按采购分析统计、按利润分析统计和按业务提成统计等，每个功能模块下方又包含多个细分维度。例如，按产品统计可以从本地产品销售统计、线上产品首次出单、线上产品销售统计、产品分类销售统计、销售汇总、销售毛利对比、销售毛利统计等多个维度进行统计和分析等。由于报表众多，在此仅从每一个维度中选取部分报表加以说明。

子任务一　ERP沙盒操作：Wish、eBay、敦煌

业务1　按产品统计

1.本地产品销量统计

只有在做了产品的本地库存管理之后才能进行产品销售数据的统计分析。此报表页面包含了本地产品近1～90天的销量情况、总销量和可用库存，只有在“系统设置”－“订单模块设置”中有“启用SKU管理”，并且有本地产品的情况下，这个报表才会有数据记录，如图12-1所示。

同时，本地产品销售统计还有图示分析，以柱状图的形式更直观地展示出本地产品的销量情况，如图12-2所示。

2.线上商品销量统计

同理，线上商品销量统计报表是拉取的线上店铺销售情况的数据进行的统计分析报表。线上商品销量统计页面统计了线上商品的销售情况，这是根据同步至系统的订单数量情况进行统计的，可以根据平台账号进行筛选查看，如图12-3所示，也有折线图类型的直观展示报表，可以切换成柱状图来进行查看，也可以直接保存为图片，如图12-4所示。

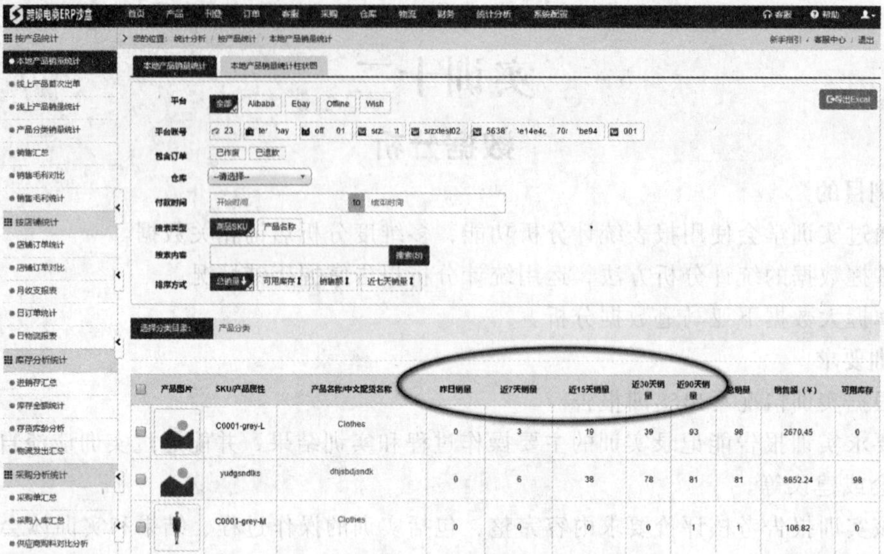

图 12-1　本地产品销量统计报表页面

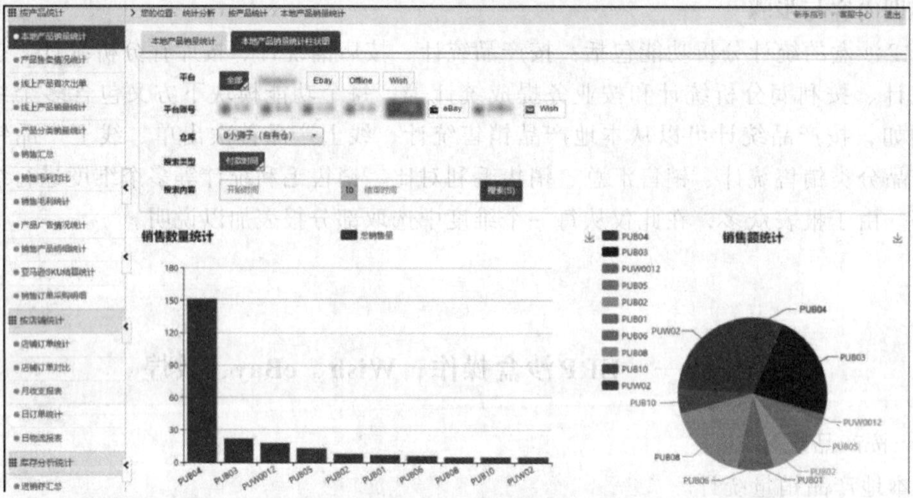

图 12-2　本地产品销量统计柱状报表页面

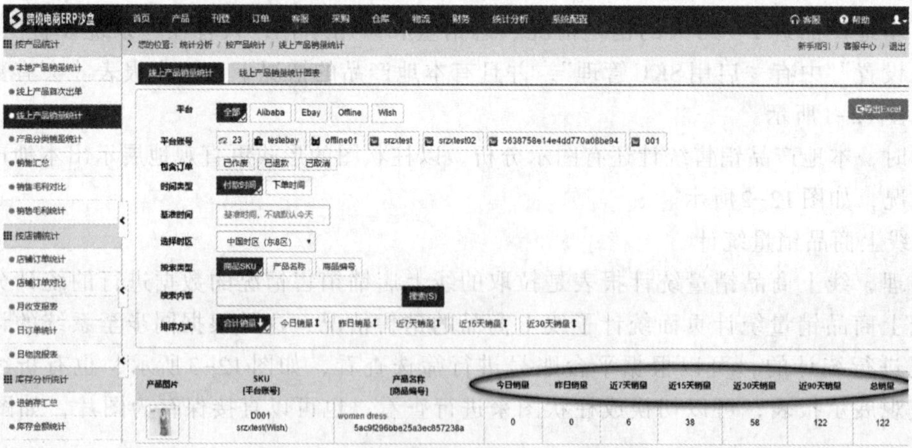

图 12-3　本地产品销量统计报表页面

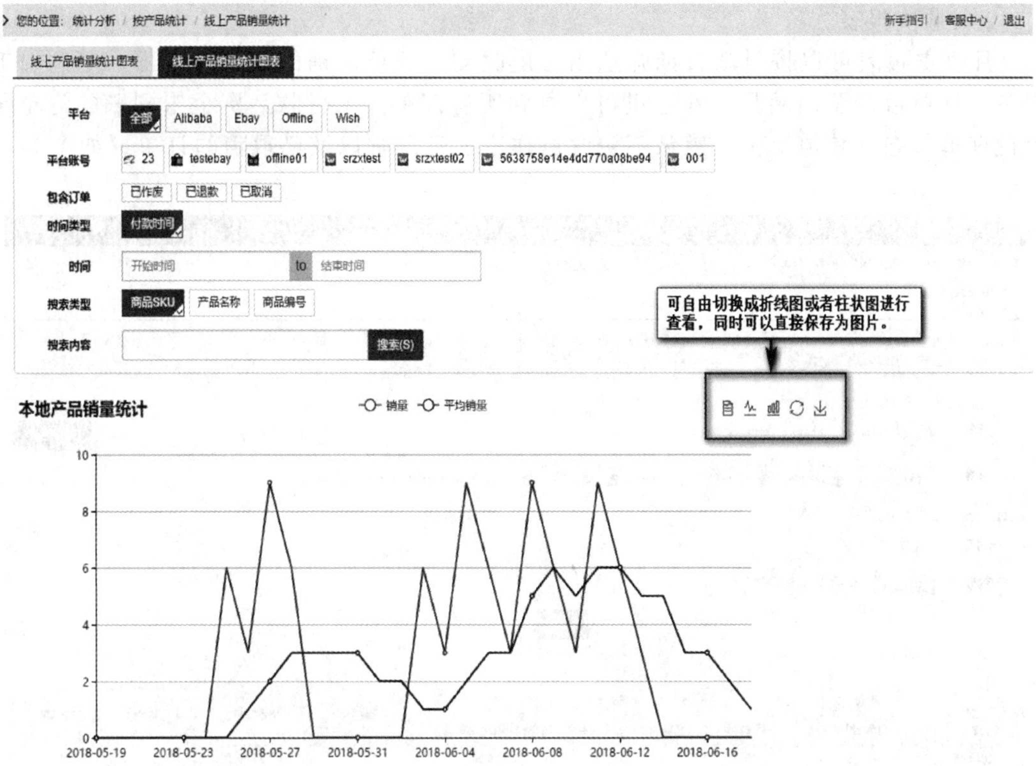

图 12-4　本地产品销量统计折线图报表页面

业务 2　按店铺统计

1. 店铺订单统计

店铺订单统计报表记录了每个店铺的订单总量和金额总数，但是此报表不包含“未付款”以及“补发”的订单，如图 12-5 所示。

图 12-5　店铺订单统计报表页面

2. 月收支报表

月收支报表可以按付款日期筛选出月度收支，分析店铺的收入、支出、毛利、毛利率、订单数以及商品数。在这里可以看到所有订单，未付款、资金未到账的订单包含在订单状态“其他”中，默认不包含已作废、已退款以及已取消的订单，如图12-6所示。

图12-6 月收支报表页面

3. 日物流报表

日物流报表可以按平台、仓库、物流方式、店铺及发货时间筛选出某段时间间隔内的日物流报表，可以查看筛选时间内的仓库、物流方式下所对应的订单总数、总重量以及总运费的数据，如图12-7所示。

图12-7 日物流报表页面

业务3　按库存分析统计

1.库存金额统计

库存金额统计可以通过筛选仓库，统计出该仓库的库存产品、库存总金额、良品与不良品等，如图12-8所示。其不包含“当前库存数量为0、禁用的仓库、未启用库存管理”的仓库数据。

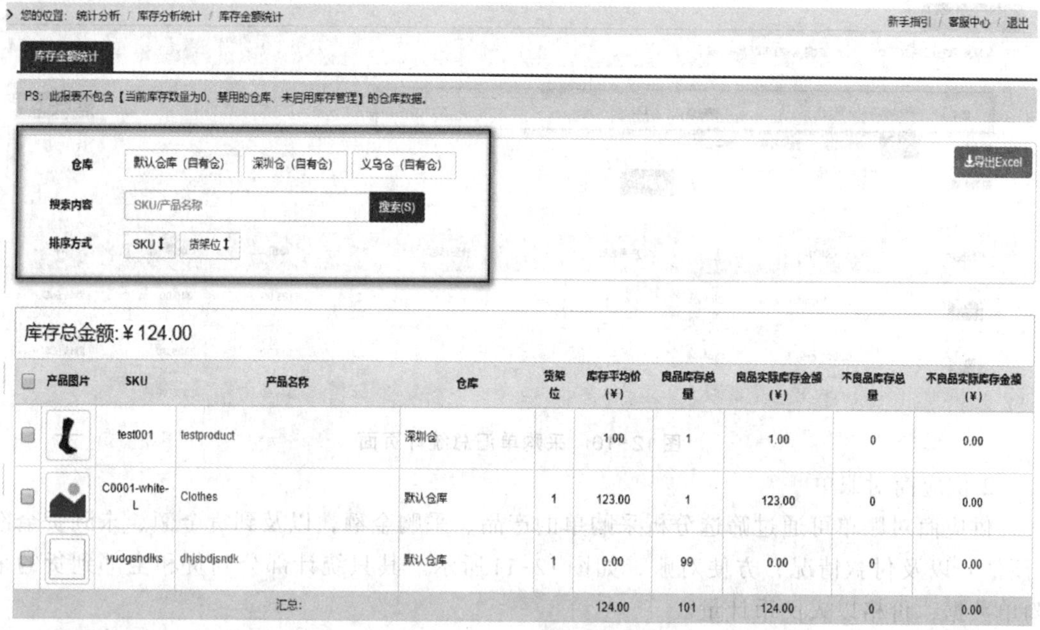

图12-8　库存金额统计页面

2.物流发出汇总

物流发出汇总统计了从系统发货的商品的物流信息（包括订单发货以及境外仓调拨），价格以人民币计量，如图12-9所示。

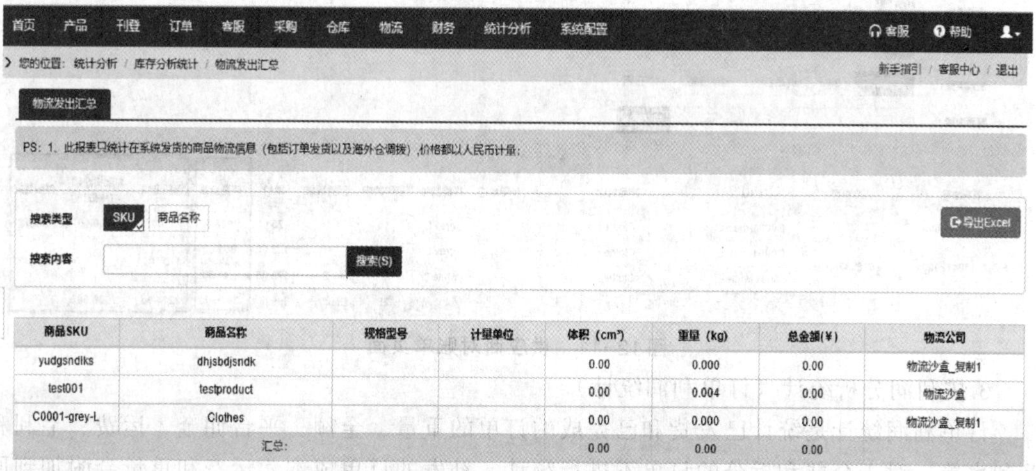

图12-9　物流发出汇总页面

业务4 按采购分析统计

1.采购单汇总统计

采购单汇总统计可根据仓库、供应商、时间等条件筛选出某个时间段的采购产品，如图12-10所示。此报表只统计已完成下单的采购单的数据，价格以人民币计量。

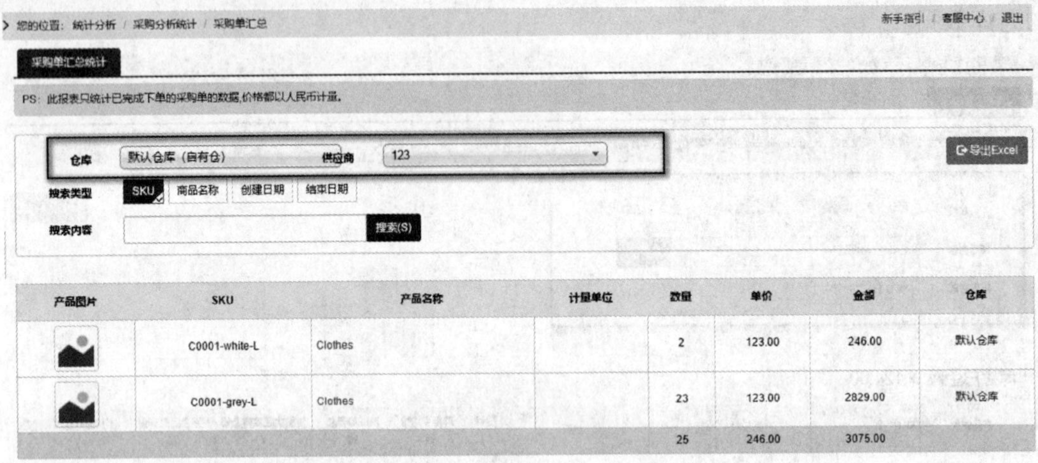

图12-10 采购单汇总统计页面

2.供应商对账单

供应商对账单可通过筛选分析采购单的产品、采购金额，以及到货金额、未到货金额（预估）以及付款情况，方便对账，如图12-11所示。其只统计部分到货和全部到货的采购单数据，价格以人民币计量。

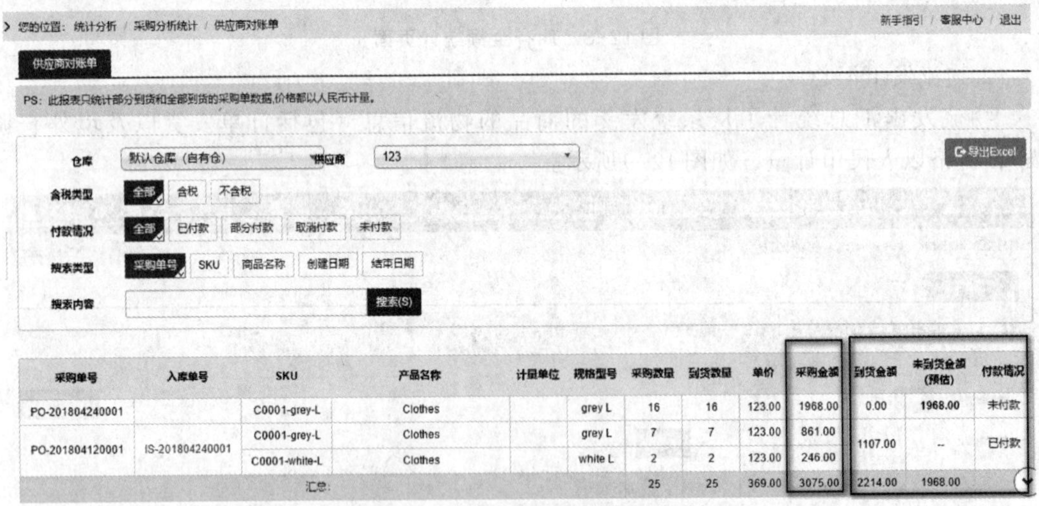

图12-11 供应商对账单页面

3.按利润分析统计（订单利润统计）

订单利润统计是统计已发货和已完成的订单的重量、金额、平台佣金、运费、毛利和毛利率等，对于合并和拆分的订单不进行统计，补发的订单成本、运费和重量会附加到原订单上，如图12-12所示。计算公式为毛利=订单金额-平台佣金-退款金额-运费-包材费-采购价-返利金额，金额单位是人民币，重量单位是千克。

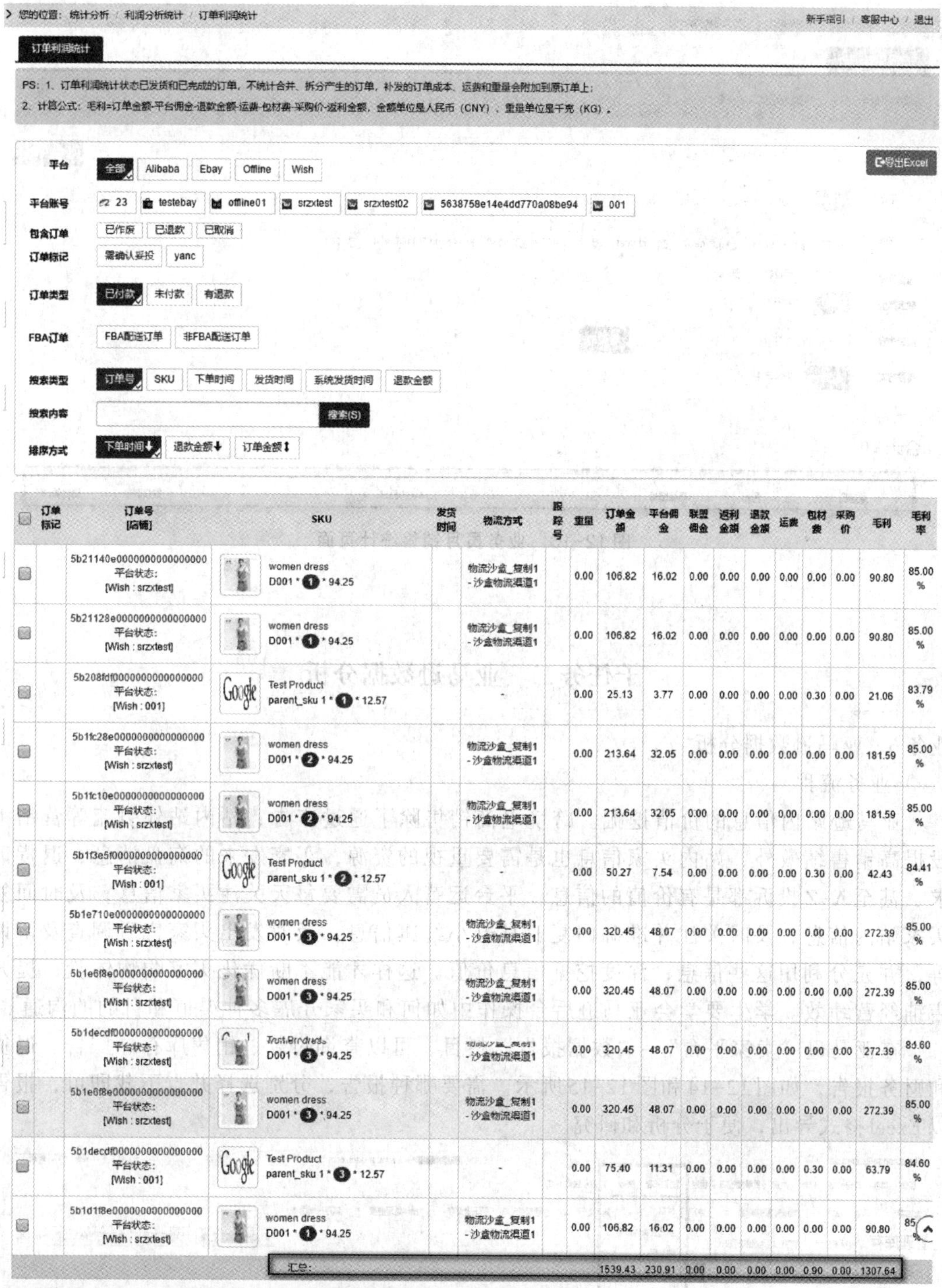

图 12-12　订单利润统计报表页面

业务 5　按业务提成统计——业务员月销售统计

业务员月销售统计页面可以显示每个业务员在单个或多个店铺的销售情况，如图 12-13 所示，默认不包含已作废、已退款以及已取消的订单。

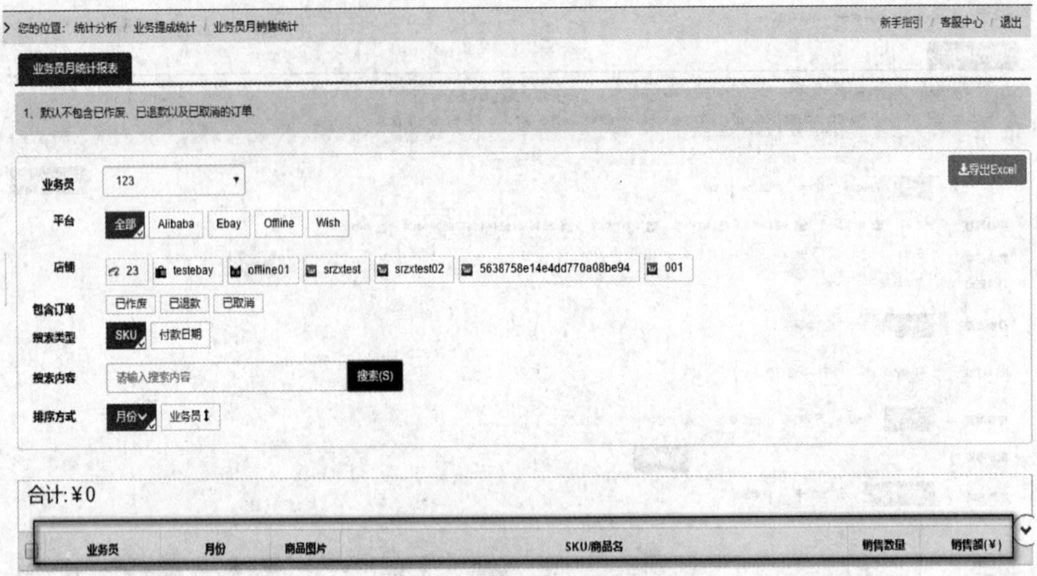

图 12-13 业务员月销售统计页面

子任务二 亚马逊数据分析

业务6 亚马逊数据分析

（一）业务流程

亚马逊站内信息的价值挖掘。跨境电商销售除了通过广告、站内站外引流等营销手段提高销售绩效外，站内买家信息也是需要重视的资源，买家发来的询盘消息、退货请求、甚至A-Z投诉都是有价值的信息。平台运营人员需要每天关注买家信息，及时回复买家站内信息，及时关注并准确回复亚马逊小红旗信息，及时发出买家售后调查及留评等，并充分利用这些信息，深度挖掘信息价值。这样才能不断优化买家购物体验，提升店铺经营绩效。学生要学会亚马逊后台操作中如何和买家开展多种渠道和目的的沟通。

在亚马逊“卖家平台”-“数据报告”栏目，可以查询付款、销售库存、广告、退货和财务报告，如图12-14和图12-15所示。需要哪种报告，分别选择并点下载即可，报告以Excel格式导出，便于分析和研究。

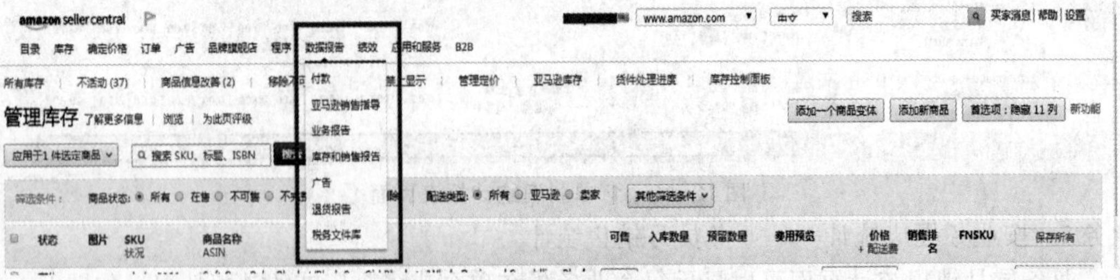

图 12-14 亚马逊数据报告页面

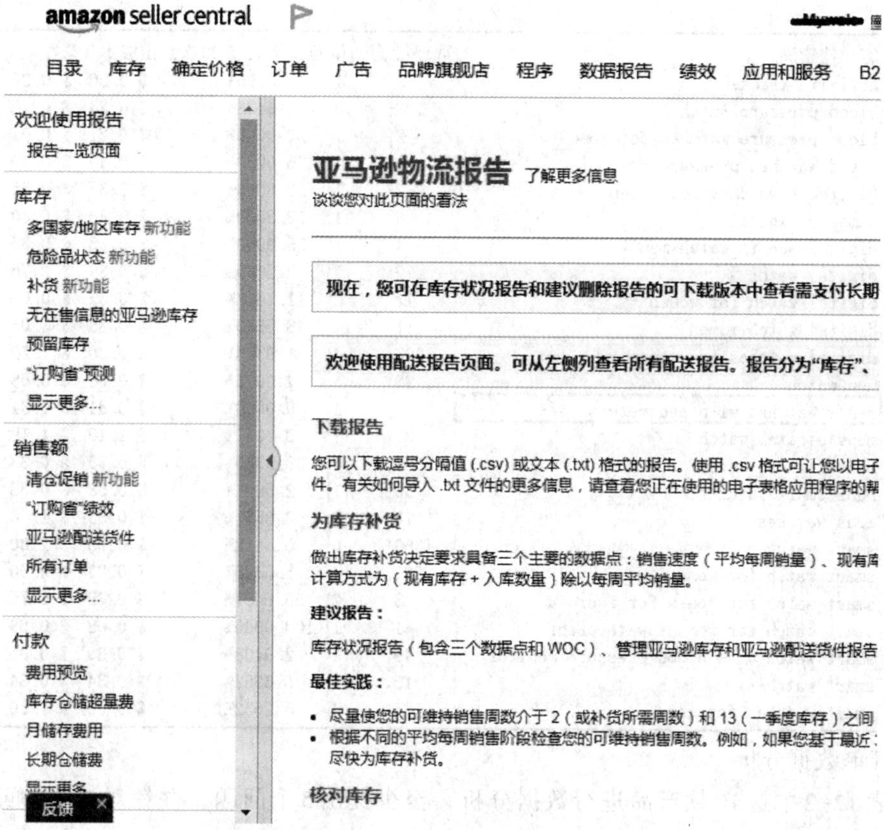

图 12-15　亚马逊物流报告页面

（二）业务操作

1.广告数据分析

分析亚马逊中各种广告的作用，对CPC广告做数据分析，结合关键词数据，分析该店铺10天的CPC广告情况（见表12-1）。

表 12-1　亚马逊广告

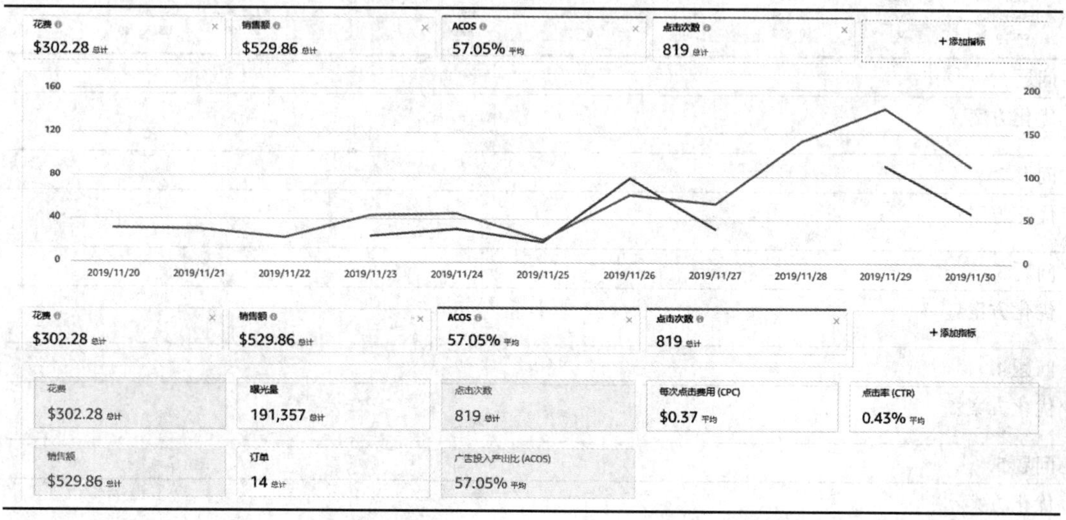

续表

客户搜索词	展现量	点击量	点击率(CTR	每次点击成本((	花费
activity tracker	8	1	12.5000%	$ 0.26	$ 0.26
blood pressure watch	128	3	2.3438%	$ 0.24	$ 0.72
blood pressure watches for women	2	1	50.0000%	$ 0.21	$ 0.21
blood watches pressure	4	1	25.0000%	$ 0.49	$ 0.49
bluetooth watches for women	2	1	50.0000%	$ 0.35	$ 0.35
cameras digital	8	1	12.5000%	$ 0.30	$ 0.30
digital sports watch men	4	1	25.0000%	$ 0.35	$ 0.35
digital watch	279	7	2.5090%	$ 0.39	$ 2.76
digital watch for women	17	2	11.7647%	$ 0.31	$ 0.62
digital watch women's	311	11	3.5370%	$ 0.28	$ 3.05
digital watches for women	207	4	1.9324%	$ 0.30	$ 1.20
men watch	25	1	4.0000%	$ 0.68	$ 0.68
men's watches with pedometers	2	1	50.0000%	$ 0.31	$ 0.31
mens digital watch	27	1	3.7037%	$ 1.19	$ 1.19
mens fitness watch	3	1	33.3333%	$ 0.33	$ 0.33
mens smart watches	39	1	2.5641%	$ 0.38	$ 0.38
mens watches	70	2	2.8571%	$ 0.83	$ 1.66
smart watch	1360	6	0.4412%	$ 0.33	$ 2.00
smart watch for women	261	4	1.5326%	$ 0.23	$ 0.90
smart watch for women for android	3	2	66.6667%	$ 0.38	$ 0.75
smart watch for womens waterproof	1	1	100.0000%	$ 0.68	$ 0.68
smart watch with blood pressure monitor	49	1	2.0408%	$ 0.35	$ 0.35
smart watches	15	1	6.6667%	$ 0.34	$ 0.34
smart watches for men	76	4	5.2632%	$ 0.33	$ 1.30

2.订单数据分析

对表12-2中这10款产品进行数据分析，至少提出5个问题，并针对这5个问题设计优化方案。

表12-2　　订单数据

1	商品名称	买家访问次数	买家访问次数百分比	页面浏览次数	页面浏览次数百分比	购买按钮赢得率	已订购商品数量	订单商品数量转化率	已订购商品销售额	订单商品种类数
2	Fitness	12	0.23%	15	0.20%	100%	1	8.33%	US$69.99	1
3	Fitness	72	1.36%	95	1.29%	14%	1	1.39%	US$43.54	1
4	Fitness	24	0.45%	34	0.46%	100%	1	4.17%	US$42.89	1
5	Fitness	436	8.22%	637	8.67%	15%	1	0.23%	US$43.20	1
6	Fitness	436	8.22%	637	8.67%	15%	9	2.06%	US$375.44	9
7	Fitness	96	1.81%	135	1.84%	93%	2	2.08%	US$83.28	2
8	Fitness	73	1.38%	104	1.42%	0%	1	1.37%	US$39.99	1
9	Smart Wa	93	1.75%	114	1.55%	89%	7	7.53%	US$202.05	6
10	Smart Wa	257	4.85%	357	4.86%	45%	5	1.95%	US$149.61	5
11	cnBro Sm	36	0.68%	53	0.72%	98%	1	2.78%	US$53.49	1

问题1.

优化方案：

问题2.

优化方案：

问题3.

优化方案：

问题4.

优化方案：

问题5.

优化方案：

四、实训报告

学生实训报告表见表 12-3。

表 12-3　**学生实训报告表**

实训课程		实训项目名称	
实训时间		实训地点	
学生姓名		学号	
实训目的与要求			
实训内容、方法和步骤			
实训结论与体会			
教师评语			
实训成绩		教师签名	

实训十三

亚马逊网络营销与推广

一、实训目的

1.以亚马逊为例掌握跨境电商网络营销与推广的手段和操作方法。

2.掌握PPC、广告组、秒杀、促销、关键词匹配、最低出价、站外引流、SNS、SEO等概念。

3.掌握亚马逊营销规则。

4.能够设置手动广告和自动广告，并随广告效果、业务需要调整报价。

5.能够采取多种方式进行站外推广、引流。

6.能够在外站推广设计脚本。

二、实训要求

1.通过操作，熟练掌握电商网络营销与推广的手段和操作方法。

2.根据实训情况撰写实训报告，内容包括实训的操作过程、结果和实训体会。

3.要求实训报告能记录实训的主要操作过程和实训结果，并能通过实训谈谈自己的收获、体会或建议等。

4.完成仿真业务操作练习。

业务1　亚马逊站内广告推广和促销活动

PPC是Pay-Per-Click的缩写，也有人把它称为CPC（Cost-Per-Click），是指按点击付费的一种网络广告形式。对亚马逊卖家来说，随着亚马逊在中国开店计划的推动和媒体中关于亚马逊卖家收入的广泛传播，越来越多的卖家加入亚马逊平台。卖家数量增加导致平台上各个类目的竞争越来越激烈，要想让一个产品在激烈的竞争中崭露头角，站内PPC广告就成为运营中的必选工具。卖家为了加大店铺流量和成交量，跟随市场的规律，自发确定了业内集中打折促销的时间，这样做不仅加大了店铺的流量和产品成交量，同时也为店铺做了推广，产品进入市场的机会也就大大增加，可以开发更多潜在用户，用户数量就会逐渐形成一个增长的趋势。

1.广告推广

（1）进入广告设置界面，如图13-1所示。

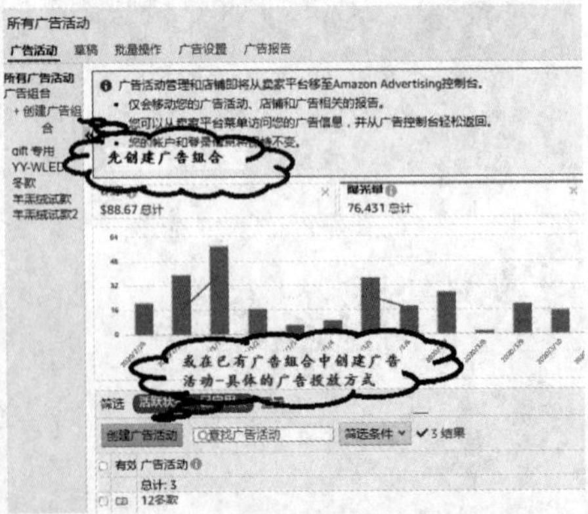

图13-1　亚马逊广告设置页面

（2）选择广告方式，也就是选择广告活动类型，如图 13-2 所示。

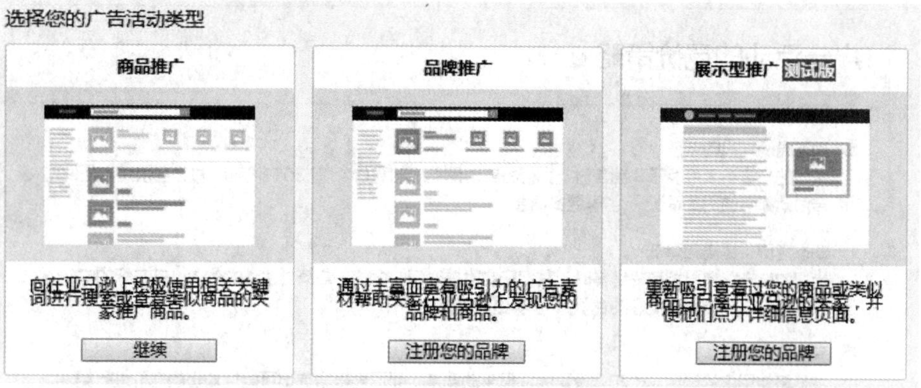

图 13-2　亚马逊广告活动类型

（3）设置广告基本信息，如图 13-3 所示。

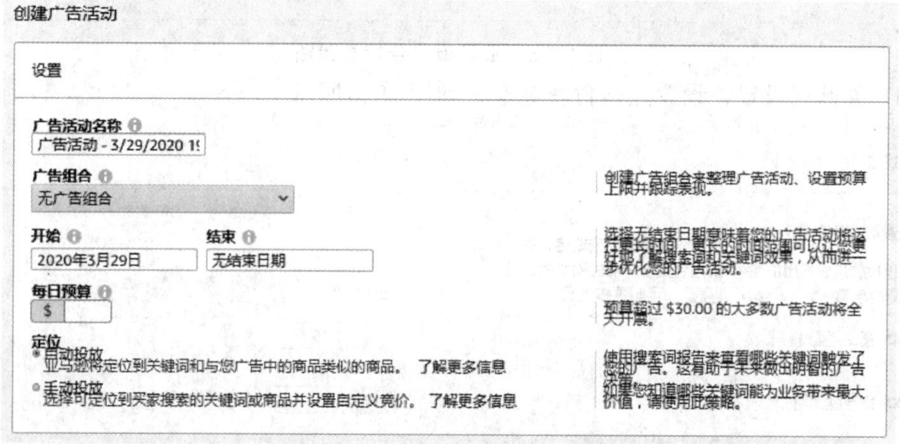

图 13-3　亚马逊设置广告信息

（4）选择发布广告的产品，如图 13-4 所示。

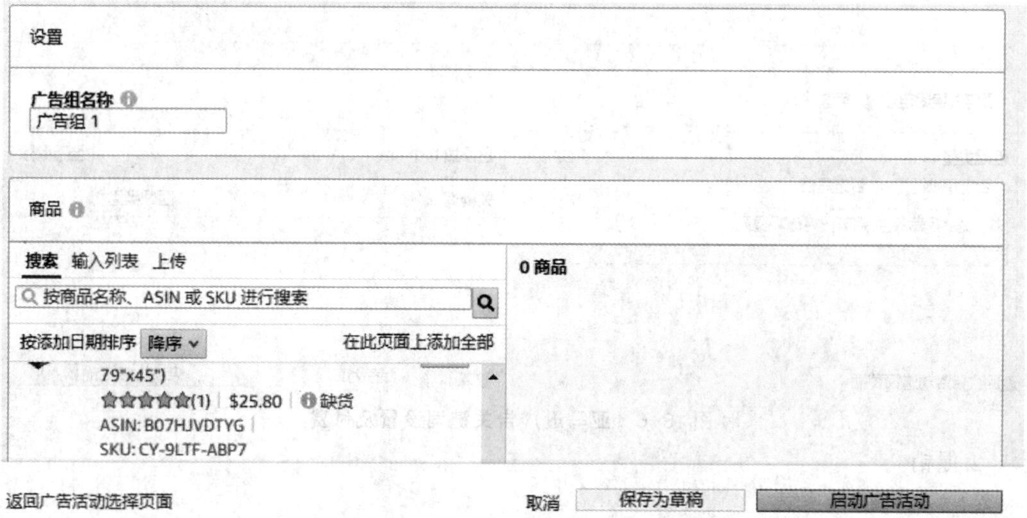

图 13-4　亚马逊选择发布广告的产品

（5）设置投放策略，如图13-5所示。

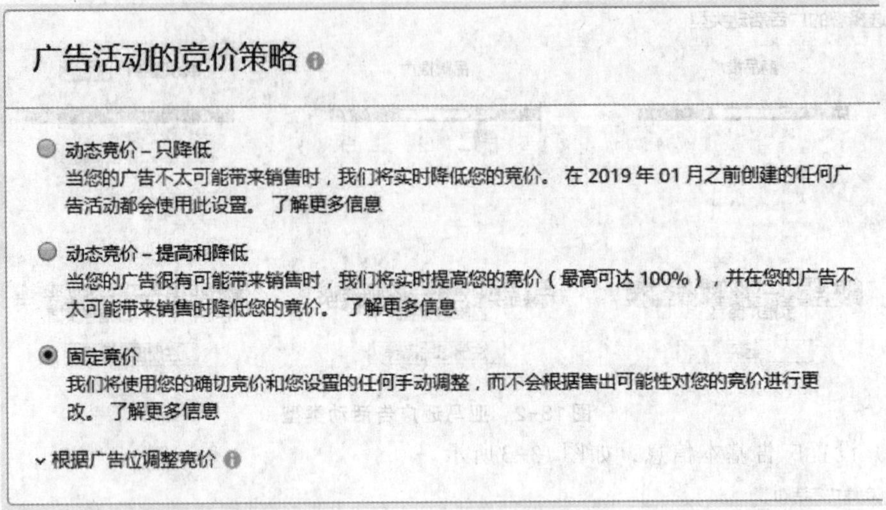

图13-5　亚马逊广告投放策略

（6）关键词设置并设置点击付费金额，如图13-6所示。

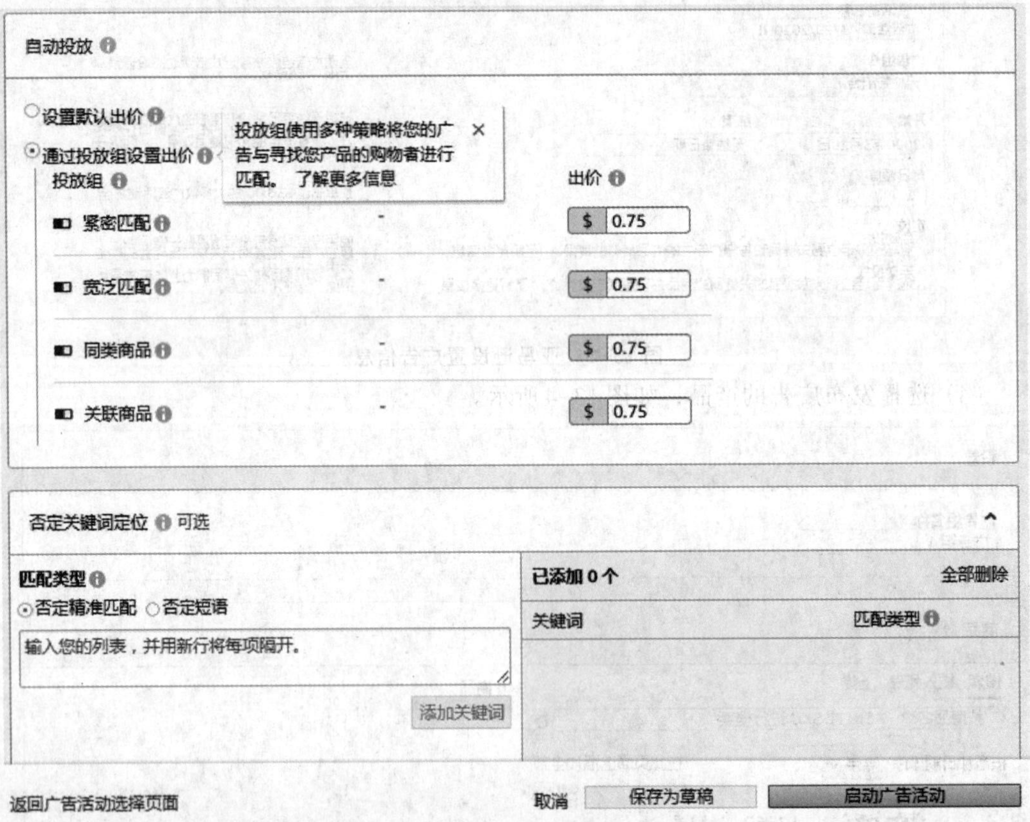

图13-6　亚马逊广告关键词设置及付费

2.促销

（1）选择促销方式。

亚马逊提供多种促销方式用卖家选择，卖家根据需要选择推广方式。一般而言如果原本卖家产品不包邮，那么可以选择“免运费”促销形式，如图13-7所示，但是一般我们使用其他三种促销方式。

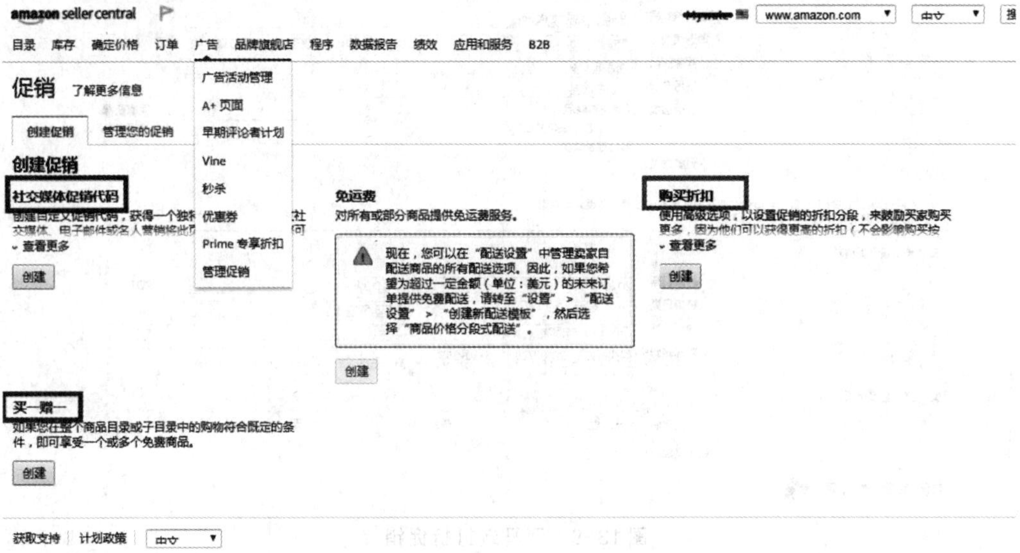

图13-7　亚马逊免运费促销

（2）选择促销码促销。

设置促销码和其他促销，首先要建立一个产品列表（用于促销的产品），然后填写相应信息：产品SKU、产品列表、促销码折扣（金额或折扣率）、促销日期、促销码兑换方式方法等，最后保存即可，如图13-8所示。

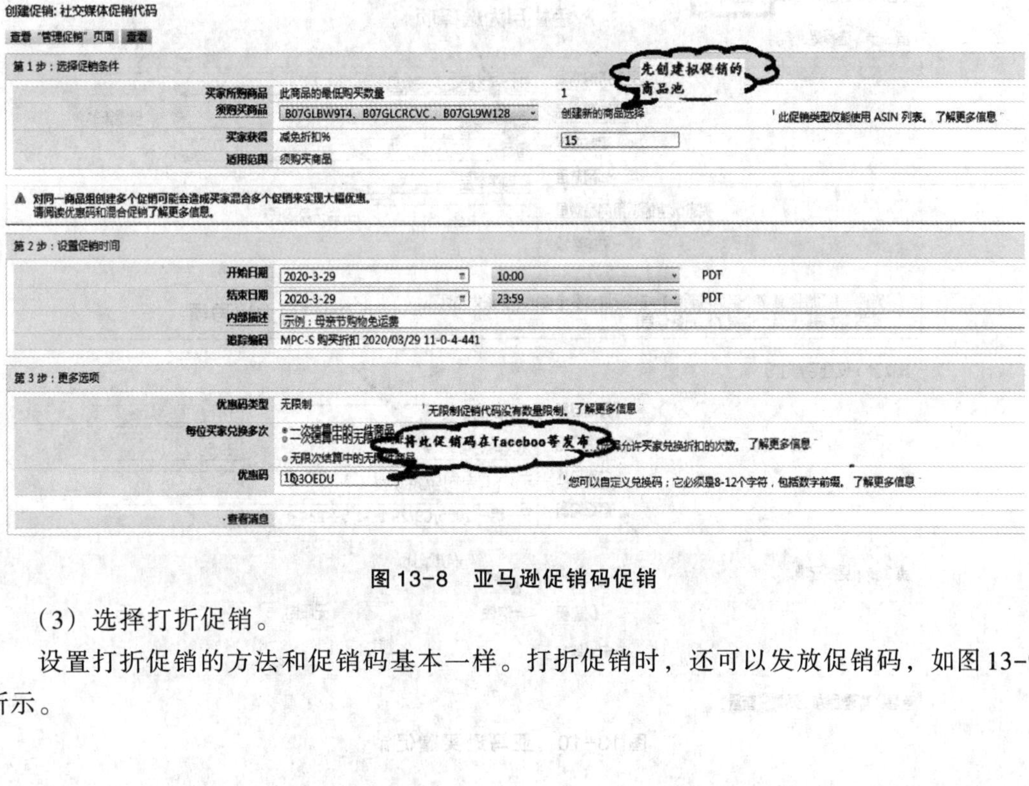

图13-8　亚马逊促销码促销

（3）选择打折促销。

设置打折促销的方法和促销码基本一样。打折促销时，还可以发放促销码，如图13-9所示。

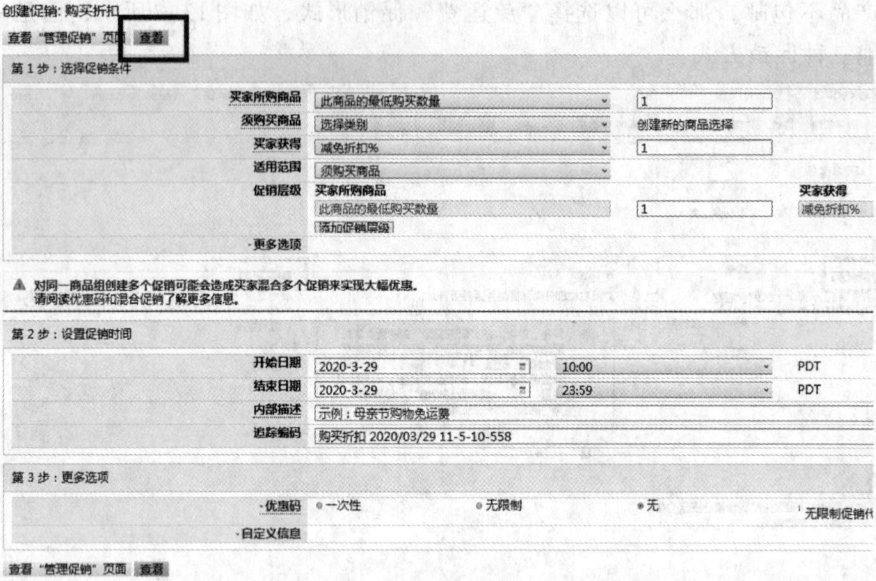

图 13-9　亚马逊打折促销

（4）买赠促销设置。

买赠促销设置同前文所述的几种方式基本一样。需要说明的是，可以设置买A赠B，但是只有买家将A和B两个商品均放入购物车时，此促销才起作用。所以，大多设置买A赠A活动，如图13-10所示。

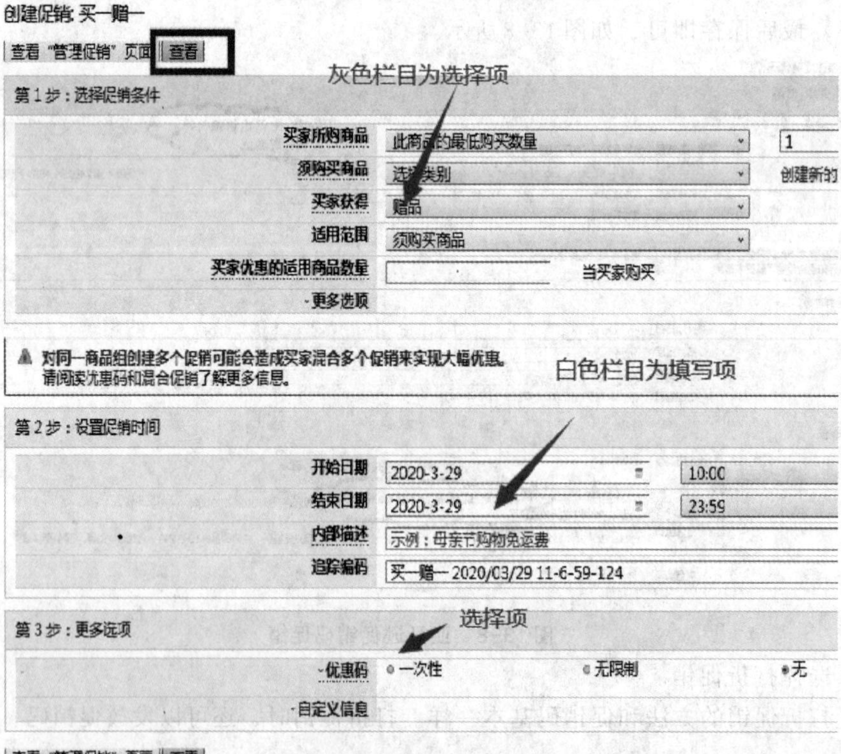

图 13-10　亚马逊买赠促销

3.秒杀

秒杀是一种促销活动，包括BOTD、黑五等。亚马逊促销活动采取邀请制，即亚马逊根据卖家产品的销售情况来决定卖家是否有资格参加该活动。现以秒杀为例介绍操作方法。

（1）查看秒杀推荐。

从卖家平台进入后台后，在“广告”栏目进入秒杀界面，如图13-11所示。

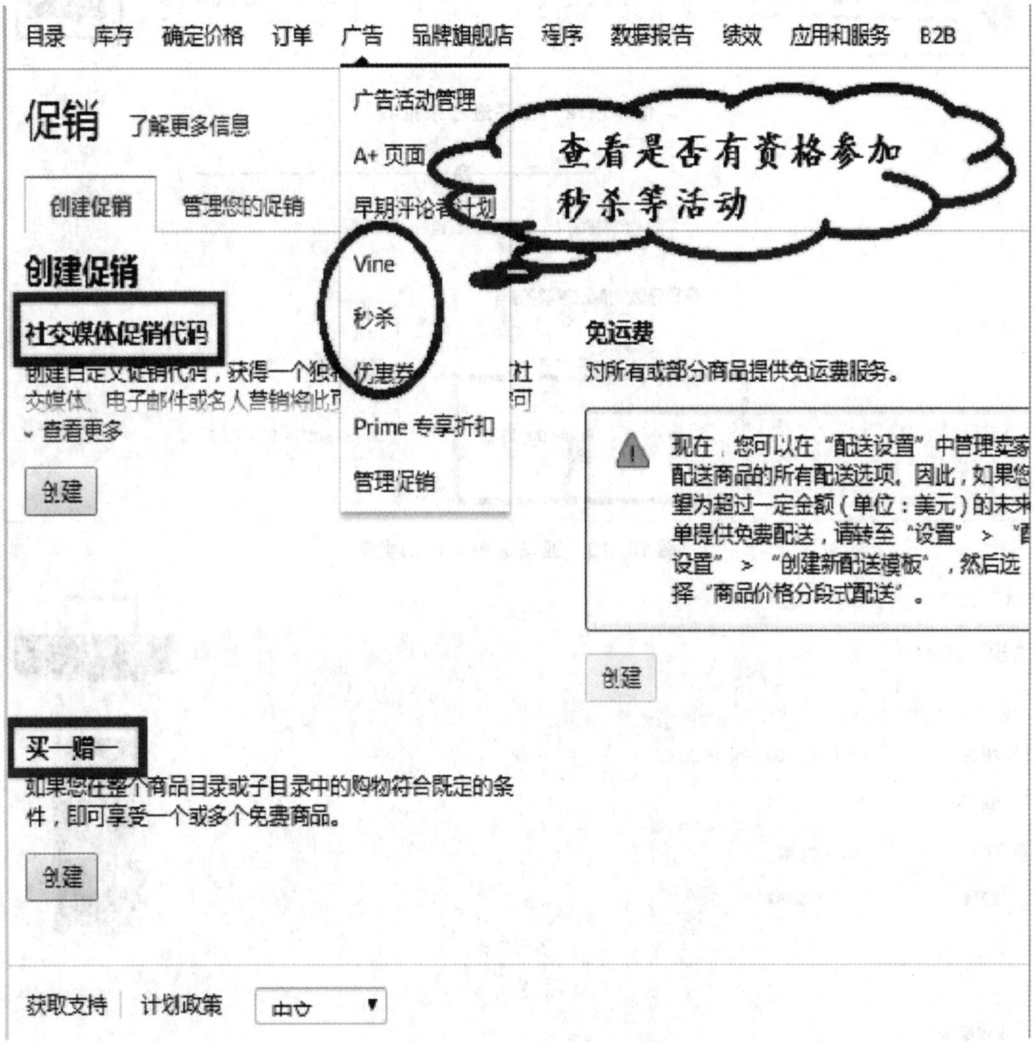

图13-11　亚马逊秒杀界面

（2）查看推荐。

查看推荐秒杀产品列表并根据推荐的时间、预算等综合判断，选择需要参加活动的产品，如图13-12所示。

（3）选择秒杀活动类型，如图13-13所示。

（4）检查设置并提交。

检查产品信息并点击右上角按钮提交，即成功参与活动，如图13-14所示。活动到期日前可以取消，取消时，重新进入界面，点击活动列表的右边取消按钮即可。

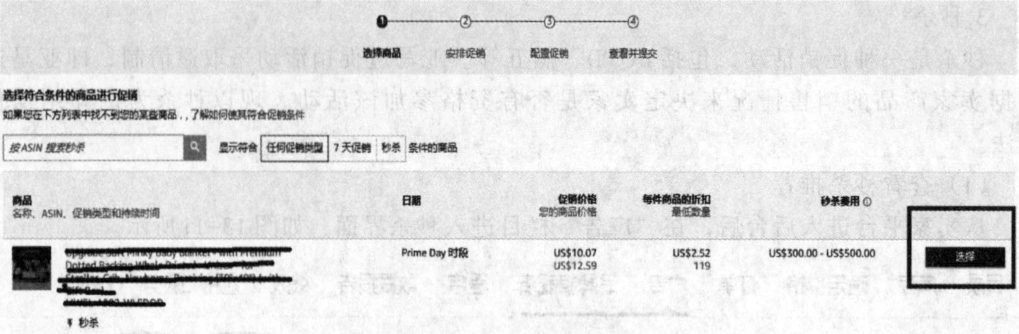

图 13-12　亚马逊秒杀推荐

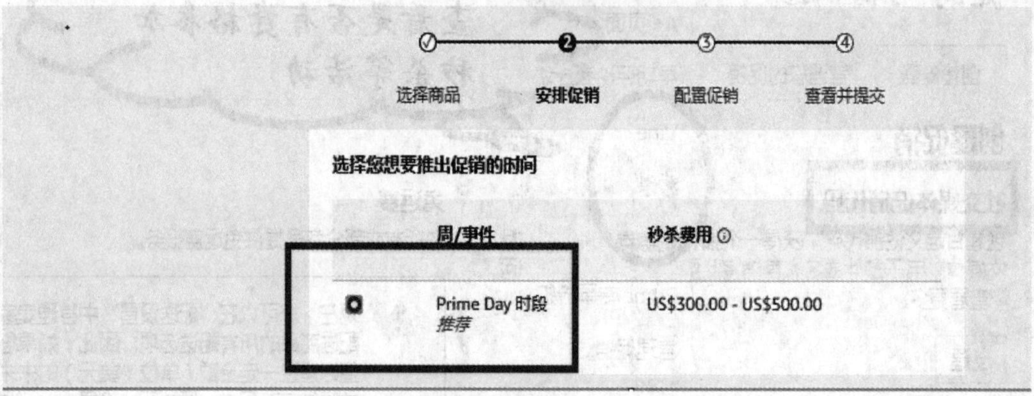

图 13-13　亚马逊秒杀活动类型

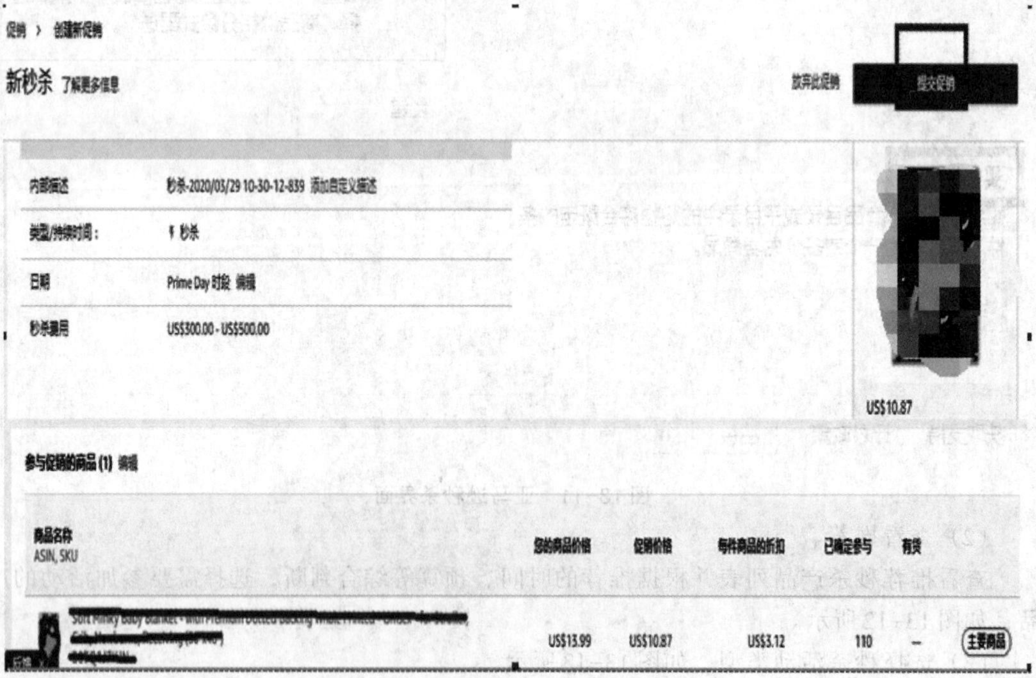

图 13-14　亚马逊秒杀提交促销

4. 早期评论人计划

亚马逊对新产品有辅助计划，即组织优质的亚马逊会员为卖家产品进行测评。不过买家购买后亚马逊不保证买家一定给五星好评，也有可能给差评。

（1）资格预审。

在亚马逊后台进入“广告”栏目并选择“早期评论人计划”，进入设置界面，如图13-15所示。填写需要执行该计划的产品的SKU，并检查是否符合要求。

图13-15　亚马逊注册早期评论人计划

（2）加入计划。

选择“注册加入计划”即可。当第一个评论发表后，亚马逊会扣费60美元，如图13-16所示。

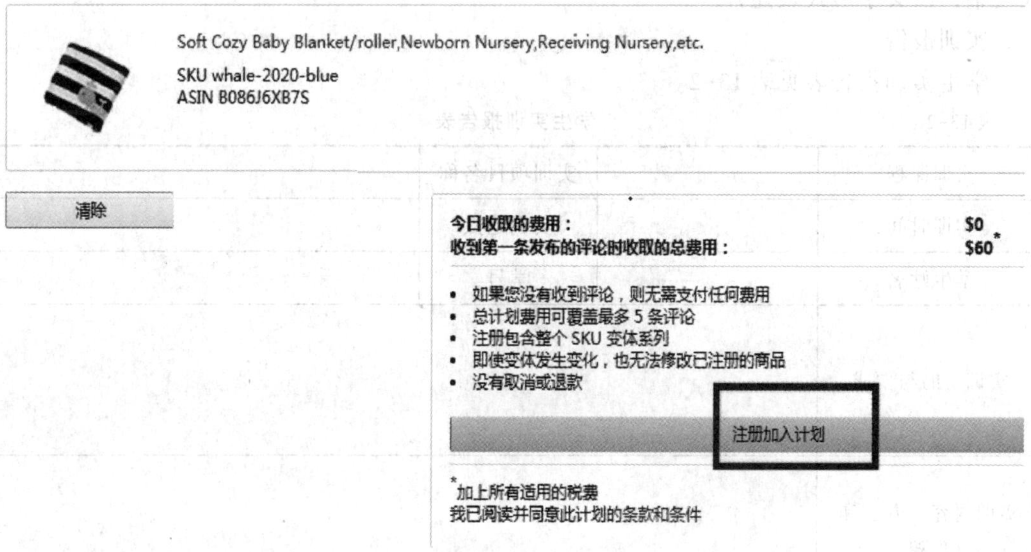

图13-16　亚马逊注册加入计划

业务2　亚马逊站外营销推广

亚马逊平台的竞争激烈，在产品同质化严重的情况下，仅仅依靠亚马逊站内引流对卖家来说是不够的，只有引入站外精准流量，卖家的产品才可能在激烈的竞争中取得优势。在过去近十年的时间里，营销和广告都发生了变化。电视广告趋于沉寂，互联网用户也可以阻止广告弹出。任何愿意阅读、观看或收听在线广告的人，都要靠引人入胜的广告内容或营销活动来捕捉。这对营销人员来说是一个挑战——如何在正确的时间吸引正确的顾客，让其目光在广告上停留并记住广告内容。学生要学习宣传视频文案设计，将图片、视频、文字相结合，向客户展示企业文化、产品信息和相关活动。

业务操作

1.请为某个产品设置手动广告，完成下面业务（具体要求详见表13-1中相关业务资料）。

表13-1　　广告业务资料

业务资料： Sku为：B3482v3843 品名为：智能手环 自动广告支出每天10美元，手动广告支出每天5美元 自主选择匹配方式 否定性词汇为：baby，car，outdoor 根据自己对产品的分析，选择关键词（在关键词后面打√）

（1）请设置自动广告。

（2）请设置手动广告。

2.（1）以智能手表为例，设计一份站外营销推广方案。

（2）在圣诞节来临之际，以毛巾为例，设计一份产品的宣传文案（要求内容新颖，格式规整，以文字形式表述）。

三、实训报告

学生实训报告表见表13-2。

表13-2　　学生实训报告表

实训课程		实训项目名称	
实训时间		实训地点	
学生姓名		学号	
实训目的与要求			
实训内容、方法和步骤			
实训结论与体会			
教师评语			
实训成绩		教师签名	

参考文献

［1］邹益民，黄海滨，高丁莉．跨境电商综合实训平台实训教程［M］．杭州：浙江大学出版社，2018.

［2］纵雨果．亚马逊跨境电商运营从入门到精通［M］．北京：电子工业出版社，2018.

［3］于霏．跨境电商亚马逊运营实战宝典［M］．北京：电子工业出版社，2018.

［4］老魏．亚马逊跨境电商运营宝典［M］．北京：电子工业出版社，2018.

［5］Wish电商学院．Wish官方运营手册：开启移动跨境电商之路［M］．2版．北京：电子工业出版社，2018.